高校转型发展系列教材

旅游学概论

范秋梅 主编
崔莹 李纪 副主编

清华大学出版社
北京

内 容 简 介

本书系统地介绍了旅游学的基本原理、思想方法和案例，主要包括绪论、旅游发展史、旅游者、旅游资源、旅游业、旅游组织、旅游流、旅游影响、旅游公共管理、旅游目的地等内容。为提升实践与应用能力，本书还特别编写了相关的案例及练习题。

本书可作为高等院校的旅游管理相关专业的本科生、硕士研究生教学用书，也可作为旅游相关企事业单位从事旅游管理人员的参考用书。

本书封面贴有清华大学出版社防伪标签，无标签者不得销售。
版权所有，侵权必究。举报：010-62782989，beiqinquan@tup.tsinghua.edu.cn。

图书在版编目(CIP)数据

旅游学概论/范秋梅主编．—北京：清华大学出版社，2022.5
高校转型发展系列教材
ISBN 978-7-302-60544-7

Ⅰ．①旅… Ⅱ．①范… Ⅲ．①旅游学－高等学校－教材 Ⅳ．①F590

中国版本图书馆CIP数据核字(2022)第062421号

责任编辑：施　猛
封面设计：常雪影
版式设计：方加青
责任校对：马遥遥
责任印制：朱雨萌

出版发行：清华大学出版社
网　　址：http://www.tup.com.cn，http://www.wqbook.com
地　　址：北京清华大学学研大厦A座　　　邮　编：100084
社 总 机：010-83470000　　　　　　　　　邮　购：010-62786544
投稿与读者服务：010-62776969，c-service@tup.tsinghua.edu.cn
质 量 反 馈：010-62772015，zhiliang@tup.tsinghua.edu.cn

印 装 者：北京国马印刷厂
经　　销：全国新华书店
开　　本：185mm×260mm　　印　张：11.5　　字　数：259千字
版　　次：2022年6月第1版　　印　次：2022年6月第1次印刷
定　　价：45.00元

产品编号：074491-01

高校转型发展系列教材 编委会

主 任 委 员：李继安　李　峰
副主任委员：王淑梅
委　　　员：

马德顺	王　焱	王小军	王建明	王海义	孙丽娜
李　娟	李长智	李庆杨	陈兴林	范立南	赵柏东
侯　彤	姜乃力	姜俊和	高小珺	董　海	解　勇

前言

"旅游学"是旅游管理专业的核心课程,也是旅游管理专业一门重要的学科必修课程。与社会科学的其他学科一样,它以旅游发展的实践为基础,从旅游现象中,分析并总结旅游发展的逻辑性和合理性,及其内在的规律性,从而指导旅游实践。该课程旨在全面而系统阐明社会经济发展与旅游活动的关系,阐述旅游活动的内容、种类和表现形式,探讨旅游业的基本要素及各要素之间的关系,研究旅游对接待地区的影响。

本教材注重近年来旅游业发展的新变化、新趋势,突出旅游体系的完整性、科学性,具有较强的实用性和针对性。本教材既可作为高等院校的旅游管理相关专业的本科生、硕士研究生教学用书,也可作为旅游相关企事业单位从事旅游管理人员的参考用书。

由于时间仓促,加之水平有限,本教材存在不少缺点和疏漏之处,恳请广大读者和学界同仁批评指正。编者在写作过程中参考了大量的相关论著与文献资料,在此一并表示感谢!反馈邮箱:wkservice@vip.163.com。

编 者
2021年10月12日

目 录

第1章 绪论···1
  1.1 旅游学的定义及其研究概况········1
  1.2 旅游学学科性质···························2
  1.3 旅游学的研究对象、内容及任务···3
    1.3.1 旅游学的研究对象··············3
    1.3.2 旅游学的研究内容··············4
    1.3.3 旅游学的研究任务··············5
  1.4 旅游学的研究方法·······················6
    1.4.1 抽样调查法·························6
    1.4.2 综合考察法·························6
    1.4.3 实地调查法·························6
    1.4.4 统计分析法·························7
    1.4.5 旅游图表法·························7
    1.4.6 个案研究法·························7

第2章 旅游发展史······························9
  2.1 古代旅游和近代旅游···················9
    2.1.1 古代旅游发展历程··············9
    2.1.2 产业革命对近代旅游活动产生的影响······················14
    2.1.3 近代旅游发展历程············15
  2.2 现代旅游···································18
    2.2.1 现代旅游的概念················18
    2.2.2 现代旅游发展的背景及原因···18
  2.3 世界与中国旅游业发展现状与趋势······································20
    2.3.1 世界旅游业发展现状········20
    2.3.2 世界旅游业发展趋势········21
    2.3.3 中国旅游业发展历程与现状···23
    2.3.4 中国旅游业发展的目标与趋势···································26

第3章 旅游者·······································29
  3.1 对旅游者的界定·························29
    3.1.1 对国际旅游者的界定········29
    3.1.2 对国内旅游者的界定········32
    3.1.3 我国旅游统计中的相关界定···34
  3.2 旅游者的分类及其特点···············35
    3.2.1 旅游者分类的划分标准·····35
    3.2.2 基于来访目的划分的各类型旅游者特点······················35
  3.3 产生个人旅游需求的条件···········37
    3.3.1 产生个人旅游需求的客观条件····································38
    3.3.2 产生个人旅游需求的主观条件····································42

第4章 旅游资源···································54
  4.1 旅游资源概述····························54
    4.1.1 旅游资源的概念和特点·····54
    4.1.2 旅游资源的分类················56
    4.1.3 世界遗产组织的相关知识···60
    4.1.4 我国世界遗产利用与保护的现状·····························61
    4.1.5 旅游资源的价值决定········63
  4.2 旅游资源的开发·························64

4.2.1 旅游资源开发的必要性 ………… 64
4.2.2 巴特勒旅游地生命周期理论 … 65
4.2.3 旅游资源调查与评价 ………… 66
4.2.4 旅游资源开发的原则 ………… 69
4.2.5 旅游资源开发的内容 ………… 69
4.3 旅游资源的保护 ………………… 70
4.3.1 旅游资源保护工作的重要性 … 70
4.3.2 旅游资源遭受破坏的原因 …… 70
4.3.3 旅游资源保护工作的途径 …… 71

第5章　旅游业 …………………… 73

5.1 旅游业概述 ……………………… 73
5.1.1 旅游业的界定 ………………… 73
5.1.2 旅游业的构成 ………………… 74
5.1.3 旅游业的特点 ………………… 76
5.2 旅行社业 ………………………… 77
5.2.1 旅行社的界定 ………………… 77
5.2.2 旅行社的分类 ………………… 78
5.2.3 旅行社在旅游业中的作用 …… 80
5.2.4 旅行社的基本业务 …………… 80
5.2.5 旅行社业的发展 ……………… 82
5.3 住宿业与饭店 …………………… 84
5.3.1 住宿业的起源和发展 ………… 84
5.3.2 饭店的分类 …………………… 86
5.3.3 饭店的等级及其评定工作 …… 87
5.3.4 饭店在旅游业中的地位和
　　　作用 …………………………… 89
5.3.5 现代饭店的发展趋势 ………… 90
5.4 旅游交通 ………………………… 93
5.4.1 旅游交通的界定 ……………… 93
5.4.2 旅游交通的任务与作用 ……… 94
5.4.3 主要旅行方式 ………………… 95
5.4.4 影响旅游者选择旅行方式的
　　　因素 …………………………… 99
5.4.5 我国旅游交通的发展现状 … 100
5.5 旅游景区 ………………………… 103

5.5.1 旅游景区定义 ……………… 103
5.5.2 旅游景区的特点 …………… 104
5.5.3 旅游景区的类型 …………… 105
5.5.4 我国旅游景区质量等级划分与
　　　评定 ………………………… 107
5.5.5 旅游景区在旅游业中的
　　　地位 ………………………… 107
5.5.6 旅游景区成功经营的关键
　　　因素 ………………………… 108

第6章　旅游组织 ………………… 112

6.1 国家旅游组织 ………………… 112
6.1.1 国家旅游组织的定义 ……… 112
6.1.2 国家旅游组织设立的形式 … 112
6.1.3 国家旅游组织的基本职能 … 114
6.2 我国的旅游组织 ……………… 114
6.2.1 旅游行政组织 ……………… 114
6.2.2 旅游行业组织 ……………… 116
6.3 国际旅游组织 ………………… 118
6.3.1 国际旅游组织的概念及
　　　分类 ………………………… 118
6.3.2 我国加盟的部分国际旅游
　　　组织 ………………………… 119

第7章　旅游流 …………………… 122

7.1 旅游流的概念及特征 ………… 122
7.1.1 旅游流的概念 ……………… 122
7.1.2 旅游流的特征 ……………… 123
7.2 旅游流的形成条件 …………… 124
7.2.1 客源地方面的因素 ………… 124
7.2.2 目的地方面的因素 ………… 125
7.2.3 双方相关因素 ……………… 126

第8章　旅游影响 ………………… 128

8.1 旅游影响的概念与类型 ……… 128
8.1.1 旅游影响的概念 …………… 129
8.1.2 旅游影响的类型 …………… 129

8.2 旅游的经济影响…………………131
    8.2.1 旅游对目的地经济发展的积极影响…………………131
    8.2.2 旅游对目的地经济发展的消极影响…………………136
    8.2.3 旅游促进经济发展的理论依据…………………138
    8.2.4 影响旅游经济效应的因素……142

8.3 旅游社会文化影响………………144
    8.3.1 旅游社会文化的积极影响……144
    8.3.2 旅游社会文化的消极影响……146
    8.3.3 影响旅游社会文化效应的因素…………………148

8.4 旅游环境影响……………………150
    8.4.1 旅游与环境的关系……………150
    8.4.2 旅游对环境方面产生的积极影响…………………150
    8.4.3 旅游对环境产生的消极影响…151
    8.4.4 影响旅游环境效应的因素……153

第9章 旅游公共管理…………………157

9.1 政府调控与旅游管理……………157
    9.1.1 国家旅游组织的职能…………157
    9.1.2 旅游法规………………………158
    9.1.3 旅游公共政策…………………159
    9.1.4 政府管理………………………161

9.2 旅游危机管理……………………163

第10章 旅游目的地…………………165

10.1 旅游目的地内涵…………………165

10.2 旅游目的地类型…………………166
    10.2.1 城市型目的地…………………166
    10.2.2 景区型目的地…………………168

10.3 旅游目的地营销…………………170
    10.3.1 目的地营销组织………………170
    10.3.2 目的地营销系统………………171

参考文献…………………………………173

第1章
绪论

本章导读

旅游学研究是随着近代旅游业的兴起而产生，并随着近代旅游活动的发展而逐步完善的。旅游学的研究对象的界定、研究内容的组合、研究方法的选择以及学科理论体系的架构，也是逐渐完善的。目前，旅游学仍是一门不成熟的学科，在研究对象、研究方法、学科性质和学科体系等方面还存在着一定的争议，但各国学者一致认为旅游学是一门独立的具有多学科交叉性的综合性应用型的学科。

本章以旅游学的定义为出发点，对旅游学的学科性质、研究对象、研究内容、研究任务和研究方法进行阐述，简要分析了国内外对旅游学的研究概况，提出旅游学研究的基本框架。

学习目标

- 掌握旅游学的定义。
- 理解旅游学的研究对象、研究内容及研究任务。
- 了解旅游学的基本研究方法，认识旅游学研究的基本框架。

1.1 旅游学的定义及其研究概况

旅游学是指以旅游活动为研究对象的一门新兴的具有多学科交叉特点的综合性社会科学。关于旅游学的定义，由于研究领域不同，不同学者对其定义也各有侧重，国内学者主要有如下几种观点。

(1) 王德刚认为："旅游学是以旅游的三要素(旅游主体、旅游客体、旅游媒介)为核心，研究旅游活动和旅游业发展规律的科学。"

(2) 李天元认为："旅游学是研究旅游者及其活动、旅游业及其开发和经营活动，以及旅游供求双方活动的开展对旅游接待地区的社会、经济、环境之影响的科学。"

(3) 田里认为："旅游学就是将旅游作为一种综合的社会现象，以世界范围为统一整体，研究旅游的产生、发展及其活动的最一般规律的科学。"

(4) 马勇认为："旅游学就是将旅游作为一种综合的社会现象，以其所涉及的各项要素的有机整体为依托,以旅游者活动和旅游产业活动在旅游运作过程中的内在矛盾为核心对象,全面研究旅游的本质属性、运行关系、内外条件、社会影响和发生发展规律的新兴学科。"

(5) 谢彦君认为:"旅游学就是通过研究来认识旅游活动的内在矛盾的性质及其发生原因、形态结构、运动规律和它所产生的各种外部影响的科学。"

本书认为:"旅游学是研究旅游者行为及其活动、旅游业产业活动,以及由旅游者活动和旅游产业活动的开展对旅游目的地的社会、经济、环境产生影响的科学。"

1.2 旅游学学科性质

从旅游业的发展角度和从旅游学的学科建设出发,明确旅游学的学科性质是十分必要的。有的学者认为旅游学是一门"交叉学科",或者认为它是一门"综合性的学科"。显然,这是笼统的。目前,我国学者普遍认为"旅游学作为一门社会科学,是具有多学科交叉性质的综合性边缘型应用学科"。

1. 旅游学是一门具有多学科交叉性质的综合性边缘型学科

因旅游活动的综合性和旅游产业构成的综合性,旅游学理论研究也具有多学科综合的特点,主要体现为旅游活动涉及社会学、人类学、管理学、经济学、美学、市场学等多学科,并与这些学科有密不可分的联系。

首先,作为一种综合社会现象,旅游活动所涉及的范围非常广泛且在进行研究时具有高难度的复杂性。学者对旅游活动及其现象进行理论研究并解决因旅游活动而引发的各种社会问题时必然会涉及许多社会领域及其相关学科,例如,在对人产生旅游动机的原因进行研究时就需要运用经济学、社会学、心理学等学科的知识;对文化旅游和传统旅游进行研究时会运用到人文方面的知识;游客在旅游过程中需要政府发给护照和签证方可穿越国界,又涉及政治学方面的内容。因而旅游学具有多学科交叉的性质。

其次,根据旅游学产生的条件和内容,旅游学是一门综合性边缘型学科。解决由旅游现象而引发的各种社会问题时必然涉及许多相关的领域和学科,这些学科的理论和方法都能为上述问题的解决提供理论和方法上的借鉴,但其中的任何一门学科却又无法单独解决全部问题和矛盾,因而旅游学是一门综合性边缘型学科。

2. 旅游学是一门社会科学

旅游是人们出于和平的目的,离开长住地到异地访问的旅行和暂时居留所引发的现象和关系的总和,强调旅游活动中必将产生的相关经济关系和广泛社会关系。在旅游期间,人们为了达到目的所进行的一切活动都属于社会行为。旅游活动所带来的社会接触和文化交流对旅游者和旅游目的地社会文化产生的影响，也属于社会科学的研究范畴。

3. 旅游学是一门应用性学科

旅游学是以旅游现象和过程为研究对象，探讨旅游发展和旅游活动运行规律的一门学科。它研究的内容来源于旅游活动的实践，通过研究得到的理论原理、一般规律都为旅游活动的发展服务。旅游学研究的内容一直与旅游实际工作保持密切关系并对其进行科学指导和规划，因而旅游学具有很强的应用性。

1.3 旅游学的研究对象、内容及任务

1.3.1 旅游学的研究对象

从世界范围看，旅游学研究始于现代社会，同其他发展较为成熟的学科相比，旅游学还是一门十分年轻的新兴学科。它的研究领域十分广阔，横跨众多学科，但有其特定的研究领域和研究对象。国内学者对于这一问题有各自的观点和看法，具体如表1-1所示。

表1-1 旅游学者对研究对象的分析

学者	观点	关键词
田里	旅游学是以旅游的社会经济为特点，研究人类旅游的发生、发展及其活动规律的科学	旅游发展及其活动规律
申葆嘉	旅游学研究是以旅游现象的整体而不是以它的某部分为研究对象	旅游现象、整体
杨时进	旅游学的研究对象是旅游活动及其所引起的关系与矛盾	旅游活动、关系与矛盾
李天元	旅游学是研究旅游者、旅游业以及双方活动对旅游接待地区社会、经济和环境之影响的科学	旅游者、旅游业、旅游活动影响
吴必虎	旅游学的核心任务是把握旅游系统的特征及其在旅游规划与开发、经营与管理中应用	旅游系统及其应用
苏勤	旅游学是以研究旅游三要素及其相互关系为核心，探讨旅游活动发展规律的科学	旅游三要素、旅游活动发展规律
王德刚	旅游学以研究旅游活动的三要素及其相互关系为核心，探讨旅游业发展规律的科学	旅游三要素、旅游业发展规律

从各学者的观点可以看出，学者都将"旅游活动"作为旅游学研究对象的重心。旅游是一种综合的社会现象，是由旅游活动产生的，因而旅游学的研究对象就是旅游活动以及由其所引发的各种现象及关系，即研究旅游主体、旅游客体、旅游媒介及三者之间的关系。

(1) 旅游主体——旅游者。旅游者是旅游活动的主体，是旅游活动的主导因素，因为旅游者的旅游活动引发了一系列与旅游企业及旅游目的地相关的错综复杂的社会现象和关系，所以研究旅游活动必须首先研究旅游者。

(2) 旅游客体——旅游资源。旅游资源是吸引旅游者、激发旅游者旅游动机的直接因素，是一个国家旅游业赖以生存和发展的根本。因此，旅游资源的调查、评价、规划、开发和保护是旅游学的主要研究对象。

(3) 旅游媒介——旅游业。旅游业把旅游者和旅游资源联系在一起，使旅游活动顺利开展，是实现旅游活动的条件和手段，所以，为了保证旅游活动正常开展必须对旅游业相关内容进行研究。

(4) 旅游主体、旅游客体、旅游媒介三者之间的关系。旅游主体、旅游客体、旅游媒介三者之间相互依存，相互制约，共同构成完整的旅游系统。旅游学研究的目的是通过对这三者的调节使之达到一个共同发展的良性关系，从而提高旅游地的社会效益、环境效益和经济效益。

1.3.2　旅游学的研究内容

旅游学研究内容涵盖面很广，所要揭示的是旅游活动的内在关系和活动规律。旅游学的研究内容应包含对作为旅游活动主体的旅游者的研究、对作为旅游活动客体的旅游资源的研究、对作为旅游活动媒介的旅游业的研究，以及对旅游活动影响的研究。

1. 对旅游者的研究

在这一领域里，旅游学要探讨的内容包含旅游者的概念、产生条件、分类、特点、活动规律等。对旅游者的研究，不仅要研究旅游者个体的旅游动机、旅游需求的产生条件、旅游决策的形成机制及满足旅游需求的过程，还要研究旅游者群体旅游活动的活动规律、发展速度、分布状况、市场划分等内容。

2. 对旅游资源的研究

旅游资源作为旅游活动的客体，是旅游目的地吸引旅游者的重要因素，研究的内容主要包括旅游资源的概念、分类、特点、评价、开发、规划、保护等。

3. 对旅游业的研究

旅游业作为旅游活动的媒介，是连接旅游者和旅游资源的中介和桥梁，研究的内容包括旅游业的概念、特点、产业构成、资源配置、规划组织、旅游产品供求矛盾和平衡，也包括诸如营销策略制定、旅游产品开发等旅游企业经营管理活动。

4. 对旅游活动影响的研究

旅游活动对客源地和旅游目的地都会产生一定的影响，涉及社会、文化、经济、环境等诸多方面。旅游学所要关注的不仅是旅游活动可能给旅游客源地和旅游目的地的社会、文化、经济、环境带来的积极影响，也应关注其带来的消极影响。

除此之外，近些年来国内学者还对旅游发展问题进行了研究，其主要研究领域是旅游可持续发展问题。可持续发展涉及自然生态、人类社会、经济发展和技术革新等多方面。旅游可持续发展的研究内容主要是旅游资源的可持续利用、旅游经济产业的高效运转、旅游地的品牌确立和形象维护、旅游产业应用技术的创新与制度变革。目前，我国对旅游可持续发展的研究主要着重于建立旅游可持续发展的政策体系、法规体系、综合决策机制与协调管理机制。

1.3.3 旅游学的研究任务

旅游学的研究是从旅游发展的关系出发，认识旅游活动内在矛盾及其产生原因、旅游活动的要素构成、旅游业的组成，以及旅游活动对经济、社会、文化和环境等方面的影响，并对其做出科学阐述。具体地讲，旅游学的研究任务主要包括以下几项。

(1) 阐述旅游活动的特点和本质，揭示旅游活动的产生和发展的规律。旅游是生产力水平提高和社会发展到一定的历史阶段的产物，这是旅游的本质特征。

(2) 研究旅游活动的基本要素以及各要素之间内在关系。旅游活动的基本要素是旅游者、旅游资源和旅游业。旅游者是旅游活动的主体，旅游活动开展的直接目的就是满足他们的旅游需求；旅游资源是旅游活动赖以存在的客观条件，是使旅游者的旅游需求得到满足的载体；把旅游主体和旅游客体联结起来的桥梁和纽带就是旅游媒介，也就是旅游业。因此，对旅游者、旅游资源和旅游业三者及其三者之间关系的研究是旅游学研究的重要任务。

(3) 阐明旅游组织和旅游政策的重要意义。旅游活动和旅游业的发展涉及政治、经济、社会、文化等方面的问题，必须加以科学规划和部署，并制定正确的旅游政策对其进行引导和干预。同时旅游组织在旅游发展中起着重大作用，只有明确各级旅游组织在旅游发展中的地位与作用，充分利用政府提出的发展旅游的相关政策，才能为旅游产业的发展创造一个良好的社会环境。所以，研究旅游组织和旅游政策是旅游学研究的重要任务。

(4) 正确揭示发展旅游活动产生的各种影响，推动旅游可持续发展。旅游活动是一种复杂的社会现象，它对经济、社会、文化和环境都产生广泛的影响。在旅游业发展的初期，人们会较多地看到旅游业所带来的积极影响而忽视其消极影响；而当旅游业的发展进入高速成长期以后，人们会倾向于研究旅游活动的消极影响。旅游学要研究旅游活动影响的表现形式，研究控制旅游消极影响的措施，从而推动旅游业健康发展。

1.4 旅游学的研究方法

研究方法是指在科学研究中，为达到研究目的，弄清研究对象的本质、特征以及运动规律等而采用的各种途径、手段和工具的总和。目前，旅游学的研究方法大多是从相关学科的研究方法借鉴而来的，主要包括抽样调查法、综合考察法、实地调查法、统计分析法、旅游图表法、个案研究法等。

1.4.1 抽样调查法

抽样调查法是社会科学领域中常用的一种方法，指从研究对象的全部单位中抽取一部分单位进行考察和分析，并用这部分单位的数量特征去推断总体的数量特征的一种调查方法。其中，被研究对象的全部单位称为"总体"；从总体中抽取出来，实际进行调查研究的对象所构成的群体称为"样本"。在抽样调查中，样本数的确定是一个关键问题。抽样的方式有随机抽样和非随机抽样两大类，旅游学研究中一般采用随机抽样调查法。

1.4.2 综合考察法

综合考察法是较具有旅游专业特色的研究方法之一，也是研究自然与社会现象时常用的一种研究方法。因旅游现象具有复杂性和广泛性，故对旅游现象的研究呈现显著的综合性和关联性。因而在研究旅游问题时，必须考察并分析与之相关的各条件和要素以及它们之间的复杂联系，再在分析的基础之上加以综合，得出科学的、正确的结论。例如对某一地区的旅游资源进行评价与开发，必须综合衡量该地域内自然旅游资源和人文旅游资源的种类构成、地域组合情况、价值功能和开发前景等众多因素，同时还要对资源所在区域的区位条件、社会条件、经济基础等做出分析，将所有因素进行综合研究，才能得出科学的、客观的评价，制定切实可行的开发规划方案。

1.4.3 实地调查法

实地调查法是社会学、人类学和环境科学的基本研究方法，目前已成为旅游学研究的常用方法之一。实地调查法又称"直接观察法"，是在研究工作开展之前，为了获取与研究对象有关的第一手原始资料而直接调查研究对象的方法。实地调查法在国外旅游学研究中是一种常规的研究方法，尤其是在研究旅游的社会文化影响时，它通常被作为最重要的研究方法。2007年瓦伦·L.史密斯的著作《东道主与游客：旅游人类学研究》，2016年杨振之、宋秋等人的著作《东道主与游客：青藏高原旅游人类学研究》中都运用了实地调查的研究方法。实地调查法一般可分为5个阶段，即准备阶段、开始阶段、调查阶段、撰写调研报告阶段和补充调查阶段。

1.4.4 统计分析法

统计分析法是旅游学的基本研究方法之一。旅游统计资料是旅游活动最客观、最现实的反映，对研究旅游活动的规律性有重要意义。统计分析可以从取得第一手资料开始，经过构建分析假设、检验假设、理论分析等一系列过程，最终形成研究结论。随着一些大型计算机统计软件的开发和应用，统计分析法在旅游研究中的作用愈加明显。旅游学研究人员运用统计方法，把大量繁杂的统计数字整理加工成统计图表，用以说明旅游的发展过程及其内在规律。统计图表在形式上包括统计图和统计表。统计图是利用几何图形等来说明统计资料的图件，统计表则可根据表的结构分为简单表、分组表和复合表。例如在对某一地区的旅游者消费情况进行调查研究时，就必须运用大量的基本统计资料，并对其进行分类评价与分析，从而更好地了解旅游者消费规律，科学地对该地区进行旅游业布局，有效地开发旅游活动。

1.4.5 旅游图表法

旅游图表法也称为旅游地图法，就是将各类景物、景点及旅游线路、旅游设施等内容用不同的特定符号表现在地图上的一种方法。在现实的旅游活动中，使用旅游地图是一种常见的手段和方法。旅游地图包括导游图、旅游交通路线图、资源分布图、综合图和各类专题旅游图，是旅游开发人员、旅游研究人员、管理者和旅游者必备的工具和资料。各类人员可以从不同类型的旅游地图中了解诸如旅游资源地域分布规律和差异、旅游资源开发进程、旅游业发展状况等不同类型的信息，进而进行研究和应用。

1.4.6 个案研究法

个案研究法是指对某一个体、某一群体或某一组织在一段时间里连续进行调查，从而研究其行为发展变化的全过程和一般规律的方法，这种研究方法也称为案例研究。在旅游学研究中，个案研究法是指对单个案例(如一个旅游者、一个旅游群体或组织等)在一段时间里进行连续调查，从中探讨旅游活动发展的一般规律的方法。个案研究的主要作用是在从对个案的详细研究分析中，发现重要的变量，以促使假设的形成。通过个案研究法，我们可以对研究对象做深入细致的研究，彻底把握其变化全过程，这对于深入了解一个社区或群体的形成、发展、现状及文化特征十分有利。

本章小结

旅游学是研究旅游者及其活动、旅游业及其经营活动，以及旅游供求双方活动的开展对旅游接待地区的社会、文化、经济、环境影响的科学。旅游学以旅游主体、旅游客体、旅游媒介和这三者之间的关系为研究对象,具体研究内容是对旅游者、旅游资源、旅游业的研究,以及对旅游活动影响的研究。常用的研究方法有抽样调查法、综合考察法、实地调查法、统计分析法、旅游图表法和个案研究法。

关键词或概念

旅游学的研究对象(the research object of tourism)

旅游学的研究内容(the research content of tourism)

旅游学的研究任务(the research task of tourism)

旅游学的研究方法(the research methods of tourism)

旅游学(tourism)

简答题

1. 你对旅游学的定义是如何认识的?
2. 旅游学的学科性质是什么?
3. 旅游学的研究对象是什么?
4. 旅游学有哪些研究任务?
5. 旅游学有效的研究方法有哪些?

第2章 旅游发展史

本章导读

旅游是人类社会经济发展到一定程度的产物。对于旅游现象具体起源时间,有学者认为旅游起源于原始社会晚期,也有学者认为旅游是在人类社会跨入文明阶段之后产生的。但是,在世界各地的旅游学术界,有一点已经成为人们的共识,即现今意义上的旅游活动是从人类最初的旅行活动发展而来。本章以历史唯物主义认识论为指导,探究人类旅游活动历史发展。

学习目标

- 能从历史唯物主义角度观察人类旅行和旅游活动的发展,认识人类旅行和旅游活动是社会经济发展的产物并随着社会经济的发展而发展这一基本的旅游活动发展规律。
- 了解世界和中国古代旅行发展概况,掌握产业革命对近代旅游业的影响和第二次世界大战后旅游迅速发展的原因,掌握世界与中国旅游发展现状及未来发展趋势。

2.1 古代旅游和近代旅游

旅游活动是从人类最初的旅行活动发展而来,那么是否意味着自有了人类之日起,现今意义上的旅游活动便已然存在?对于这一问题的回答,必须本着历史唯物主义的认识论,客观地进行探讨和认识。在这一过程中,我们会发现,不论是人类早期的旅行活动,还是后来的旅游活动,其实都不是人类与生俱来的行为,旅游活动的出现与发展都与人们当时所处的社会经济背景有着密不可分的关系。

2.1.1 古代旅游发展历程

1. 原始社会早期的迁移活动

在原始社会早期,由于生产工具落后,生产能力低下,人们不得不依靠集体的力量与自然界抗争,过着一种原始共产主义式的生活。到了新石器时代,原始农业和原始饲养业开始出现和发展,不论是当时人们的生产活动还是生活活动,都局限于自己所属部落的地域范围之内。这些情况意味着,在新石器时代中期之前,由于受当时社会经济条件的制约,人类并不存在现今意义上的有意识地进行外出旅行的需要。

在原始社会早期以及更早的上古时代,人们在非定居生活中,受气候、自然灾害等自然因素和冲突、战争等人为因素的影响和威胁,不得不开始迁徙,这些迁移活动在性质上都属于人们不得已而被迫为之的求生活动。如非洲原始人类向亚洲、欧洲的迁徙;亚洲东北部的因纽特人、印第安人通过白令海峡向美洲大陆迁移。按照联合国的有关解释,因这类原因或目的而出走他乡的活动,也只能是属于逃荒、避难或移民活动,而不是旅游活动,有关当事人员更不属于旅游者的统计范畴。

因此,在原始社会早期,由于受经济条件的限制,人类迁移活动的被迫性和求生性这两大特点,决定了这些迁移活动的开展并不属于现今意义上的旅行和旅游活动。

2. 人类旅行的产生

到了新石器晚期,农业和畜牧业有了较快的发展,人类社会出现了第一次社会大分工,即农业和畜牧业的分工。到了原始社会末期,生产力不断进步,手工业逐渐成为专门的行业,人类实现了第二次社会大分工,即手工业同农业和畜牧业的分离。社会分工的发展使劳动剩余物增多,由于生产和生活的需要,人们要交换其劳动产品。伴随着社会分工和产品交换的发展,人类社会开始出现专门从事商品交换的商人,形成了第三次社会大分工,即商业从农业、畜牧业、手工业中分离出来。商品经济的发展使得不同产品交换的地域范围不断扩大,人们需要了解其他地区的生产和需求情况,要到其他地区去交换自己的产品或商品,因而便产生了旅行经商或外出交换产品的需要。以此为背景,人们基于经商、学习,而离开自己的常住地到异地作短暂停留,并按原计划返回的旅行活动开始获得快速发展。纵观世界各地历史上遗留下来的很多著名的古老旅行线路,都与经商、学习有关。与迁徙活动不同,此时人们在离开后一般还要返回原来的居住地,因此这种旅游活动具备了一定的现代意义上的旅游内涵,但还不能称为现代意义上的基于消遣和度假目的的旅游活动,而是因产品交换或贸易经商的需要而产生的一种经济活动。

3. 奴隶社会的旅行活动

1) 西方奴隶社会的旅行活动

随着人类社会生产力的进一步发展,社会的形态和制度随之发生了巨大的变化。剩余产品的出现和商品交换的发展,促使了私有制的产生,随之而来的,是一个更进步的社会制度——奴隶制社会。

在奴隶制社会时期,早期的商务旅行显然是以一种独特的方式在某种意义上促进了社会的进步和发展。反过来,剩余产品的出现和私有制度的出现在物质上和社会制度上,为旅行的发展提供了便利的物质、政治等多方面的条件。奴隶制国家出于巩固统治的需要而进行的道路系统等基础设施的建设，客观上为民间旅行活动的开展提供了新的物质条件，从而使旅行活动的规模及其开展范围较之前有了明显的扩大。公元前3200年前后，在尼罗河畔，形成了政治、军事统一的强大国家——古埃及。同时，两河流域在公元前2300年前后，古印度在公元前1000年前后，都先后建立了统一的奴隶制国家。政治、军事、经济上的统一，暂时结束了混战和争夺，社会秩序相对稳定，空间移动的基本条件越来越完备，为旅行活动的发展创造了条件。

在讨论奴隶制社会时期的旅行活动发展时，欧美学者往往将古罗马帝国的旅行发展作为其中最具代表性的例子。到古罗马时代，旅行已朝着多样化方向发展，进入了一个新的全盛时期。在古罗马帝国的强盛时期，其国土北部包括了今天欧洲的英格兰、德国、奥地利、匈牙利和罗马尼亚等地，东部边界远至西亚的幼发拉底河，南部包括了非洲的埃及和苏丹北方地区，西部濒临大西洋。此时，大规模的侵略和扩张已经基本停止，古罗马国内秩序相对稳定，这一安定局面为古罗马帝国社会经济的快速发展提供了良好的环境条件。古罗马政府当时在全国境内修建了许多宽阔的大道，在全国范围内形成了较为完善的道路网络系统。虽然这些道路的兴建是出于军事和政治目的，但客观上也为人们沿路旅行提供了方便。此外，另一个重要的方便条件是，旅店产生了。这些旅行基本设施的发展，又反过来进一步推动了旅行人数的增加。虽然当时的旅行活动大都在古罗马帝国境内开展，并多以近距离的旅行为主，但也有跨国界开展的远程旅行，著名的中国"丝绸之路"正是在当时兴盛起来的。

除此之外，公元前5世纪，希腊的奴隶制度也高度发展，宗教、公务、贸易、考察旅行者络绎不绝。其中，宗教旅行的发展最为突出。古希腊的提洛岛、特尔斐和奥林匹斯山是当时世界著名的宗教圣地。在建有宙斯庙的奥林匹亚，名为"奥林匹亚庆典"的节庆是最负盛名的盛典。当时的奥林匹亚庆典是一种纯粹的宗教活动，但是，它却促进了周围剧院的建立和宗教旅行的发展，并发展成了现代的奥林匹克运动会。

在西方的奴隶制社会中，除了奴隶主阶级的享乐旅行外，还存在非经济目的的旅行活动。这种旅行活动的参与者是自由民。他们当中有不少人是出于宗教目的而外出旅行的，例如古埃及人到尼罗河流域的一些宗教中心去旅行；古希腊人到奥林匹斯山去旅行；早期的基督徒则是前往耶路撒冷和罗马等圣城去参拜。当然，纯粹出于消遣目的的旅行活动也同样存在。例如，在古罗马帝国，由于交通条件的便利，夏季时不少人都会外出旅行，一般都是离开城市前往沿海地区避暑和游览。据史料记载，当时的意大利"沿海地带排列着大理石雕刻、浴馆和浴场、体育馆、寺庙等罗马财富的瑰宝"。由此可见，当时消遣旅行活动的存在。但尽管如此，这类消遣旅行活动的参加者并非自由民中的一般平民，而是"限于那些当权者或富有者"。这些人在当时人口中只是为数很少的一部分，因而他们的这类消遣旅行活动并不具有社会意义。

2) 中国奴隶社会的旅行活动

在中国，奴隶制社会时期旅行活动发展情况与欧洲大致相同。商代是中国奴隶社会的鼎盛时期，剩余劳动产品的增加，以交换为目的的生产规模的扩大，以贸易经商为主要目的的旅行活动有了很大的发展。在交通运输方面，舟车更为普及，牛、马等大牲畜也被普遍用于交通运输。旅行条件的改善使得当时商人的足迹已经走遍了"他们所知道的世界"。到了春秋战国时期，出现了许多周游天下的大商人。很多文献有关记载显示，在奴隶制社会时期，并非不存在以消遣为目的的旅行活动。在当时的社会中，生产力进步所带来的劳动剩余物大都被奴隶主占有。这些财富除了供奴隶主阶级日常生活享用外，还用于外出游历。在我国古代文献中，与"旅行"相近的"观光"一词出现较早。《易经》中曾有"观国之光"一语，这便是后来"观光"一词的由来。总之，这种享乐旅行活动的参加者仅限于以"天子"为代表的奴隶主阶级。

总之，人类真正有意识地进行外出旅行活动始于原始社会末期，并在奴隶制社会时期得到迅速发展。人类最初的外出旅行并非消遣和度假活动，而是因产品交换和贸易经商的需要而促发的一种经济活动。

4. 封建社会的旅行活动

封建社会与奴隶社会相比，农民有了一定的人身自由，有自己的私有经济，因而能在一定程度上调动农民的生产积极性，经济比较繁荣。

1) 欧洲封建社会的旅行活动

欧洲封建化进程始于公元5世纪，但社会经济长期处于落后状态。到了11世纪，西欧的封建社会有了明显的发展。生产力有了一定的提高，社会分工的发展使交换活动逐渐经常化。但由于当时地区间无休止的混战，旅行的状况远远没有古罗马时期兴旺。可以说，在5世纪到16世纪的漫长时间里，西欧的旅行活动不但没有发展，反而在一定水平上倒退了。欧洲封建时期的旅行活动，仅限于朝觐旅行或宗教旅行。

欧洲旅行新发展是从1558年、英国女王伊丽莎白一世继位开始的。当时欧洲再次掀起旅行热潮是从一件特殊事件开始的。1562年，一位英国医生发表了一本著作，介绍了英格兰、德国和意大利的天然温泉，谈到了其对各种身体疼痛的疗效。这一事件立即引发了轰动，形成了盛极一时的温泉旅行热潮。直到200年后，这种潮流才渐渐向海水浴转移。另外，此时以教育为目的的旅行也开始发展。人们为了增加年轻人对异国他乡事物的了解、增长见识、开阔视野，将很多的中学毕业生送往外国游历，以期返回后能够有所作为。这种以求知为目的的旅行一直持续了数个世纪，直至今日，仍有此种性质的旅行活动。

2) 中国封建社会的旅行活动

中国的封建社会历时两千多年，在各朝代的社会稳定发展时期，生产力和社会经济都有了很大的发展。不论是水利工程技术和农业生产技术，还是手工业、纺织、造纸，中国在当时的社会经济发展方面领先于西方世界。社会的安定和经济的繁荣为当时的旅行活动的发展奠定了社会条件和物质基础。

中国古代旅行活动的发展与交通运输的便利密不可分。其中，水路交通在中国有着悠久的历史，并为中国古代旅行活动的顺利开展提供了重要的保障和支持。早在春秋时代，史籍中便有关于水运的记载，战国与秦朝的"郑国渠""灵渠"都是春秋时期水利史上光辉的篇章。自汉朝推出漕运政策之后，历代封建王朝都将发展漕运纳为国家的重要政策。水路交通运输也因此一直是中国封建社会时期重要的交通方式。其中隋代在发展水路交通方面的贡献最为突出，首先开凿了连通华北与江南的运河网。唐朝也利用隋代所开运河发展水路运输，宋朝建都开封后，则利用汴河之漕运，运输粮食。元、明、清三朝均建都北京，为了弥补内河漕运不足，开始发展海运。著名的"海上丝绸之路"的起点便是我国的泉州，马可·波罗就是从泉州开始的中国之旅。尽管我国封建社会水陆交通的发展是统治阶级用于巩固国家政权的工具，但在客观上便利了人们的旅行，通过水路往来各地成为主要旅行方式，从而促进了中国古代旅行的发展。

我国封建社会时期的陆路交通也有长足进步。自秦朝以来，陆路的建设便取得了一定的成果。"驰道""直道""五尺道""新道"的建设共同构成了以咸阳为中心、四通八达的道路网络。秦朝以后，陆路交通的建设不仅表现在道路本身的建设上，还表现在驿站设施的建设上。我国驿站的发展历史十分悠久，在周礼和先秦的典籍中就有记载。经历了各个封建王朝的不断发展，到唐朝，设置驿站1639所，驿站的发展达到了一定的规模。到了明、清时期，驿站则更是扩展到新疆、西藏等地区。在交通条件发展的同时，中国封建社会的经济条件也日渐成熟起来。自汉朝以来，中国由于经济上的强盛，在亚洲范围内有很大的影响，欧洲的罗马帝国、希腊帝国先后和中国进行经济上的往来，这些都为中国古代旅行的发展提供了重要的物质条件。

社会经济的发展和交通条件的改善为中国封建社会时期旅行活动的扩大提供了必要的经济基础和便利条件。在这一时期，旅行活动的规模和开展范围不断扩大，并且各种非经济目的旅行活动也在不断增多。在中国封建社会时期，旅行的类型丰富多样，主要有以下几类。

(1) 帝王巡游。中国古代帝王巡游的目的，一是饱览风景名胜；二是显示帝王权威，了解民情，利于巩固统治；三是封禅。中国封建社会时期旅行活动要明显早于欧洲，例如秦始皇封禅泰山、隋炀帝下江南、康熙乾隆数下江南等。

(2) 官吏宦游。官吏宦游是指中国古代历朝官吏，奉帝王之命，为执行某种政治、经济、军事任务而进行的旅行活动。很多官员奉帝王之命往返于国内各地，甚至部分官员千里迢迢远赴异域出使，如张骞出使西域、郑和七次下西洋等。

(3) 经商旅行。在中国封建社会时期，较为常见并且数量最多的旅行活动是商人的商务旅行，"商旅"一词在中国封建时期的文学作品和史籍记载中处处可见。随着中国古代水路、陆路交通条件的不断完善，加之商人的不断努力与开拓，中国历史上形成了一批举世闻名的"商路"，使中国的货品行销五洲。直至今日，部分商路又演变为历史古迹，成为现代旅游的优良资源。其中最为著名的是"丝绸之路""海上丝绸之路""茶马古道"等。

(4) 文人游学。中国自古就有"读万卷书，行万里路"的古语，因此很多文人都有游学的经历，他们走遍了中国的名山大川，漫游名胜古迹，留下了很多经典的传世佳作。如春秋时期孔子周游列国、战国时期的游说之士的游说活动、西汉司马迁二十壮游、魏晋文人纵情山水游、唐朝李白的云游写诗等。

(5) 宗教云游。宗教云游主要是以朝拜、寻求仙人、求经等为目的而进行的旅行。佛教、基督教、印度教等先后传入我国，我国从很早开始就有了宗教云游的记载。由于宗教云游在我国的长期发展，在我国更是形成了佛教四大圣山、道教五大名山等名胜，吸引着众多的信徒，宗教云游中最负盛名的是玄奘西游和鉴真东渡。

(6) 佳节庆游。中国自古以来就重视节庆，每逢佳节常常有各式各样的节庆聚会。中国古代各族人民的生活习俗和喜庆佳节很多，如春节庙会、元宵灯会、清明踏青、端午竞舟、中秋赏月、重阳登高等，蒙古族的那达慕大会、藏族的雪顿节、彝族的火把节、傣族的泼水节、回族的花儿会等。

2.1.2 产业革命对近代旅游活动产生的影响

到19世纪，旅行活动的发展在性质上开始具有了现今意义上的旅游活动的特点，因消遣目的而外出的人数超过了商务旅行的规模，这一变化是当时的社会经济发展所使然。国际学术界认为，19世纪旅游活动的发展很大程度上是与产业革命的影响分不开的。产业革命亦称工业革命，指资本主义机器大工业代替工场手工业的过程，是历史上资本主义政治经济发展的必然产物。这场产业革命于18世纪60年代首先发生于英国。美、法、德、日等国的产业革命先后在19世纪内完成。产业革命给社会带来了一系列的变化，从而对旅游活动的发展产生了影响，这些影响主要表现在以下几个方面。

1. 产业革命加速了城市化进程

很多人的工作和生活地点从乡村转移到了工业城市，促进了城市化的发展。这一变化导致人们的生活节奏更加紧张，从而促进城市居民产生回归自然的需求。因此，工作和生活地点方面的变化对当时旅游活动的扩大发展是重要的刺激因素。时至今日这一情况依然如此，城市居民参与旅游活动的人数及其出游频率都大大高于乡村居民。

2. 产业革命改变了很多人的工作性质

在农业生产中，人们早已习惯较为自由、相对散漫、忙闲有序的生产方式。而在工业革命的大机器流水作业生产过程中，这工作的重要特点是单一、重复、枯燥。这一变化促使人们通过休假旅游来放松自己，舒缓心理压力，以便能够恢复精力重新投入工作，是人们产生旅游动机的重要原因。

3. 产业革命带来了阶级关系的变化

产业革命造就了资产阶级，使社会财富越来越多地流向了资产阶级，从而有效增加了有能力参加旅游活动的人数。当然，产业革命也造就了工人阶级。随着生产力的提高和工人阶级的不懈斗争，工人工资和带薪休假等有所增加，对于广大劳动者来说，这为他们加入旅游者的行列创造了条件。

4. 产业革命推动技术进步

产业革命所带来的技术进步主要表现为新技术在交通运输中的应用。新式交通工具解决了旅游的空间障碍，促使大规模的人员流动成为可能。交通技术的进步是推动近代旅游活动规模扩大的重要原因。

2.1.3 近代旅游发展历程

1. 托马斯·库克的活动与近代旅游业的诞生

1) 1841年的旅游活动

产业革命带来了社会经济的繁荣，使更多人有了外出旅游的支付能力，同时人们赢得了在某些传统节日休假的权利，使更多的人在时间上有了外出消遣的保障。但绝大多数人都没有外出旅游的经验，对异国他乡的情况以及必要的旅行知识都不了解。很多人都有意愿外出旅游，但又因担心旅程中遇到的困难而有所顾虑。因此，人们希望有人能在这方面提供帮助，而且这种需求已发展为具有一定规模的社会需求。1841年，英国人托马斯·库克敏锐地注意到这一情况，率先尝试一种新的业务去满足这种社会需求，创办了世界上第一家旅行社——托马斯·库克旅行社，从而开创了旅游业务的先河。

托马斯·库克最初的职业是印刷商和出版商，而产生开办旅行社的想法则是来自一次宣传禁酒主义的"业余活动"。1841年7月5日，托马斯·库克利用包租火车的方式，组织了一次570人规模的团队活动，从英国中部的莱斯特前往拉夫堡市参加禁酒大会。为了做好这次活动的组织工作，托马斯·库克与英国铁路局取得联系，以每人1先令的低廉价格包租了一列火车，全程往返24英里，并且由托马斯·库克全程陪同，在火车上提供热情周到的照料，使参加禁酒大会活动的人员格外满意。虽然在此之前，团体形式的旅行活动已经有所记载，但之前的团体出行都是某一个组织为了其组织自己的成员出行而组织的旅行活动，缺乏广泛的公众性。而托马斯·库克组织的这次旅行活动，其参加的成员来自各个行业和社会阶层，他们只是为了这次活动而走到一起，一旦活动结束，便不再发生任何联系，这类似于现代旅行社组织的旅游团，具有广泛的公众性特点；同时，托马斯·库克不仅发起、筹备和组织了这一活动，还全程陪同，这类似于现代旅游活动中的领队。除此之外,这次旅行活动的参与人数达到570人之多,其规模在当时是空前的,无疑可称为现代旅游活动中的组团规模化旅游的雏形。基于此,托马斯·库克的这次活动被称为近代旅游业的开端。

虽然托马斯·库克组织这次活动是为了参加禁酒会,并非出于商业性目的,但是这次活动的成功组织为其日后正式创办旅行社业务积累了经验。

2) 1845年的商业性旅游活动

1845年夏天,托马斯·库克首次出于商业性目的组织了一次团体观光旅游。这次团体旅游的活动线路是从英格兰中部的莱斯特出发,目的地是利物浦市,全程活动历时一周,组团规模为350人。这次团体旅游活动与1841年的活动相比具有以下特点:①这次团体旅游活动的组织是出于纯商业性目的。托马斯·库克认识到人们外出旅游的积极性很高,旅游市场需求已经形成规模,针对这一市场开展商业性经营的时机已经成熟。②这次团体旅游活动是历时一周的长途过夜旅游,不是当日往返的一日游。③在策划和筹备这次旅游活动期间,托马斯·库克做了大量的实地考察工作以确定沿途的停留地点和游览内容,特别了解了旅游地点能否提供足够数量的廉价住宿设施。④托马斯·库克特别组织编写了一本《利物浦之行手册》,介绍该旅游团队的出发时间、集合方式、沿途的停留地点、各地的参观或游览项目、各地的住宿设施情况,以便参加这次旅游活动的人能够了解全程活动的安排情况。⑤在这次全程旅游活动中,托马斯·库克本人不仅亲自担任该旅行团的陪同和导游,在途经威尔士期间还聘用了当地人担任地方导游。

3) 其他旅游活动的创新

托马斯·库克在世界旅游业发展史中具有重要的地位,被誉为近代旅游业的先驱。这主要是因为,他在开展旅游业务方面有很多贡献都具有开创性。例如,托马斯·库克曾于1855年组团去法国参观巴黎世博会,旅行团在巴黎停留和游览4天,全程实行一次性包价,其中包括在巴黎停留期间的住宿和往返交通费,总计为36先令。这次活动是世界上组织包价出国旅游的开端。当年英国的《曼彻斯特卫报》称此为"铁路旅游史上的创举"。托马斯·库克还创造了一种代金券。旅游者持此券可在与托马斯·库克旅行社有合作关系的交通运输公司及其他旅游服务企业中代替现金用于支付,并可凭此券在指定的银行兑取现金,托马斯·库克推出的代金券是当今旅行支票的雏形。1872年,托马斯·库克亲自担任导游,组织了10人参加、历时70天的环球旅游,开创了组织环球旅游的先例。总之,托马斯·库克在组织旅游活动方面的成功,表明了人们对旅游的需求已具规模,旅游需求市场已开始形成。

在托马斯·库克之后,从19世纪下半叶开始,西方近代旅游蓬勃发展起来。各类旅游组织如雨后春笋般在欧洲大地上茁壮成长,观光俱乐部更是成为当时旅游组织发展的典型。1857年,观光俱乐部在英国成立,1890年后陆续在法国、德国先后成立。而在美洲,美国"运通公司"于1850年开始兼营旅游代理业务,并于1891年最先发售了与现在旅行支票在使用方法上完全一样的旅行支票。到了20世纪初期,美国的"运通公司"、比利时的

"铁路卧车公司",托马斯·库克父子旅行社成为世界三大旅行代理公司。以托马斯·库克为代表的旅行社行业的出现,标志着近代旅游业的诞生。

2. 西方近代旅游活动的发展

近代旅游的发展促进了饭店业和酒店业的发展。西方社会旅游活动的数量和人次不断增加,过去仅仅为特权阶层提供服务的豪华饭店和普通的客栈都不能满足社会旅游活动发展的需要。同时,由于近代工业革命带来了社会阶级划分的变革,社会中出现了中产阶级夹层,他们负担不起豪华的饭店,但是也不满足于简单的客栈,又属于旅游活动进行频率较高的阶层。在此背景下,一种新型的,以为中产阶级服务为主,既可以使客人感到舒适方便又追求经济利益的食宿服务机构——商业饭店诞生并迅速发展。1908年,被后人誉为"饭店业开山鼻祖"的斯塔特勒在美国纽约的布法罗建造了世界上第一座商业饭店。斯塔特勒不仅将饭店的300间客房都配备了独立的卫生间,铺设了通向每一间客房的供排水、暖气和输电线的管道,还给每一间客房内安装了电话和标准壁橱,给卫生间安置了穿衣镜和毛巾钩,为客人安置了床头灯和提供客用的文具纸张。斯塔特勒对商业饭店的经营方式,体现了以顾客需求为导向的现代旅游营销的基本理念,开辟了酒店业发展史的新时代。酒店业的发展,反过来又促进了旅游的发展,为近代旅游从达官贵人的奢侈行为逐渐演变为中产阶级的享用行为提供了重要的条件,并为近代旅游向现代旅游的发展奠定了坚实的社会基础。

3. 中国近代旅游的发展

中国近代旅游是指从1840年鸦片战争以后到中华人民共和国成立以前这一时期中国旅游的发展过程。在漫长的封建社会时期,中国古代旅游的发展一直位于世界前列,但是中国近代旅游的发展,却是受到西方的影响之后才逐步形成并发展起来的。

中国近代旅游最早起源于上海。上海作为当时中国经济发展最好的城市,交通发达,民族资本集中,加上鸦片战争之后,外国旅游企业纷纷侵入中国,瓜分中国市场,中国人想要出国,无论是旅游还是求学都必须仰仗外国人的旅行社。不甘人后的中国人开始在列强的夹缝中寻求中国旅游发展的道路。其中,当时主持上海商业储蓄银行工作的陈光甫先生的表现最为积极。在陈光甫先生的努力下,1923年8月,上海商业储蓄银行成立了"旅行部",为出游者安排行程及办理各种手续事宜。该旅行部一经成立,就受到了国内外人士的欢迎,业务得以快速发展。1924年春,该旅行部组织了第一批国内旅游团,由上海赴杭州游览,之后又成功组织了秋季浙江海宁观潮旅行团。1925年春,该旅行部开始承办出国旅游业务,第一次组织了由20人参加的赴日本"观樱"旅行团。1927年春,该旅行部出版了中国第一本旅行方面的杂志《旅行杂志》,专门宣传祖国的风景名胜。后来,这本杂志一直出版发行至1954年。1927年6月,上海商业银行旅行社单独挂牌注册,申请领取营业执照。旅行部更名为"中国旅行社",下设7部1处,即运输、车务、航务、出版、会计、出纳、稽核部和文书处。当时,中国旅行社的任务主要是"导客以应办之事,助人以必需之便。如舟车舱之代订，旅舍铺位之预定，团体旅行之计划，调查研究之入手，以致轮船进出日期，火车往来时间，均在为旅客所急需者"。

中国近代旅游的发展，也带动了饭店业的发展。近代饭店的主要类型包括外资经营的西式饭店、民族资本经营的中西式饭店、铁路沿线的招商饭店以及公寓等。其中，西式饭店比中西式饭店的风格更多、更直接地受到西式餐饮、客房服务方式的影响，而中西式饭店包含了更多的中西合璧的特点。由于当时中国所处的特殊的历史背景，西式饭店在租界或外国人的势力范围内还是相当有市场的，尤其是当时的上海，西式饭店数量之多居全国之首。而对当时的中国富人阶层而言，虽然他们受到一定的西方影响，在生活方式上有一定的西化的倾向，但并不能全盘接受完全西式服务，同时由于当时特殊的社会环境，个别中国人在西式饭店还会受到歧视，中国富人阶层成为中西式饭店的主要客户群。中西式饭店也得到了相当的发展，其中比较著名的中西式饭店有1863年天津兴建的利顺德饭店、1912年北京兴建的长安春饭店、1918年北京兴建的东方饭店、1922年北京兴建的中央饭店、1923年天津兴建的国民饭店、1930年天津兴建的惠中饭店等。

总之，中国的近代旅游是在中华民族寻求民族救国、民族解放的斗争中曲折发展的，取得了一定成就，生产力水平的进步，尤其是民族资本的发展加快了社会财富的创造，扩大了参加旅游人员的范围；近代生产技术水平的提高推动了旅游交通运输的发展；随着旅游人数的增加，中国近代的旅游胜地得到迅速开发和发展。但是，社会战乱频发、经济萧条、人民饱受苦难，旅游活动开展所依赖的安全、经济、旅游欲望等条件都难以得到满足，这些极大地限制了近代中国旅游业的发展。可以说，中国近代旅游业的发展是十分有限的。

2.2 现代旅游

2.2.1 现代旅游的概念

旅游研究中所称的现代旅游时期是指第二次世界大战结束以来的旅游发展时期。在国内外的旅游学术界，由于在术语使用上的约定俗成，现代旅游通常是指第二次世界大战结束之后，特别是20世纪60年代以来，迅速普及于世界各地的社会化的旅游活动。

2.2.2 现代旅游发展的背景及原因

第二次世界大战结束之后，旅游活动的开展不仅开始恢复，还出现了前所未有的快速发展。从20世纪60年代起，大众旅游时代开始在欧美地区形成。旅游活动之所以会出现如此迅速的恢复和发展,究其原因,主要与当时的社会经济发展状况有关。战后,世界各国都开始致力于经济建设,就全世界总体环境而言,和平与发展一直占据主导地位。这为战后旅游活动的发展提供了必要的前提条件。同时,科技不断取得突破,这些新变化的出现,对战后旅游活动的加速发展起了很大的推动作用。大致归纳,促使第二次世界大战后旅游活动规模迅速增长的具体因素主要包括以下几个。

1. 世界经济的迅速发展和人均收入明显增加

第二次世界大战后,各国逐渐将注意力转移到经济建设上,几乎所有国家的经济都成倍增长。据统计,以1979年的美元价值计算,1949年全世界生产总值为25 000亿美元;到20世纪60年代末已上升至每年62 000亿美元。这使得很多国家的人均收入或平均居民家庭收入得以迅速增加。经济发展所带来的家庭收入的增加和旅游支付能力的加强,对旅游需求的增长起到了推动作用,对现代旅游业的发展和普及都起到了重要的促进作用。

2. 世界人口的迅速增加

第二次世界大战后,1950年世界人口约为25亿人。到了20世纪60年代末,世界人口已增至36亿人。在短短的20年间,世界人口增加了44%。人口基数的增大无疑是战后旅游活动规模得以增长的客观基础。

3. 交通运输工具的进步

第二次世界大战以后,虽然铁路和轮船一直是人们外出旅行的重要交通方式,但是汽车和飞机逐渐更多地应用于中、短途旅行。现代化交通工具的应用缩短了时空距离,使旅游得到快速发展。随着私家车拥有率的不断上升以及长途公共汽车运营网络的扩大和完善,汽车成为人们中、短途外出旅行的主要交通工具。这种旅行方式所具有的自由、方便、灵活等特点客观上缩短了旅程中的时间距离。与此同时,飞机速度的提高有助于解决远距离外出旅游的时间限制,为远程旅游提供了新的便利条件。另外,交通运输工具供给增长所带来的价格竞争,使得人们旅行费用的减少成为可能。总之,交通运输工具的进步,有效地缩短了旅程的时间距离,在技术上推动了旅游需求的增长。

4. 生产自动化程度的提高和带薪假期的增加

随着科学技术的进步,很多行业中的生产自动化程度不断提升,生产效率提高,人们的工作时间不断缩短。同时,生产自动化程度的提高使带薪休假天数的增加成为可能。20世纪60年代后,很多发达国家都在不同程度上实施了带薪休假制度,允许劳动者每年享有2~6周的带薪假期。这一变化为更多人参与旅游活动提供了所需的闲暇时间。

5. 城市化浪潮席卷全球，人们生活节奏加快，客观上产生了更多的旅游需求

第二次世界大战后，世界各地城市化的进程普遍加快，乡村人口在很多国家中都出现了明显的下降。1950年，世界的城市人口只占总人口的28.7%；到20世纪90年代，则已远远超过50%。在发达国家中，城市人口更占到80%以上，绝大多数人口居住在城市，更多劳动者在从事单调乏味的重复性工作。这使得人们的生活节奏不断加快，身心压力增大，日益要求放松自己紧张的心情和恢复透支的体力，更加向往悠闲的田园生活，回到大自然中寻找自然平衡，这一情况成为战后旅游需求规模迅速增长的重要社会心理原因之一，也成为促进现代旅游业迅速发展的一个重要因素。

6. 教育事业的发展和人们生活观念的变化

第二次世界大战后，世界各国普遍重视发展教育事业，全球教育水平都获得了相当大的提高。随着教育的普及和人们文化水平的提高，加之信息传播技术的不断进步，人们对自己家乡之外的其他地区乃至对其他国家的事物增加了了解，并因此助长了对有关事物的好奇心和求知欲，使更多的人愿意选择旅游的方式去了解世界，探索知识，开阔眼界。这一因素对战后旅游需求的迅速提高也产生了重要的推动作用。除此之外，中产阶级的崛起使得新的生活方式不断涌现，休闲式的旅游娱乐成为现代社会人们的时尚追求，为旅游赋予了新的含义，促进了现代旅游大众化和广泛化发展。

总之，影响第二次世界大战后旅游活动迅速发展的因素有很多。以上所述只是基于需求方面的观察而归纳出来的主要推动因素。事实上，第二次世界大战后旅游活动的迅速发展还与旅游供给方面很多因素的拉动作用有关。这些拉动因素主要有以下几个：团体包价旅游产品的提供与推广；很多国家和地区政府为发展该地的旅游业，吸引和便利旅游者来访而采取支持态度和鼓励政策，如放宽入出境限制，重视对外促销宣传；旅游目的地在旅游资源开发和接待设施建设方面的投入，例如支持和参与旅游资源的开发，加强基础设施的建设。

2.3 世界与中国旅游业发展现状与趋势

2.3.1 世界旅游业发展现状

旅游业是推动世界经济发展的隐形支柱产业，也是反映全球化发展的晴雨表，国际旅游业发展继续跑赢全球经济增速。联合国世界旅游组织(World Tourism Organization,

UNWTO)数据显示,旅游业收入占全球GDP总额的10%,全球每10个工作岗位中就有一个岗位与旅游业直接或间接相关,国际旅游收入占世界出口总额的7%,占世界服务贸易出口额近30%。例如,2018年全球国际游客到达数量为14亿人次,同比增长5.4%。国际旅游服务贸易(含交通)出口额达1.7万亿美元,同比增长4.4%,跑赢全球GDP增速3.6%,是仅次于化工和石油行业的世界第三大出口行业。

亚太地区和非洲地区国际游客到达数量增长最快,增幅达7%;欧洲与中东地区国际游客到达数量增幅为5%;美洲地区增幅仅为2%。从区域国际游客到达数量上来看,欧洲占全球游客到达数量的51%;亚太地区位居第二,占比为25%;美洲、非洲和中东地区占比分别为15%、5%和4%。从旅游目的来看,休闲、娱乐、度假的国际游客占56%,商务或学术出访的国际游客占13%,探亲访友、康养、宗教等其他目的的国际游客占27%。

随着现代科学技术和经济文化的突飞猛进,人类社会经历了农业社会、工业社会之后,正进入以信息化为特点的服务业社会的时代。作为现代服务业重要组成部分的旅游业,从经营方式到消费方式正在发生重大变化。科技革命的发展、社会经济文化的发展和人口结构的变化,使旅游者的数量剧增,素质提高。人们工作时间的缩短、带薪假期的普及、弹性工作制的推广、人口的老龄化、就业妇女的增多、晚婚趋势的发展、移民和出境限制的放松等,使更多的人有更多的时间、财力和兴趣参加旅游活动。

在大众旅游市场更为兴旺的同时,由于旅游者文化素质的提高和旅游阅历的丰富,要求旅游的内容和方式更加多样化、更具参与性和更为个性化;城市化的发展与环境保护意识的强化使旅游者更加渴望返璞归真、回归大自然,生态旅游、绿色旅游成为新的时尚;求知欲的增强驱使人们更加注重旅游的社会文化内涵,旅游成为一种越来越重要的教育方式。

旅游需求的变化导致旅游供给和经营管理方式的革新。传统的团队式、全包价式的接待方式发生了变化,逐步向自由组合、自主选择、灵活多样的形式发展。互联网智能信息系统应用于旅游经营管理和旅游消费的各个环节之中。旅游线路的选定,交通票证的预购,客房、餐饮和文体娱乐活动的预订和销售将逐步普及信息化管理。世界各大旅行商、饭店集团、航空和其他交通部门实行了互联网经营。旅行商兼营行、住、食、购、娱等多种业务;旅游业与文化、工业、农业、商贸和交通等产业广泛融合,旅游产业的综合性达到了更高的水平。

2.3.2 世界旅游业发展趋势

1. 世界旅游将持续平稳发展

世界旅游是世界经济的晴雨表,其发展态势首先受到世界经济形势的制约。同时,世界政局与国际关系对世界旅游的发展产生重大影响,国际冲突、恐怖活动或战争会对世界旅游产生直接影响。严重的技术性灾难、自然灾害或疾病流行也会对世界旅游起伏产生快速影响。旅游业是一个十分敏感但又十分坚韧的产业,人们休闲度假的刚性需求与国际商务、文教科技交流的社会需求是推动旅游发展的根本动力,在发展进程中虽有波折但会迅速复苏、强劲反弹。

世界旅游组织于2012年5月发布的《2030年全球旅游展望研究报告》预测,世界旅游业相对平稳增长,年增长率为4%～4.5%。2010—2030年间,全球国际游客人数将从9.35亿人次增长到2020年的16亿人次、2030年的18亿人次。

2. 全球旅游区域重心持续东移南下

国际旅游业是世界经济的组成部分,旅游业的发展水平,旅游客源市场的成熟程度,总体上取决于社会经济的发展水平。世界旅游客源市场的格局从根本上说是由世界经济的格局决定的。根据世界旅游组织(UNWTO)发布的"2019年国际旅游报告",欧洲旅游在世界市场所占份额为51%,亚太地区为25%,美洲地区为15%,非洲为5%,中东为4%。根据世界旅游组织2030预测报告,到2030年,欧洲旅游在世界市场所占份额为41%,亚太地区为30%,美洲地区为14%,非洲为7%,中东为8%。全球旅游发展的重心将会向亚太地区倾斜,世界旅游市场欧洲、亚太和美洲三足鼎立的格局更稳固。

3. 区域旅游一体化加速推进

区域旅游一体化是相关国家或地区建成统一的旅游目的地、共同的旅游市场和完整的旅游经济区,其本质是在成员国或地区之间建立统一的市场规则与秩序,实现旅游资本、信息、企业、服务、旅游者和从业人员等要素,按照市场规律优化配置、自由流动,促进区域旅游经济的协同发展。区域旅游一体化以世界经济全球化、区域经济一体化、区域政治法制同构化为基础,同时也是实现区域一体化的重要推力与标志。

区域旅游一体化以建设统一的旅游目的地为目标,共同编制旅游发展规划、统一服务标准、统筹市场营销、共享旅游信息资源、开展旅游人力培训等;互相给予公民出入境便利或免签、开放航线等优惠条件,同时对区域旅游一体化外的国家的公民实行共同的出入境免签、购物和其他优惠政策。

欧洲地区将以欧盟为主体,继续推进申根协议国家的区域旅游一体化。亚太地区在《亚太经合组织推动实现亚太自贸区北京路线图》框架下全面、系统地推进亚太自贸区进程,鼓励各经济体采取更加便利的移民政策,基于利益共享和互利切实促进区域内包括商务人员、游客、科研人员、学生、劳务人员的流动,努力实现到2025年亚太经合组织成员国际旅游人数达到8亿人次的目标。北美洲地区在美、加、墨自由贸易区的基础上推进区域旅游一体化。中东和非洲地区的区域旅游合作将进一步加强。"金砖五国"在世界旅游平台上的作用将逐步显现。面对国际旅游市场的激烈竞争,单靠一个国家单打独斗已不足取,联合起来开展区域性合作与竞争势在必行。

4. 新兴经济体国家接待入境游客的数量将超过发达经济体国家

多年来，世界旅游组织对发达国家与新兴国家的旅游发展走势进行了分析。1980—2010年间，发达国家接待国际旅游者的年均增长率低于同期全球的年均增长率约1个百分点，低于同期全球新兴国家的旅游发展的年均增长率2～3个百分点。发达国家与新兴国家接待国际旅游者数量的比例，从1980年的70∶30，变为1995年的63.5∶36.5，2010年的53∶47。这个发展走向与亚太、中东和非洲地区的发展速度高于欧洲、美洲的发展速度的趋势是一致的。

近年来，新兴国家出境旅游迅速增长、出境旅游消费强劲，有力地拉动了国际旅游消费的增长。2012年出境旅游消费增幅大的是中国(增长38%)、俄罗斯(增长21%)、巴西(增长32%)和印度(增长32%)。新兴国家的国际旅游发展潜力巨大，是推动世界旅游的强劲增长点。但以全国人口为基数的国民人均出境旅游支出看，新兴国家的人均支出远低于发达经济体国家，2013年中国国民人均出境旅游支出为94美元、巴西为127美元、德国为1063美元、澳大利亚为1223美元、加拿大为1002美元。世界旅游组织预测，2010—2030年间，新兴经济体国家国际入境游客人数年均增长4.4%以上，发达经济体国家年均增长2.2%以上。新兴经济体接待的国际入境游客人数将在2030年达到10.37亿人次，超过发达经济体。

2.3.3 中国旅游业发展历程与现状

1949年中华人民共和国的诞生，中国历史进入全新的发展时期，而1978年党的十一届三中全会的召开，标志着中国进入以经济建设为中心的全面改革开放的发展新局面。以此为契机，中国经济开始以年均超过10%的速度快速增长，并创造了世界经济发展史上的奇迹。在此背景下，中国的旅游业进入了一个全新的发展时期，中国现代旅游业的发展进入了一个新的征程，伴随着中国改革开放的深入发展和中国全面融入世界经济格局，中国现代旅游的发展取得了巨大的成就。

1. 改革开放之前：旅游发展的"外事接待阶段"

从1949年中华人民共和国成立到1978年改革开放之前的这一时期，因为中国实行的是完全的计划经济时代，因此社会公务、商务活动都处于国家的经济控制之中，这一时期的旅游更多地体现出一种官方的政治色彩，多为单纯政治接待，不计成本，不讲效益。所以，这一阶段中国的旅游业还是事业，不是产业。尽管如此，这一阶段中国旅游发展还是取得了一定的成就，其中两件重要的事件为中国旅游业的后续发展奠定了坚实的基础。第一个重要事件是中国两大旅行社系统成立：一是1954年成立的中国国际旅行社总社及其分、支社；二是1957年由各地的华侨服务社组建而成的华侨旅行社(1974年改名为中国旅行社)总社及其分、支社。前者负责接待外国自费旅游者，由国务院及地方政府的外事办公室领导；后者负责接待海外华侨、外籍华人、港澳及台湾同胞，属于政府的侨务系统。体制方面名义上定为"国营企业"，实际运作中都是行政或事业单位而不是企业。第二个重要事件是中国旅行游览事业管理局成立。1964年，中国旅行游览事业管理局成立，其直接意义是中国旅游事业从此有了专门领导机构(1978年改为直属国务院的"中国旅行游览事业管理总局"，各省直辖市成立旅游局；1982年改为"中华人民共和国国家旅游局"；2018年改为中华人民共和国文化和旅游部)。

2. 改革开放以来：中国旅游业的全面振兴与发展时期

自1978年改革开放以来，中国现代旅游进入了全面振兴与发展的新时期。在中国经济的不断发展过程中，中国旅游从入境旅游为主的发展阶段，到入境旅游和国内旅游并行发展阶段，再到入境旅游、国内旅游和出境旅游的全面发展阶段，中国现代旅游进入了一个全面的、持续的发展新时期，并取得了巨大的成就。

1) 从1978年至20世纪80年代中期：中国旅游以接待入境旅游为主

1978年10月至1979年7月，邓小平同志发表5次专门讲话，要求尽快发展旅游业，并指示"旅游事业大有文章可做，要突出地搞，加快地搞""搞旅游要把旅馆盖起来。下决心要快，第一批可以找侨资、外资，然后自己发展"。邓小平同志在旅游业对国家政治经济的积极作用，对改革开放的积极作用以及旅游管理、旅游开发、旅游促销等一系列旅游业的基本认识、基本规律上做了明确指示。按照邓小平同志指示，国务院成立以主管副总理为首的旅游工作领导小组，各地政府也相继成立领导小组。开放和高层决策推动了我国旅游业发展的步伐。但由于旅游设施不完善以及其他因素，此时我国旅游业发展重点是入境旅游，对国内旅游则实行"不宣传、不提倡、不反对"的方针。1983年10月，"世界旅游组织"印度新德里会议正式接纳中国为正式成员国，标志着中国旅游业已进入世界旅游业的行列。

2) 从20世纪80年代至1997年：中国旅游发展的入境旅游和国内旅游并行发展阶段

20世纪80年代中期以来，我国社会经济的发展和人民生活水平的不断提高，国内旅游市场逐步形成。国家有关部门也对国内旅游发展给予重视，提出国家、地方、部门、集体、个人"五个一起上"的方针，形成全社会大办国内旅游业的格局。在这一过程中，1986年，旅游业的接待人数和创汇收入被正式纳入《中华人民共和国经济和社会发展第七个五年计划(1986—1990)》。1991年，《关于国民经济和社会发展十年规划和第八个五年计划纲要》中，正式明确将旅游业的性质定为产业。1995年5月1日起，我国实行周五工作制，每周有两天的"双休日"，这为中国国内旅游业的发展，提供了重要的市场空间。

3) 1997年至2008年：入境旅游、国内旅游和出境旅游的全面发展阶段

1999年5月1日，全国实行五一、国庆七天长假制，加上传统春节，被称为三个旅游"黄金周"，在这一政策的刺激下，中国旅游业开始成为一个新的产业，得到了快速的发

展。同时，1997年7月1日正式实施了《中国公民自费出国旅游管理暂行办法》，标志中国出境旅游市场的形成。1983年11月，作为试点，广东省率先开放本省居民赴香港旅游探亲。1984年，国务院批准开放内地居民赴港澳地区的探亲旅游。1990年，经国务院批准，国家旅游局发布实施了《关于组织中国公民赴东南亚三国旅游的暂行管理办法》，旅游目的地限于新马泰三国，以后又增加了菲律宾等。这次批准的只是出国探亲旅游，公民出国旅游所需费用一律自理，采取由海外亲友交费的办法。

4) 2009年至今：以国内旅游为重点的全面发展阶段

我国旅游业已经步入了一个新的发展阶段，旅游业已经成为中国国民经济的重要产业，进入了一个合理保护和利用旅游资源，努力实现旅游业可持续发展的新阶段。2005年8月国家旅游局针对旅游发展的基本政策做出了新的表述，从原来的"大力发展入境旅游，积极发展国内旅游，适度发展出境旅游"改为"大力发展入境旅游，全面提升国内旅游，规范发展出境旅游"。这重申了入境旅游发展的优先地位，强调了国民旅游的重要地位，调整了出境旅游的管理方式。2009年12月，国务院颁布了《关于加快发展旅游业的意见》(国发〔2009〕41号文件)，为旅游业的发展提出了新的指导思想，即将旅游业培育成国民经济中的战略性支柱产业和令人民群众更加满意的现代服务业；将新时期发展旅游业的基本政策调整为"坚持以国内旅游为重点，积极发展入境旅游，有序发展出境旅游"，而且就新时期发展提出新的发展观念及发展方向，例如提出全域旅游发展新观念；提出我国旅游业发展要实施"515战略"，即紧紧围绕"文明、有序、安全、便利、富民强国"五大目标，推出旅游十大行动，开展52项举措，推进旅游业转型升级、提质增效，加快旅游业现代化、信息化、国际化进程；提出建立一带一路旅游合作交流机制。

目前，随着互联网的发展，产业规模持续扩大，产品、市场秩序不断优化，旅游业逐渐成为国民经济新的增长点，对GDP的综合贡献占GDP总量保持10%之上，行业内的产品体系日益完善，初步形成了基本完备的旅游接待体系，主要表现在以下几个方面：第一，截至2020年年末，全国共有A级旅游景区13 332个，比上年年末增加930个，4A级旅游景区4030个，增加310个；3A级旅游景区6931个，增加733个；截至2021年8月，5A级旅游景区306个，增加26个。第二，截至2020年12月31日，全国旅行社总数为40 682家(按2020年第四季度旅行社数量计算)，比2019年增长4.47%。第三，2020年年末，8423家星级饭店的统计数据通过了省级文化和旅游行政部门的审核，其中，五星级饭店820家、四星级饭店2399家、三星级饭店4074家、二星级饭店1100家、一星级饭店30家。住宿业呈现星级饭店平稳运行，品牌连饭店迅速扩张，非标住宿饭店不断拓展的总体特征，国内中端饭店呈爆发式增长，其中包括经济型饭店的升级版，民居客栈租赁平台是当前住宿业的一大亮点。第四，交通服务体系不断完善，铁路交通越来越快，高速公路网络密集，民航航线增多。第五，由旅游教育、科研、创意、咨询、宣传、出版、文娱组成的旅游文化体系迅速成长。

中国旅游以崭新的姿态登上了世界旅游舞台，2017年9月在成都召开的联合国世界旅游组织第22届全体大会上，中国发起成立世界旅游联盟。经过4年的发展，世界旅游联盟目前有来自40个国家和地区211个会员，已成为全球旅游业界对话交流的合作平台、实用权威的信息平台、资源共享的媒体平台和融合发展的沟通平台。世界旅游联盟正为世界旅游业的发展做出巨大的贡献，2018年至2020年连续三年世界旅游联盟联合世界银行、中国国际扶贫中心共同发布了《世界旅游联盟旅游减贫案例》，收录全球100个世界旅游减贫典型案例。同时，中国旅游的国际地位日益提高，2019年世界经济论坛公布了《2019旅游业竞争力报告》，中国在全球旅游业竞争力榜单中排名第13位，比上一次报告发布时提升了2名，并保持世界上第四大入境旅游接待国、世界上最大的国内旅游市场和出境旅游总消费第一位。世界经济论坛的旅游业竞争力报告每两年发布一次，以全球140个国家和地区为对象，参考的因素包括旅游环境(商业环境、安全程度、健康等)、旅游政策和条件(旅游业优先级、国际化程度、价格竞争力、环境可持续性)、基础设施(航空基础设施、地面和港口交通、旅游服务设施)。报告分析认为，在中国的各项竞争力指标中，独特的自然和人文旅游资源得分非常突出，其他优势还包括酒店价格较低，旅游税少，有助于降低在中国旅游的成本。另外，前往中国旅游的航空运力充足，同时由于中国拥有全球最长的铁路网络，因此在中国各地旅行的交通便捷度非常高。

2.3.4 中国旅游业发展的目标与趋势

1. 中国旅游业发展的目标

"十四五"时期是我国全面建成小康社会、实现第一个百年奋斗目标之后，乘势而上开启全面建设社会主义现代化国家新征程，旅游业发展处于重要战略机遇期。2021年6月文化和旅游部印发《"十四五"文化和旅游发展规划》，指出，到2025年旅游业高质量发展的体制机制更加完善，治理效能显著提升，旅游带动作用全面凸显，旅游业成为经济社会发展和综合国力竞争的强大动力和重要支撑。具体表现为以下几个方面：第一，旅游业体系更加健全，旅游业对国民经济综合贡献度不断提高，大众旅游深入发展，旅游及相关产业增加值占GDP比重不断提高，国内旅游和入境旅游人次稳步增长，出境旅游健康规范发展。第二，旅游市场体系日益完备，旅游市场繁荣有序，市场在旅游资源配置中的作用得到更好发挥，市场监管能力不断提升。第三，旅游推广体系更加成熟，培育形成一批旅游推广品牌项目。

展望2035年，中国旅游业的整体实力和竞争力大幅提升，优质旅游产品充分满足人民群众美好生活需要，旅游发展为实现人的全面发展、全体人民共同富裕提供坚强有力保障。

到2050年，成为初步富裕型旅游强国，实现旅游现代化、信息化、国际化，由旅游大国走向旅游强国，全面实现"八高、八强、八支撑"。"八高"是旅游总量高、旅游品质高(旅游产品质量、旅游服务质量、旅游景区环境质量)、旅游效益高、旅游综合贡献高、旅游从业者素质高、游客文明素质高、旅游安全水平高、旅游科技利用水平高。"八强"

是旅游吸引力强、旅游创新力强、旅游个性特色强、旅游持续发展能力强、国际旅游竞争力强、世界旅游影响力强、全球旅游话语权强、旅游综合带动力强。"八支撑"是拥有世界一流的旅游城市、世界一流的旅游企业、世界一流的旅游目的地、世界一流的旅游强省强县、世界一流的旅游品牌、世界一流的旅游产品、世界一流的旅游院校、世界一流的旅游人才队伍。

2. 中国旅游业发展的趋势

根据党的十九届五中全会的预测，2035年我国"人均国内生产总值达到中等发达国家水平，中等收入群体显著扩大"，国民的旅游休闲度假需求将爆发式增长，未来中国旅游业的发展将有更宽广的视野。

(1) 从旅游发展理念上，高质量、高科技、融合化的发展将是未来旅游产业发展的主要理念。高质量是未来旅游业发展的主导思想，强调高科技是因为旅游的发展离不开科技的运用，尤其是当旅游消费主流人群天然存在着亲近科技的特征的情况下，而且其中的科技绝不只是当前关注的网络科技、数字科技，还包括其他诸如材料科技、生物科技等科技成果在旅游中的积极应用；因此旅游业的融合化发展不仅包括旅游与文化的融合，也包括旅游与科技、旅游与生态、旅游与工农业等产业、旅游与教育等各个方面的融合，需要从更宽广的视野去开拓。同时，在产业融合上，传统旅游企业会嵌入生活属性的业务，生活服务平台会积极向旅游领域衍生，例如美团、京东、拼多多、滴滴等都在持续发力旅游领域，携程、同程等也在构建自己的本地生活发展新空间。

(2) 从旅游组织方式上，自组织模式与团队游之间的消长关系会发生变化，团队游仍有创新发展空间，小规模、定制化、家庭型的旅游团队会受到青睐；小规模、自组织、家庭型、开放性，户外休闲产品、个性化定制产品、小团深度游产品会受关注。

(3) 从旅游产品类型上，自组织的产品如自驾游，强调家庭和亲子的产品会有显著增长，周边微度假产品也会有较大的增长空间，例如微旅行、慢休闲、深度假；除了当前广受关注的文化研学类产品之外，户外研学、自然教育的发展空间更是有待深入挖掘。

(4) 从旅游主辅关系上，在关注"旅游+"的基础上，未来的旅游发展应更关注推动"+旅游"。前者是就旅游消费的带动作用而言的，旅游消费成为激活目的地空间其他消费的催化剂，是激活社会上吃、住、行、游、购、娱等多方消费的导火索，一业兴百业旺。后者主要是旅游工作的部门协同推动而言，其他各个部门在自身工作中应主动考虑旅游需求，主动将旅游作为美好生活的风向标来认识，"改善人民生活品质"才能落到实处，通过各个部门"+旅游"可以为旅游业发展创造良好的环境和基础，旅游也能为这些部门的工作效能优化提供助力。

(5) 从旅游影响力度上，世界级旅游景区、度假区、目的地建设加快。未来最重要的不是客源结构的世界性，而是服务、管理、品质的世界性，以管理能力现代化的视角调整固有的资源利用观念，尤其是在文化文物资源的旅游利用以及自然生态资源的精准化利用方面要有大提升。

(6) 从旅游人才模式上，人才是旅游业发展长期以来的困境，近些年尤其是疫情中灵活就业、零工经济的兴起将深刻影响到旅游基础人才供给，旅游业尤其是传统旅游业的薪酬制度改革将面临更大的压力；在高端跨界专业人才的使用与合作模式方面，其他行业的经验会深刻影响旅游行业。

(7) 从旅游并购力度上，行业内的收购趋向活跃，尤其是面临资金链断裂、现金流受困的优质标的的收购将引起关注；大型旅游集团的业务线重整、战略性并购和非旅抗风险业务拓展的步伐会加大。

本章小结

本章对世界旅游的产生、发展进行了综合性分析，系统梳理了世界的古代旅游、近代旅游和现代旅游的起源、演进与发展现状，并分析了产业革命对近代旅游业产生的影响和近代旅游业的创始人的事迹，说明了中国古代旅游、近代旅游和现代旅游的发展历程，预测了世界与中国旅游业未来发展的趋势。

关键词或概念

古代旅游(ancient tourism)
近代旅游(modern tourism)
现代旅游(modern tourism)

简答题

1. 简述产业革命对近代旅游业的影响。
2. 简述托马斯·库克旅行社对近代旅游发展的主要贡献。
3. 中国古代旅行的类型主要有哪些？
4. 简述第二次世界大战后旅游迅速发展的背景。
5. 简述未来世界旅游业发展的趋势。

第3章 旅游者

本章导读

旅游者是旅游活动的主体，是开展旅游活动的首要条件。旅游活动是人类社会实践活动的一种特殊类型，同时，旅游业的经营活动需要围绕旅游者的需求展开。因此，没有旅游者的大规模空间移动，旅游活动很难成为一种普遍的社会现象，也不会有旅游业的存在和发展。所以，旅游者既是旅游活动的主体，更是旅游业的服务对象，是旅游学的首要研究对象。

学习目标

- 了解国际、国内旅游者的界定。
- 掌握旅游者的类型和特点。
- 掌握影响旅游者产生的主观因素和客观因素。

3.1 对旅游者的界定

人们出于度假、休养、娱乐、探险、求知等目的而外出旅游。旅游者具有不同的消费心理，旅游者的消费行为决定了旅游业提供产品和服务的导向，旅游者的规模是决定旅游业生存与发展的重要因素和前提条件。为了更有效地了解旅游者规模，旅游学术界及各国旅游管理机构非常重视对旅游者的界定，以便更好地进行旅游活动的监督与调控。

3.1.1 对国际旅游者的界定

现实生活中，旅游活动主体这个特殊群体的称谓五花八门，如旅游者、游客、观光客、旅行者，甚至从接待角度被称为宾客、旅客、顾客、住客等，目前学术界普遍采用的是"旅游者(tourist)"。"旅游者(tourist)"一词最早见于1811年英国的《牛津词典》，意为"以观光为目的的外来旅客"。20世纪以来，学者不断对"旅游者"提出新的界定。如英国人奥格威尔在1933年出版的《旅游活动》一书中，从经济学角度进行界定，他指出：

"从经济目的来看,旅游者是指具备两个条件的人:第一,离开自己的久居地到外面任何地方去,时间不超过1年;第二,离开久居地期间,把他们的钱花在他们所到的地方,而不是在其所到的地方去挣钱。"随着旅游活动类型的多样化,制定一个便于旅游统计和科学研究的旅游者界定标准成为旅游学研究的一个重要课题。从国际联盟到世界旅游组织乃至各国政府有关部门,都为旅游者的界定做了大量的工作。对于国际旅游者的界定,目前世界各国在理论上基本已有了共识,研究和制定了共同的界定标准。

1. 国际联盟统计委员会的规定

为了推进旅游者界定的标准化,国际联盟统计委员会于1937年提出,把"国际旅游者"定义为"到一个不是自己通常居住的国家去访问,并在该国停留超过24小时的人",并对国际旅游者的范围进行了界定,可纳入国际旅游者统计的人员包括以下几类。

(1) 出于娱乐、消遣、家庭事务及身体健康等方面目的而出国旅行的人。

(2) 为出席国际会议或作为公务代表而出国旅行的人,包括科学、行政、外交、宗教、体育等方面会议或公务。

(3) 为工商业务原因而出国旅行的人。

(4) 在海上巡游途中停靠某国港口并登岸访问的人员,即使其停留时间不足24小时,亦视为入境旅游者(凡停留时间不足24小时者,应另分为一类,必要时可不管其惯常居住地为何处)。

同时,国际联盟统计委员会还规定下列人员不可作为国际旅游者进行统计:抵达某国就业任职或在该国从事营业活动者;来该国长期定居者;到该国入学就读,寄宿在校的外国留学生;跨越国界到邻国上班工作的边境居民;临时过境而不做停留的"中转过境旅行者",即使在境内时间超过24小时,只要不离开规定的中转国境区域,也不纳入国际旅游者的统计范围。

这是最早的有关国际旅游者的半官方定义。国际联盟统计委员会的定义对国际旅游者的界定主要体现了三方面的标准:首先,规定了停留时间的下限,在境内时间超过24小时为限;其次,规定了旅游者的旅行目的应为消遣、娱乐、家庭事务、身体健康、公务或商务;此外,将进行海上巡游的访问人员也视为旅游者,这主要反映了当时兴盛的海上游轮旅游活动。但这一定义内涵过于宽泛,有其不完善之处。

1950年,国际官方旅游组织联盟(世界旅游组织的前身)对上述定义做了修改,将修学旅行的外国学生作为国际旅游者统计,并界定了一个新的旅游者类型——"短途国际旅游者"。短途国际旅游者是指因消遣目的在另一个国家访问不超过24小时的人。

1953年,联合国认可了这一定义,制定了《关于便利旅游者入出境的海关常规》。这一文件中规定,在旅游统计工作中,除了执行国际官方旅游组织联盟对旅游者的界定标准外,还增加了"来访旅游者在到访国境内最长停留时间不超过6个月"的限定,而一些国际组织则把最长停留期限延长至一年。

国际官方旅游组织联盟关于旅游者的定义，对旅游市场营销、旅游统计和旅游业发展起了重要作用。虽然该定义有其缺陷，但被国际旅游组织沿用至1963年。

2. 罗马会议的界定

第二次世界大战结束后，旅游业发展迅速，旅游者的界定需要重新进行规范，在国际官方旅游组织联盟的积极推动下，1963年联合国在罗马召开了一次由全体成员参加的国际旅行与旅游会议(简称罗马会议)。这次大会对国际官方旅游组织联盟的旅游者界定做了修改和补充，重新对入境国际旅游者的统计范围做出规定。罗马会议规定，凡纳入旅游统计的入境来访人员，统称为"游客"。在旅游统计中，"游客"解释为"除了移民和就业目的外，基于任何其他原因到一个不是自己惯常居住的国家访问的人"。游客的访问目的有两个方面：一方面表现为消遣性目的，包括娱乐、度假、疗养、保健、学习、宗教、体育活动等；另一方面表现为事务性目的，包括商务、家庭事务、公务出使、出席会议。

在旅游统计中，游客包括旅游者和一日游游客。这种划分方式是对国际官方旅游组织联盟于1950年所作定义的形式上的修改，其内涵是完全一致的。其中，旅游者是指"到某一不是自己惯常居住的国家做短期访问，至少停留24小时的游客"。访问目的是消遣(包括娱乐、度假、疗养保健、学习、宗教、体育活动等)、工商业务、家庭事务、公务出使或出席会议。一日游游客是指"到某一不是自己惯常居住的国家做短期访问，停留时间不足24小时的游客"(包括在海上巡游过程中上岸访问的游轮乘客，即使游船在港口停留几天，然而船上乘客每天都回船上过夜，他们对于所访问的地区或国家来说都是一日游游客)。

对于"游客"的定义，罗马会议所使用的界定标准主要涉及三个因素：访问目的、惯常居住地、停留时间。

(1) 根据来访者的访问目的界定来访者是否属于旅游统计中的游客。

(2) 根据来访者的惯常居住地，而不是根据其所属国籍来确定是否纳入旅游统计中的游客。

(3) 根据来访者的停留时间，将游客分为过夜旅游者和当日往返旅游者。停留时间达到和超过24小时为过夜旅游者；停留时间不足24小时者为"一日游游客"。

1967年，联合国统计专家委员会采纳了此定义，并建议世界各国都以此作为统计国际旅游者的标准。1968年，联合国统计委员会和国际官方旅游组织联盟先后正式确认了罗马会议的相关定义。

1976年，联合国统计委员会召开的由世界旅游组织以及其他国际组织代表参加的会议，进一步明确了游客、旅游者和一日游游客的定义。这些定义成为大多数国家进行旅游者统计时所依循的主要标准。

3. 世界旅游组织的现行界定

1991年6月，世界旅游组织在加拿大的渥太华召开了"国际旅游统计工作会议"，完成了《旅游统计国际大会建议书》，对旅游的定义和其他一些基本概念重新统一了认识。1993年联合国统计委员会采纳了这些建议。

渥太华会议上，与会各方对旅游活动的定义取得了一致意见，认为"旅游活动是人们出于消遣、商务及其他目的，短期(历时不超过一年)离开自己的惯常环境，前往他乡的旅行活动以及在该地的停留访问活动"。这是渥太华会议取得的重要成果。根据这一定义，凡是符合各类旅游活动的人员，都可界定为旅游者，都可纳入旅游者统计，因此这次会议所提出的"旅游"定义涵盖了国内旅游在内的所有各类旅游活动。

渥太华会议所取得的另一项重要成果是与会各方一致同意将"游客"作为旅游统计系统的基础概念，把游客分为国际游客和国内游客。各方认为，无论是国际游客还是国内游客，在旅游统计中都可进一步分为"旅游者"(停留过夜的)和"一日游游客"(不做过夜停留的)。

世界旅游组织认为，国际游客是指到一个不是自己惯常居住的国家去旅行，连续停留时间不超过一年，主要访问目的不是去从事某种从所到访国家获取报酬的活动的人。国际游客包括国际旅游者和国际一日游游客。国际旅游者是指到一个不是自己惯常居住的国家去旅行，停留时间至少24小时，但至多不超过一年，主要访问目的不是去从事某种从所到访国家获取报酬的活动的游客。国际一日游游客是指到一个不是自己惯常居住的国家去旅行，停留时间不足24小时并且未在所到访国家的住宿设施内过夜，主要访问目的不是去从事某种从所到访国家获取报酬的活动的游客。

3.1.2 对国内旅游者的界定

世界各国对国际旅游者的界定基本形成共识，但对国内旅游者的界定存在明显差异，并造成了各国或地区之间关于国内旅游者统计数据的不可比性。

1. 北美国家的界定

北美各国以人们外出旅行的距离为标准来界定其是否属于国内旅游者，这是北美各国对国内旅游者界定的突出特点。

加拿大政府对国内旅游者的界定是"离开居住地边界至少50英里(80千米)以外的地方去旅行的人"。这个定义同美国劳工统计局在其"消费者开支调查"中所使用的国内旅游者的概念基本一致。然而，在加拿大各地开展的国内旅游调查中，用作界定标准的旅行距离不尽相同，例如安大略省将这一距离标准定为25英里。

在美国使用较广的国内旅游者的界定是1973年由美国国家资源评审委员会提出的，即"旅游者是出于商务、消遣、个人事务或者除了工作上下班之外的其他任何目的，外出旅行至少50英里(单程)的人,无论其在外过夜还是当日返回"。

以单程距离作为区分标准有其合理之处,因为在大多数情况下,当外出单程超过80千米,基本上就超出了自己所居住的惯常环境,这样其在外出期间的消费就会发生在其他的区域。从旅游活动的经济影响来考虑,这种规定有可取之处。但是,这种标准也存在不足。由于不同城市或社区的面积有差异,同时人们的居住位置也千差万别,单纯地以距离为标准,就会忽略一些住在城市或社区边缘的人员,越过城市或社区边界距离不足80千米的旅游活动,从而使旅游统计人数偏低。随着科技进步和交通运输事业的发展,人们的旅行范围不断扩大,界定国内旅游者的旅行距离标准需要不断进行修改。1998年,美国旅游行业协会研究处(即美国旅游数据中心)在其发表的《国家旅游调查》中指出,游客是除工作外因任何目的离家旅行超过100千米的人,不论其逗留时间长短。

2. 欧洲国家的界定

欧洲国家在界定国内旅游者时,所使用的标准是看其是否在外过夜,而不大关注其外出旅行的距离。例如,法国旅游总署对国内旅游者界定为:"凡以消遣、健康、参加会议、商务旅行或修学等原因离开自己的惯常居住地,外出旅行超过24小时,但不足4个月的人。"英格兰旅游局在其每年一度的英国旅游调查中对国内旅游者的定义是:基于上下班以外的任何原因,离开居住地外出旅行过夜至少一次的人。

以是否在外过夜为标准来界定国内旅游者有其合理之处。因为如果一个人外出旅行的距离没有达到足够远,或者没有超出惯常居住地区的行政区界,他一般不会在外过夜。这种界定标准虽然没有明确旅行距离,但在外过夜的规定间接地涉及了旅行距离问题。

有些国家还采用距离和时间双重标准来界定国内旅游者。澳大利亚工业经济局界定旅游者时,对逗留时间和旅行距离都做了规定,即凡离开通常居住的惯常环境至少40千米,到某地访问,停留时间至少为24小时但不超过12个月的人可视为旅游者。

3. 世界旅游组织的规范界定

对国内旅游者的界定具体采用何种标准应由各国政府或旅游机构根据自己的实际需要而定,但是,为了求得国际对国内旅游者统计的一致性和可比性,世界旅游组织对国内旅游者进行了定义,作为各个国家或地区的参照标准。

世界旅游组织认为,国内游客是指身为本国居民,离开自己的惯常居住环境前往本国境内的其他地方旅行和访问,连续停留时间不超过6个月,并且主要访问目的不是去从事某种从到访地区获取报酬的活动的人;国内旅游者是指身为本国居民,离开自己的惯常居住环境前往本国境内的其他地方旅行和访问,停留时间至少一夜,但至多不超过6个月,并且主要访问目的不是去从事某种从到访地区获取报酬的活动的游客。国内一日游游客是指身为本国居民,离开自己的惯常居住环境前往本国境内的其他地方旅行和访问,停留时间不足24小时即未在所到访地区停留过夜,并且主要访问目的不是去从事某种从到访地区获取报酬的活动的游客。

3.1.3 我国旅游统计中的相关界定

1. 我国入境旅游统计中的有关界定

我国国家统计局对入境游客有明确规定，凡属应纳入我国旅游统计的入境来访人员，统称为入境游客。入境游客是指出于观光、度假、探亲访友、就医疗养、购物、参加会议或从事经济、文化、体育、宗教活动等原因，离开惯常居住国(或地区)前来我国大陆访问，连续停留时间不超过12个月，并且来访的主要目的不是通过所从事的活动获取报酬的外国人、华侨、港澳台居民。外国人指具有外国国籍的人，加入外国国籍的中国血统的华人也包括在内；华侨指持有中国护照，但侨居外国的中国同胞；港澳台同胞指居住在我国香港、澳门地区和台湾地区的中国同胞。

此外，我国还规定不能列为入境游客的人员有以下几类：来华访问的外国部长以上的官员及随从人员；外国驻华使领馆人员及其随行家庭服务人员和受赡养者；驻期一年以上的外国专家、记者、留学生、商务机构人员等；乘坐国际航班过境，不需要通过护照检查进入我国口岸的中转旅客；边境地区因日常工作或生活而往来的边民；回我国大陆定居的华侨、港澳台同胞；返回我国大陆定居的外国侨民；归国的我国出国人员。

根据在我国大陆停留时间，入境游客分为入境旅游者和入境一日游游客两类。

入境旅游者指在我国大陆住宿设施内停留至少一夜的入境游客；

入境一日游游客指未在我国大陆住宿设施内停留过夜，当日离境的入境游客。

我国对入境旅游者的现行规定中，并未将在亲友家过夜的来华旅游者包括在内，因而，关于入境旅游者人次的统计数字可能低于实际规模。

2. 我国国内旅游统计中的有关界定

我国对纳入国内旅游统计范围的人员统称为国内游客。参照世界旅游组织的定义，我国将国内游客界定为：任何因休闲、娱乐、观光、度假、探亲访友、就医疗养、购物、参加会议或从事经济、文化、体育、宗教活动等原因，离开惯常居住地到我国境内其他地方访问，连续停留时间不超过6个月，并且主要访问目的不是去从事从到访地获取报酬的活动的人。

惯常居住地是指在近一年的大部分时间内所居住的地方，或者虽然在这个地方只居住了较短的时期，但在12个月内仍将返回的这个地方。根据这一解释，国内游客中也应包括在我国境内住满1年之后，离开常住地到我国其他地方去旅游的外国人、华侨和港澳台同胞。

此外，我国还规定不能列入国内游客的人员有以下几类：到各地巡视工作的部级以上领导；驻外地办事机构的临时工作人员；调遣的武装人员；到外地学习的学生；到基层锻炼的干部；到其他地区定居的人员；无固定居住地的无业游民。

根据停留时间，国内游客分为国内旅游者和国内一日游游客两类。国内旅游者指我国大陆居民离开惯常居住地去我国大陆境内其他地方旅行和访问，并在到访之地的住宿设施内停留至少一夜，最长不超过6个月的国内游客。国内一日游游客指我国大陆居民离开惯常居住地去我国大陆境内10千米之外的其他地方旅行和访问,出游时间超过6小时但不足24小时,并未在到访地区的住宿设施内停留过夜的国内游客。

3.2 旅游者的分类及其特点

3.2.1 旅游者分类的划分标准

人们的旅游需求复杂多样,旅游活动也具有多种类型,因此,旅游实践中存在着不同类型的旅游者。旅游者的分类目前没有统一的方法和标准,因研究的侧重点不同,考虑的因素也不同,旅游者的类型可以从不同的角度划分。常用的划分标准有以下几种。

根据来访目的的不同,旅游者分为消遣型旅游者、因公差旅型旅游者、家庭及个人事务型旅游者。

根据停留时间的不同,旅游者分为过夜旅游者和不过夜旅游者(一日游游客)。

根据组织形式或活动方式的不同,旅游者分为团队旅游者和散客旅游者。

根据来源地域的不同,旅游者分为国际(入境)旅游者和国内旅游者。

根据消费来源的不同,旅游者分为公费旅游者、自费旅游者和奖励旅游者。

根据出行方式的不同,旅游者分为飞机旅游者、火车旅游者、汽车旅游者、自行车旅游者、徒步旅游者。

除了以上的分类标准,还可以根据旅游者的个人特点进行分类,如根据个性心理类型的不同,旅游者分为理智型旅游者和冲动型旅游者;根据旅游者年龄的不同,旅游者分为少年旅游者(6~16岁)、青年旅游者(16~40岁)、中年旅游者(40~60岁)、老年旅游者(60岁以上);根据性别的不同,旅游者分为男性旅游者和女性旅游者;根据旅游者家庭收入的不同,旅游者分为高收入旅游者、中高级收入旅游者、中等收入旅游者、中低收入旅游者和低收入旅游者。

在实践中,有时需要运用两种或多种标准对旅游者进行细分,划分旅游者类型只是为了更好地研究旅游者的消费行为特征,满足其旅游需求,因此应根据实际需要选择适当的划分标准。

3.2.2 基于来访目的划分的各类型旅游者特点

依照不同标准划分的旅游者类型,彼此之间互有交叉重叠,但基于来访目的来分类是最常见的划分方式。

根据来访目的不同，旅游者分为三种基本类型，即消遣型旅游者、因公差旅型旅游者、家庭及个人事务型旅游者。

1. 消遣型旅游者

消遣型旅游者一般包括观光型旅游者、休闲度假型旅游者、文化科普型旅游者、医疗保健型旅游者等。从总体上讲，消遣型旅游者通常具有如下一些特点。

(1) 旅游人数多，占整体旅游市场的比重最大。在全部旅游者总量中，消遣型旅游者人数最多。例如，根据2019年中国文化旅游统计年鉴数据，2018年来华访问的外国游客中，以观光休闲为目的占33.5%，以商务为目的占12.8%，以探亲访友为目的占2.8%，服务员工占15.5%，其他目的旅游者占35.3%。由此可以看出因消遣性出游目的游客比重较大。

(2) 外出旅游的季节性很强。因为旅游者的主体是那些最需要通过旅游来调节紧张情绪的在职人员，他们主要利用休假时间外出旅游，假期一般比较集中。我国的十一黄金周期间的情况是这方面的典型代表。同时，旅游目的地的气候条件也是其中重要的影响因素。

(3) 拥有较大程度的选择自由。在对出游目的地、旅行方式以及对具体出游时间的选择方面，消遣型旅游者拥有较大程度的选择自由。正因为这个群体的选择自由度大，所以消遣型旅游者是旅游目的地和旅游企业积极争取的群体，竞争最为激烈。

(4) 在旅游目的地的停留时间一般比较长。通常来说，这类旅游者大都要游览众多城市或众多景点，消遣娱乐旅游项目内容多，一般停留时间较长，旅游者消费量相当可观。

(5) 对价格较为敏感。因为消遣型旅游者大都属于自费旅游者，所以经济实惠是他们选择目的地、旅游线路、旅游交通工具的重要参考条件。消遣型旅游者对价格比较敏感，他们在选择旅游产品时会对价格进行多方面比较，更关心货真价实。

2. 因公差旅型旅游者

因公差旅型旅游者是指出于工作方面的需要而外出的旅游者。因公差旅型旅游者会在一定的时间内完成工作任务并在工作之余从事一些旅游活动。随着各国、各地区之间在政治、经济、科技、文化等方面开展广泛的合作，各国家间、各地区间有关人员往来增加，因公差旅型旅游形成了一定的规模，潜力巨大，已成为当今旅游市场的重要目标市场。这种类型的旅游形式包括商务旅游、公务旅游、会议旅游、展览旅游和奖励旅游等。因公差旅型旅游者的特点主要表现在以下几个方面。

(1) 出行次数频繁，不受季节性的影响。公务型旅游者的出行是出于工作或业务的需要，不受季节性和假期的限制，一般都利用工作时间。其中，一部分旅游者的出行是出于固定的业务联系，一般会到一地多次旅行。因此，虽然人数相对较少，但出行次数频繁，是目的地旅游企业的稳定顾客群，也是旅游企业非常重视的目标市场。

(2) 对旅游服务方面要求较高。差旅型旅游者对旅游产品和服务的质量要求较高，除了注重舒适、方便、快捷的服务以外，同时出于代表本企业的形象考虑，一般会选择令其体面的住宿设施，还会有一些特殊的要求，如提供快速住离店服务，客房内要配有先进的办公和通信设备等。

(3) 消费水平高，对价格敏感度低。差旅型旅游者一般收入较高，具有一定的社会地位，在旅游消费方面有很强的支付能力。同时，他们的旅行费用一般由单位支付，他们对价格不敏感，更关心服务的舒适与方便。例如，为了旅行便利，他们不会去购买附有限制条件的廉价机票。

(4) 对目的地的选择缺乏自由度。这类旅游者出行一般是由于工作或业务的需要，即使既定旅游目的地的旅游服务价格大幅度上升，他们也会前往，因而目的地的选择性很小，甚至没有选择的余地，属于非自主性旅游。

3. 家庭及个人事务型旅游者

家庭及个人事务型旅游者是指以探亲访友、出席婚礼、参加开学典礼等以处理个人家庭事务为主要目的而外出的旅游者。家庭及个人事务型旅游者一般具有以下几个特点。

(1) 利用带薪假期探亲访友，出游的季节性较弱。由于家庭事务型旅游者外出的目的是处理个人家庭事务，他们一般利用带薪假期和传统的节假日出游，或者根据家庭事务的时间来确定出游时间，一般不具有季节性。

(2) 没有选择目的地的自由。家庭及个人事务型旅游者出游的目的各不相同，如探亲访友、寻根祭祖、参加节庆活动、出席婚礼等，都是围绕家庭及个人的各项事务而选择出行地点，没有选择目的地的自由。

(3) 对价格较为敏感。该类型旅游者的出游消费是自费，在消费中主要选择物美价廉的服务。

(4) 通常不在旅游服务设施入住。这类旅游者其中一部分人通常住在亲友家中，不使用目的地酒店的餐厅和客房以及其他的服务设施，人均旅游消费较少。这使许多旅游经营者认为这类旅游者对旅游目的地的经济价值不大。但是，对交通、娱乐等经营者来讲，此类型旅游者是一个重游率较高、客源较稳定的重要市场。

3.3 产生个人旅游需求的条件

从需求方面观察，一个人能否产生并实现外出旅游的需求，成为一名现实的旅游者，将取决于多种条件的影响。就客观条件而言，一是需要足够的支付能力，二是需要足够的闲暇时间。就主观条件而言，则是必须要有外出旅游的动机。虽然不能说凡是同时具备了这三项条件的人肯定都会成为现实的旅游者，但可以肯定的是，一个人如果不能同时具备这三项基本条件，则注定不会成为现实的旅游者。

3.3.1 产生个人旅游需求的客观条件

随着经济收入水平的提高，人们的基本物质资料得到满足后，便会产生精神需要，包括旅游需求。旅游活动发展的历史足以证明，大众化旅游之所以在西欧和北美率先兴起，是同西欧和北美国家国民收入水平的提高和带薪假期的增加分不开的。因而以可自由支配收入为根本的收入水平和以带薪假期为代表的闲暇时间是影响一个人能否成为旅游者的最重要的客观条件。

1. 足够的支付能力

旅游活动属于一种消费活动，旅游者在旅游活动中需要消耗一定的物质资料和劳动。在商品经济条件下，旅游者必须支付一定的货币来换取旅游活动中所需消耗的物质资料和劳动。因此，旅游者必须具有一定的经济能力，否则这种消费活动就无法实现。从这个意义上讲，较高的旅游支付能力是旅游需求产生的必要条件。

支付能力达到一定水平是一个人的旅游需求得以产生的必要前提之一，也是得以实现其旅游活动的物质基础。一个人的支付能力取决于其家庭的收入水平或富裕程度。因此，人们将家庭人均收入作为衡量个人旅游支付能力的指标，家庭收入水平不仅决定人们是否产生和实现旅游需求，还决定着人们外出旅游过程中的消费水平。

对于一个家庭来说，其收入显然并非全部都可用于支付外出旅游的消费。所以，真正决定一个人能否实现其旅游需求的家庭收入水平，实际上是该家庭的可支配收入水平，或者更确切地说，是该家庭的可随意支配收入的水平。因此，可支配收入和可随意支配收入是人们在研究旅游者旅游支付能力时经常使用的两个术语。

可支配收入指个人或家庭收入中扣除应纳所得税之后的剩余部分；可随意支配收入也称为可自由支配收入，指个人或家庭收入中扣除应纳所得税、社会保障性消费(按社会规定应由个人负担的养老金、失业保险、健康保险等社会保障费用的预支，通常由工资发放单位代扣代缴)以及日常生活必须消费部分(衣、食、住、行等)之后，所剩余的收入部分。可见，可随意支配收入是一个家庭中真正可用于旅游消费的收入部分。所以，拥有足够的可随意支配收入是一个人能够实现旅游需求所必须具备的首要物质条件。

很显然，个人及家庭收入必须先用于购买生活必需品，满足基本生存需要，然后才能用于其他支出。当人们的收入水平较低，不足以支付生活必须消费和必需的社会消费时，即可自由支配收入部分为负值时，外出旅游的可能性很小，甚至为零。只有当人们的收入在支付基本生活消费部分后仍存余额时，人们才有可能具备出游的支付能力。

可随意支配收入水平还会影响到旅游者的消费水平。高收入者外出旅游时的消费水平通常都会高于收入水平较低的游客。同时，旅游需求具有很大的收入弹性，即当一个家庭的可支配收入水平超过了收入临界点后，每增加一定比例的收入，旅游消费额便会以更大的比例增加。根据世界旅游组织的调查和估算，旅游需求的收入弹性系数为1.88，也就是在超过临界点之后，家庭可支配收入每增加一个百分点，旅游消费额就会增加1.88个百分点。

可随意支配收入水平还会影响到旅游者的消费结构。一般来讲，旅游消费结构是由食、住、行、游、购、娱六大要素构成的，其中旅游者在食、住、行上的消费为基本旅游消费，在旅游活动中是不可或缺的。而在游、购、娱要素上的消费为非基本旅游消费。在旅游活动中，经济条件好的旅游者通常选择飞机这种快捷舒适的旅行方式，入住豪华酒店；经济条件相对差一点的旅游者则可能选择经济实惠的火车旅行，在旅游目的地入住一般酒店等。在旅游目的地的选择上，一般情况下，经济富裕的家庭在旅游目的地的选择上余地比较大，只要旅游目的地有足够的吸引力，他们就能将之确定为自己的旅游目的地，并付诸实施；而经济条件相对差一点的旅游者，在旅游目的地的选择上会受到许多限制，他们只能选择一些与自己经济承受能力相当的旅游景区。

总之，支付能力由收入水平决定，可随意支配收入水平决定了一个人能否成为现实的旅游者，决定了旅游者的消费水平和在外旅游期间的消费结构，还会影响旅游者对旅游目的地及旅行方式的选择。因此，可随意支配收入水平是产生个人旅游需求的重要物质条件。

2. 足够的闲暇时间

旅游活动是一种显著的异地性活动，旅游者必须离开常住地前往其他国家或地区，因此，旅游者除了具备一定的经济收入外，还必须有足够的闲暇时间。同时，旅游者拥有闲暇时间的数量会影响其在旅游目的地停留时间的长短以及对旅游目的地的选择。

1) 闲暇时间的概念

随着社会生产力和劳动生产率的提高，人们用于工作的时间相对减少，而休闲时间不断增多。特别是许多国家和企业推行"每周5天工作制"和"带薪假日"，人们的闲暇时间越来越多。有的国家和地区年休假日高达140天，占全年的1/3。于是，人们不仅可以进行短期休闲旅游，也增加了远程旅游及国际旅游，到世界各地游览、观光，到风景名胜区休闲度假。

认识闲暇时间的概念，要从人生的时间构成谈起。在现代社会生活中，人生时间可由法定的就业工作时间、必需的附加工作时间、用于满足生理需要的时间、必需的社会活动时间、闲暇时间5个部分构成。其中，法定的就业工作时间不由个人随意支配；必需的附加工作时间包括必要的加班和第二职业时间，这部分时间也不由个人随意支配；用于满足生理需要的时间为用于吃饭、睡眠等使生命能够得以维系的时间，这部分时间不由个人随意支配；必需的社会活动时间，为人们必须参加的社交活动，例如出席亲友的婚礼、出席子女家长会等，这部分时间不由个人随意支配；闲暇时间，为由个人随意支配的时间。也就是说，闲暇时间＝全部时间-法定的就业工作时间-必需的附加工作时间-用于满足生理需要的时间-必需的社会活动时间。

综上,闲暇时间指在日常工作、学习、生活以及其他方面所必须占用的时间之外,可由个人自由支配、用于消遣娱乐以及自己所乐于从事的任何其他活动的时间。简言之,闲暇时间就是可由个人随意支配的时间。

2) 闲暇时间的类型

有闲暇时间是人们外出旅游的必备条件,但并不是所有的闲暇时间都可以用来开展旅游活动,这与闲暇时间的集中度有关。依据闲暇时间分布的集中性,闲暇时间可以分为每日闲暇时间、周末闲暇时间、公共假日时间、带薪假期时间。

(1) 每日闲暇时间。每日闲暇时间是指每天除去工作、学习及日常生活等必需时间之外剩下的零散时间。由于旅游活动对时间的占用要求具备一定的长度和连续性,而每日闲暇时间既分散又相对较少,对旅游活动的实现不具备实际意义。依据全国城市居民的生活时间抽样调查,我们发现,我国城市居民一周平均每日工作时间为5小时1分,每日个人生活必需时间为10小时42分,每日家务劳动时间为2小时21分,每日闲暇时间为6小时6分。这4类活动时间分别占总时间的21%、44%、10%和25%。

(2) 周末闲暇时间。周末闲暇时间即为周末工休时间。在经济发达国家,目前大都实行5天工作制,周末假日为两天。它适合完成短程旅游活动,或者一日游的旅游活动。我国于1995年5月1日起开始实行5天工作制,因而每周有两天的时间可自由支配,为人们出游尤其是到郊区或周边地区进行短距离旅游提供了时间保障。此外,双休日的出现为调整和平衡淡旺季的旅游客源分布也起到了一定的作用。目前,实行5天工作制已经成为世界潮流。

(3) 公共假日时间。公共假日即通常说的公共节假日。由于各国历史文化和风俗习惯的差异,各国传统节假日的分布存在着明显不同。公共假日时间往往与各民族的传统节日、民俗活动有关。欧美国家的典型公共假日是圣诞节和复活节,从12月24日至新年,持续一周左右时间的公共假日往往成为这些国家旅游的黄金季节。据统计,德国居民每年有8天公共假日,荷兰居民每年有9天公共假日,英国居民每年有8天公共假日,法国居民每年有11天公共假日,挪威居民每年有12天公共假日。我国年节及纪念日放假办法中规定,全体公民放假的节日有:新年(1天),春节(3天),清明节(1天),劳动节(1天),端午节(1天),中秋节(1天),国庆节(3天),放假共计11天。节日期间是家人或亲友团聚活动的好时机,特别是连续2~4天的公共假日,是人们外出探亲访友或短期度假的高峰时间。

(4) 带薪假期时间。1936年,法国首先立法规定每个劳动者每年都可享有6天的带薪假日。今天,世界许多国家都实行了带薪假期制度,并依据各国的实际发展状况而时间长短不同,如表3-1所示。例如,在美国,每年有2~4周的带薪假期;在德国,法定带薪假期的最低周数为2.5周,而员工实际享有的带薪假期为4~6周。我国规定,教育部门每年的寒暑假为10周,职工探亲假为每年3~4周。可见,带薪休假时间较多且连续集中,是人们外出旅游度假,特别是开展远程旅游的最好时机。在我国接待的欧美游客中,大部分人是利用自己的带薪假期前来访问的。

表3-1 欧美部分国家带薪假期情况

国名	法定最少带薪假期/周	公议约定带薪假期/周	公共假日/天
比利时	3	3.5~4	10
丹麦	5	5	9.5
法国	4	4	8.8~10
德国	2.5	4~6	10~13
爱尔兰	3	3	8
意大利	2	4	17~18
卢森堡	3	5	10
荷兰	3	4~5	7
美国	2	3~4.5	8

从闲暇时间分布情况可知，并非任何的闲暇时间都可以用于外出旅游，只有在那些相对连续集中的闲暇时间，方可开展旅游活动。

闲暇时间并非对所有类型的旅游者都有影响，一般来说，闲暇时间对消遣型旅游者的影响较为明显，而对于差旅型旅游者和已退休的旅游者影响较小。差旅型旅游者出于工作需要外出旅行，无须考虑闲暇时间的有无或长短，而是根据工作的安排选择出行时间。退休人员只要除去必要的生理活动时间和社会活动时间，其余的时间都可以用来自由支配，因而他们外出旅游基本不受时间因素限制。

3. 其他方面客观条件

拥有足够的支付能力和足够的闲暇时间并不一定能实现个人旅游需求，一个人能否成为现实的旅游者，除了以上两项条件之外，还会受到个人的体能状况和个人所处的家庭生命周期阶段或家庭拖累状况两项客观因素的影响。

1) 个人的体能状况

通常，身体好的人更易于选择旅游活动。外出旅游虽然是一种精神和身体的享受，但也要有一定的身体条件作为保证，因为各项旅游活动都需要旅游者亲身参与，整个游览过程下来，要消耗大量的精力和体力。如果是长线旅游，旅游者更要长时间奔波于旅游地和旅游景点之间，体能不好的游客很难胜任。因此，不能胜任正常旅游活动的人，即使有时间和经济条件，也是不能外出进行旅游的。值得注意的是，近年来，随着人类平均寿命的延长，老年人的体能状况不断改善，老年人参加旅游活动的比例在不断提高。目前，备受瞩目的"银发市场"，是我国旅游营销的重点。

2) 个人所处的家庭生命周期阶段

家庭是社会消费的基本单位，家庭结构、规模以及收入等状况都会影响旅游需求。家庭人口较少，子女负担较轻，则人们外出旅游的机会就可能较多。一个人处于不同的家庭生命周期阶段，其旅游的可能性是不同的。单身人士和新婚夫妇外出旅游的可能性较高。

对需要抚养婴幼儿的年轻家庭而言，旅游的可能性就会很小。拥有4岁以下婴幼儿的家庭，外出旅游的可能性也很小，一方面因为小孩需要照顾，若带其外出旅游会有很多不便之处；另一方面因为在外出旅游期间，不是很容易找到适合婴幼儿生活需要的特殊接待设施。相反，45岁以下的未婚成年人由于身强力壮，无牵无挂，加之收入等因素的影响，外出旅游的可能性最大。对处于老年阶段的人而言，经济上有一定积累，退休后时间充裕，又没有子女的拖累，出游的机会可能较多。

3.3.2 产生个人旅游需求的主观条件

一个人旅游需求的产生，除了需要具备上述客观条件之外，还需要具备能够产生外出旅游的意愿或动力的主观条件，这里所说的主观条件即外出旅游的动机。

1. 旅游动机与个人需要

何为旅游动机？回答这一问题，首先要理解对动机的含义。按心理学家的解释，动机是驱使个体去从事某项活动，以满足其生理需要或心理意愿的内在驱动力。简言之，动机就是促发一个人做出某一行为的内在驱动力。基于心理学家的理解，旅游动机就是一个人为了满足自己的某种需要而决意外出旅游的内在驱动力，也就是，促使一个人有意于外出旅游的心理动因。

站在心理学角度分析，人的行为的产生，其直接的心理动因是具有动机，而隐藏在动机背后的原因是人的需要。动机与需要之间存在密切的关系，需要是动机产生的基础，动机产生行为，整个过程受到行为主体的人格因素和外在环境的影响。一切生命有机体，为了维持自己的生存和发展，对外界环境必然产生各种需要。当人们产生某种需要时，身心状态就会紧张不安。一旦满足需要的特定目标出现时，需要的强度就会变大，从而对大脑皮层产生强烈刺激，这时需要就转化成了动机，动机指向目标，最终产生相应的行为。可见，需要是一个人对生理和社会要求的反映，或者说是个体缺乏某种东西且达到一定程度时，造成生理和心理平衡的破坏，为了恢复平衡就会产生需要和行为来进行调节。

动机是由需要引起的，一个人的行为动机总是为满足自己的某种需要产生的。有什么样的需要，便会有什么样的动机表现出来。那么，旅游动机的产生是为了满足什么需要呢？人们很难完整统一地给出问题的答案，这是因为人的需要是多种多样的。人到底有多少种需要呢？迄今为止，心理学家的认识也不统一。最具代表性的研究理论就是由美国心理学家亚伯拉罕·马斯洛在其著作《调动人的积极性的理论》(1943年)一书中提出的"需要层次理论"。马斯洛把人的多种多样的需要，归纳为5个层次：生理需要、安全需要、爱的需要、受尊重需要、自我实现需要，并按照它们发生的先后次序，分为5个等级。马斯洛认为，人的这5种需要具有一定的层次高低之分，只有当低层次的需要得到满足后，才会产生向上一个相邻层次的需要，也就是说，不可跳过相邻层次的需要而向更高层次的需要发展。马斯洛的需求层次理论如图3-1所示。

图3-1 马斯洛需求层次理论

生理需要是指人类为了生存,对必不可少的基本生活条件的需要,如由于饥渴、冷暖而对吃、穿、住的需要。安全需要是指人类对稳定、秩序、维护人身安全与健康的需要。旅游活动属于较高层次的消费活动,人们温饱问题必须先得到解决,才会产生其他的更高层次的需要,因此人们不可能为满足生理需要而外出旅游。同理,人们在自己熟悉的环境中才会有安全感,越是陌生环境越会感到恐惧,因此人们也不会为满足安全需要而外出旅游。

爱的需要指的是人类参与社会交往,取得社会承认和对爱的渴望,包括沟通与情感联系、集体荣誉感、友谊和爱情等。这种层次的需要可以在旅游中获得,很多调查显示,外出探亲访友、出席亲朋好友的婚礼或参加纪念活动、寻根祭祖等活动都是出于对爱的需要。

受尊重需要是指人们在社交活动中受人尊敬,取得一定社会地位和权力、获得个人名誉、声望、成就以及受到尊重的需要。尊重的需要一旦被满足,人们就会对自我形象的提高产生需要,而旅游就是一种满足这种需要的有效手段。历史学家安东尼曾指出:古罗马时代,人们纷纷到埃及参观金字塔并购买那里的纪念品,将之视为一种时髦、一种地位象征。在日本,未婚女子去巴黎、夏威夷、伦敦等地旅游被视为一种身份的象征。在旅游中,全程有人为旅游者服务,旅游者可以从中享受到被尊重的感觉。

自我实现的需要是发挥个人最大潜能,实现理想与抱负的需要。这种需要主要以各种挑战自我极限的方式表现出来。有的人为了实现自我抱负或谋求自我发展而外出考察,从中获取信息或启示,以寻求发展机会。诸如攀越世界险峰、穿越无垠戈壁、驾车或徒步周游全国及全球等,以此展示其成就,引起人们的注目,达到自我实现的满足。这一层次的需要是人类最高层次的需要,很少有人能达到这一层次。因此,为满足自我实现需要而外出旅游的人在旅游者中的比例也很小。

通过上述分析可以看出,促成人们旅游动机的需要,多是较高层次的精神层面需要。

在外出旅游期间，旅游者虽然也有满足较低层次的生理需要和安全需要，但这些需要不是其外出旅游的根本追求，无法成为驱使人们外出旅游的内在动因。因此，旅游动机的产生与马斯洛的需要层次理论中的后三个层次的需要是密切相关的。

2. 旅游动机的基本类型

由于人们旅游需要的多样性和旅游活动本身的复杂性，作为旅游需要的表现形式，旅游动机的种类各不相同。许多国家的政府机构和旅游组织对旅游动机都做了调查工作，关于旅游动机类型的划分问题，国内外的学者持有不同的观点。

最初对旅游动机进行分类尝试的是德国的格里克斯曼。他在1935年发表的著作《一般旅游论》中将旅游动机划分为心理动机、精神动机、身体动机和经济动机四大类别。

美国学者约翰·A. 托马斯(John A. Thomas)在1964年发表的《人们旅游的原因》一文中，将激发人们外出旅游的动机划分为18种，分别为观察异国人民的生活、工作和娱乐；游览独特的风景名胜；了解新闻报道的新鲜事物；体验特殊的经历；逃避刻板的日常生活；享受轻松愉快的生活；体验某种浪漫感受；访问自己的祖居地；访问亲属或朋友曾经去过的地方；避寒、避暑；有益健康；参加体育活动；体会冒险；胜人一筹；服从；研究历史；社会动机(了解世界的愿望)；经济因素。

美国著名旅游学教授罗伯特·W. 麦金托什通过分析具体的外在表现，将旅游动机划分为4种基本类型，即身体方面的动机、文化方面的动机、人际(社会交往)方面的动机、地位和声望的动机，具体内容如表3-2所示。我国旅游学者马勇提出将旅游动机归纳为6种类型，具体如表3-3。

表3-2　麦金托什旅游动机分类

分类	目的	活动
身体方面的动机	获得健康的身体，得到精神的放松，消除紧张烦躁的心理	进行休息放松、健身锻炼、海滩消遣、户外娱乐，以及其他直接与身体保健有关的活动。此外，还包括遵从医嘱外出做异地疗法，洗温泉浴、矿泉浴，作医疗检查等诸如此类的疗养活动
文化方面的动机	获得有关异国他乡的知识的愿望，了解欣赏异地文化，进行文化交流，具有较强的求知性	出于这种动机而开展的旅游活动通常被称为文化旅游(cultural tourism)。在旅游文献中，也有人将前往陌生地开展的这类文化旅游活动称为"软探险"旅游
人际(社会交往)方面的动机	希望接触他人，摆脱日常生活压力和家庭事务的繁杂，满足自己的社交需要，旨在保持或建立同生活在他乡的某些人群的接触与感情联系	在活动形式上突出表现为去探访生活在异国他乡的亲友，也包括深入他乡接触当地民众，结识新朋友
地位和声望的动机	享受被人承认、引人注意、被人赏识，获得好名声，关心个人成就和个人发展	此类外出活动包括商务、出席会议、考察研究、特殊兴趣以及参加某种专项知识或技能的培训等

表3-3 马勇旅游动机分类

分类	目的
健康或娱乐动机	以身体健康为目标,摆脱紧张的工作状态,通过运动和休闲实现身心的放松
猎奇或冒险动机	为寻求刺激、调节情趣而脱离单一枯燥的日常环境,体会新、奇、特、险的旅游活动
民族或家庭动机	到异国他乡进行探亲访友、寻根祭祖
文化动机	了解异地的风土人情、文化艺术,满足求知欲
社会和自我表现动机	参加学术会议、考察研究、宗教朝圣,实现自我价值
经济动机	利用公务、商务活动机会,进行旅行游览

资料来源:马勇.旅游学概论[M].北京:高等教育出版社,1998.

旅游动机的种类多样,不论何种划分方法都只能解释人们产生旅游行为的最基本的主观原因,而人们外出旅游很少只是出于单一动机。事实上,由于旅游活动的综合性可以满足人们多方面的不同需要,外出旅游往往是多种动机共同作用的结果,只是其中某一动机为决定性动机,是人们最终决定旅游的主要原因,其他动机则为辅助动机。明确旅游动机可以帮助旅游经营者向旅游者提供更具吸引力的旅游产品和服务。

3. 影响旅游动机的因素

人们外出旅游的动机之所以会多有不同,是因为个人之间所追求满足的需要存在差异。在这个意义上,那些影响个人需要的因素通常会对一个人旅游动机的形成产生影响。旅游动机的形成受多重因素的影响,这些因素有来自人们自身的因素,有来自客观环境的因素。影响旅游动机产生的因素也是多方面的,特别是随着现代社会经济的发展,人们外出旅游的动机呈现多元化、个性化发展的趋势。这些因素很多,其中主要包括以下几方面。

1) 个性心理特征

在影响人们旅游动机的个人因素中,个性心理特征的作用最为显著,起着决定性的作用。所谓个性心理特征,指的是个体在先天素质的基础上,在一定的历史条件下,在社会实践活动中形成和发展起来的比较稳定的心理特征,是会对其个人行为产生影响的个性心理特点。由于人们先天性遗传的生理素质及其所处的客观和社会环境的不同,每个人都表现出各自不同的个人偏好,从而影响到其行为。很多学者结合个性心理类型分析,去研究旅游者的不同个性心理类型对出游动机以及目的地选择的影响,其中最具代表性的研究成果是美国心理学家斯坦利·C.帕洛格所做的旅游消费者心理类型的研究。帕洛格是蜚声国际的旅游研究和咨询专家,帮助很多旅游目的地成功扭转颓势,被誉为"旅游目的地医师"。帕洛格通过调查5 000多个美国人,研究和分析其人格特点及其与出游目的地选择之间的关系,依据他们不同的个性心理特点,将人的心理状态划分为5种类型,具体如图3-2所示。

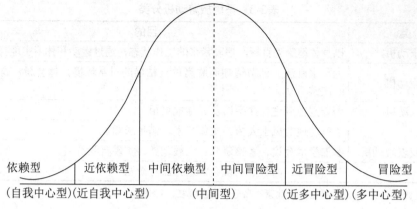

图3-2　旅游消费者心理类型分布

注：括号中为帕洛格在早期研究中对有关心理类型所使用的称谓。

这一模型显示，属于中间型心理类型的人占人口中的绝大多数，而处在两个极端的心理类型是依赖型和冒险型，属于这两种类型的人占人口比例很小，也就是说，这些不同心理类型的人在人口分布中呈现中间大、两头小的正态分布特点。为了便于理解，这里主要介绍最主要的三种心理类型的特点。

(1) 依赖型。在思想上，依赖型的人往往是以自己的理想为中心，或只注意自己生活范围内的狭小问题，处处小心谨慎，多忧多虑，缺乏自信，不愿冒险；在行为上，依赖型的人喜好安逸和轻松，喜欢循规蹈矩的生活方式，愿意听从公众人物的建议或仿效他们的行为，喜欢熟悉的氛围和活动。因此，在旅游活动中，他们表现为倾向于选择那些距离比较近，特别是自己熟悉或旅游发展成熟的旅游目的地，选择那些传统的旅游热点地区，并且要求旅游的整个过程安排得井井有条，一切活动都在预料之中，这类人一般适合于包价旅游，对于自己所喜欢的旅游目的地多会经常故地重游。

(2) 冒险型。在思想上，冒险型的人喜欢探索挑战，充满自信，有主见，对各种各样的事物都感兴趣；在行为上，好冒险，活动量大，不愿从众，喜欢与不同文化背景的人打交道。因此，在旅游活动中，他们偏好比较偏僻、尚未充分开发、依然保留其原始魅力的旅游目的地，特别是不愿意去那些众所周知的旅游热点。在旅游活动中只需要为其提供一些基本条件。他们偏好入乡随俗，乐于接受那些条件虽然较差，但非同一般类型的住宿设施；他们喜欢自助式旅游，会经常外出旅游，并去寻找新的旅游目的地而不愿经常故地重游，世界上较流行的背包旅游者就属于冒险型旅游者。

(3) 中间型。这种心理类型的旅游消费者在人格特征和思想行为特点等方面的表现介于上述两个极端类型之间，属于表现特点不明显的混合型，这种心理类型的旅游者对出游目的地的选择通常没有什么苛求，但一般都不愿选择那些传统的旅游热点，也不会选择那些风险很大的待开发地区。

根据帕洛格理论，不同心理类型的人具有不同的旅游行为特点。心理类型距离冒险型越近的人，外出旅游的可能性就越大，并且所选择的旅游目的地的陌生性程度也就越高。正因为如此，冒险型心理类型的旅游者多是新旅游目的地的发现者，是旅游者大军的先头部队。随着这类旅游者对该目的地的发现和信息传播，其他心理类型的旅游者会逐渐陆续跟进。当该新发现的旅游目的地进入成熟期，并发展成为旅游热点时，所能够吸引的游客会转化为心理类型偏向于依赖型的旅游者。同时，冒险型心理类型的旅游者则会逐渐失去对该旅游目的地的兴趣，转而去寻访其他尚未完全开发的新旅游目的地。不同心理类型的旅游者行为特点如表3-4所示。

表3-4 不同心理类型的旅游者行为特点

依赖型(自我中心型)	冒险型(多中心型)
1. 出游频率低	1. 出游频率高
2. 选择熟悉和安全的目的地	2. 希望到新奇、陌生的目的地
3. 喜欢传统、常规的旅游项目	3. 愿意尝试新内容和项目
4. 向往观光和游乐的场所，喜欢浪漫气氛	4. 乐于冒险和探索
5. 旅游度假期间花费少	5. 旅游度假期间花费多
6. 活动量要小	6. 活动量要大
7. 多喜欢自驾旅行	7. 乐于选择各种交通工具旅行
8. 要求旅游设施齐备	8. 有适当的旅游设施和条件即可
9. 寻找熟悉的气氛、朋友、娱乐场所	9. 喜欢结交新朋友
10. 希望旅游活动安排严密	10. 只希望有个基本安排，多给些自主性、灵活性

2) 感知环境的差异

人们旅游动机是多种多样的，而地区环境的差异是人们进行旅游的主要动机，地区环境差异性越大，对旅游者的吸引力越强。但是，地区环境差异并不能直接影响人们的旅游动机的形成，直接影响旅游动机的因素是旅游者感知环境的差异。人们通过各种渠道收集相关的旅游信息，并把各种信息摄入脑中，形成对外界环境的整体印象，这就是感知环境。人们在选择旅游地时，受感知环境差异的影响和限制。对于感知环境差异强烈的旅游地，旅游者的购买欲望会很强烈，从而产生购买行为。相反，对于没有被旅游者摄入脑中、感知环境差异薄弱的旅游地，即使这个地方具有较高的旅游价值，旅游者也往往提不起兴趣，在决策过程中较易淘汰这个旅游地。影响感知环境差异的因素主要包括旅游地的知名度和感知距离等。

3) 文化知识水平或受教育程度

受教育程度决定着一个人的知识水平以及对了解外界信息的兴趣，并会影响一个人的旅游需要和旅游动机的产生。这主要是因为，一方面，知识水平的提高有助于增加一个人对外部世界的了解，从而易于激发对外界事物的兴趣和好奇心；另一方面，知识的增多有助于一个人克服对异乡陌生环境的心理恐惧感。

文化水平高的人，欣赏水平大多较高，旅游动机产生的概率就高，对旅游目的地的要求也较高。一般而言，文化程度高的人，喜欢变换环境，乐于探险猎奇，喜欢挑战，具有较强的求知欲，对问题往往有自己独到的见解，对文化知识丰富的旅游资源比较感兴趣，外出旅游时往往喜欢去一些富有挑战性的新地区；而文化水平低一些的旅游者，对外出旅游常会有所顾忌，易产生不安全感，喜欢较熟悉的旅游点和自然旅游资源。

4) 年龄

年龄对旅游消费者购买动机的影响主要有两个方面：第一，年龄会影响人们的体能，从而制约旅游需要和动机的产生。以老年人为例，虽然他们在心理类型上为冒险型心理类型，但由于体能条件的制约，大都会决定不参与冒险程度较高或体能消耗较大的旅游活动。第二，年龄的不同决定了人们所处的家庭生命周期阶段不同，从而制约着人们的需要和动机。以青年已婚的双职工家庭为例，夫妻两人虽然具备外出旅游的经济条件和主观意愿，但由于家中有婴幼儿，有可能决定暂时不外出旅游。

因此，人生阶段不同，旅游动机也不同。青年人活跃好动，对新鲜事物具有浓厚的兴趣和好奇心，外出旅游主要是为了满足求新、求奇、求异、求险和求知的欲望，通过旅游活动达到心理的满足；中年人在工作和事业上已取得一定成就，具有较丰富的社会生活阅历，他们的旅游动机主要倾向于求实、求名或出自专业爱好的追求，他们通过参加会议、开展商务活动及参加与自己专业爱好相关的活动，以体现自我价值，获得尊重；老年人常有怀旧、忆旧的情感，愿意会见老相识、老朋友，对观看名胜古迹、故地重游比较感兴趣，他们喜爱清静而交通方便的旅游胜地，同时他们还特别注重旅游活动对身体健康的作用。

一般来讲，具有自主行为和一定经济来源的中青年较易选择旅游活动。据统计，在不同年龄的阶段中，中青年游客占整个旅游者的50%以上。老年人的出游主要取决于他们的身体能否适应旅游过程中的颠簸和奔走，若身体状况不成为限制性因素的话，老年旅游者的市场潜力是较大的，因为他们有充足的时间和一定的财力，具有旅游的充分条件。

5) 性别

很多国家中的旅游调查结果都显示，在外出旅游者中，男性多于女性，而且探险旅游的参加者更是以男性居多。这些事实表明，男性和女在旅游动机上表现出很大的差异。性别差异对人们的需要及行为动机的影响主要有两点。一是社会角色的认同差异。男性和女性在家庭和社会中扮演角色的不同，所处的地位和作用不同，女性除了工作，承担更多的家务，照顾老人和孩子等，即使是双休日等假期，休闲时间也远不如男性多。二是男女双方的生理差异所致。大部分女性喜静，即使有休闲时间，也偏爱于读书、购物等活动。

6) 社会文化因素

每个人都是社会的一员，社会文化因素直接影响和制约着人们的动机和行为。处于不同文化环境的人们，在价值观念、信仰、态度等方面有着较大的差别，其旅游动机自然不同。例如，西方发达国家的公民普遍把旅游看作人类生活的一项基本需求，而一些经济欠发达国家的公民则对旅游没有太大兴趣。每个民族在长期的发展中形成的文化传统和独特的风俗习惯，也都对人们的行为产生很大的影响。有的民族的人们崇尚勤劳、节俭、乡情浓厚、不愿离开家乡到异地旅游；有的民族的人们爱四处旅游、探险、欣赏异地的人文和自然景观，从而发现自己的价值。在世界范围内，阿拉伯、犹太人以经商周游世界而闻名；欧洲沿海国家居民以航海探险为乐；印度、巴基斯坦、大部分中国人以安居乐业为上，不大愿意离开家乡；但中国东南沿海地区的居民，善于周转于国内各地，当然大都以经济活动为主要目的。宗教是一种意识形态，不同的宗教有着不同的价值观和行为准则，也影响着人们旅游动机的形成，往往是促使信徒进行朝圣旅游的巨大动力，例如每年数以万计的台胞妈祖信徒前往福建湄洲岛朝圣，尤以妈祖诞辰日为盛。

7) 微社会环境

微社会也称参照群体，是指一个人在日常生活和工作中所经常接触的人际环境或熟识人群，通常为一个人经常接触的家人、亲友、同学、同事、邻居等人群。一个人所处的微社会环境会影响其个人的旅游需要和旅游动机。例如，一个原本无意外出旅游的人在朋友的鼓动下可能会改变主意而决定外出旅游，一个属于依赖型人格的旅游者本不愿去遥远而陌生的某地访问，但是在自己所熟悉的人陪伴同行的情况下，也会大胆前往。

总之，个人方面的客观条件和主观条件共同决定着一个人能否成为一名现实的旅游者。全面认识这些条件，对旅游业的经营工作，特别是对旅游目的地和旅游企业的市场营销工作都有现实的指导意义。对于收入、时间、身体条件、家庭负担等客观条件，旅游业经营者是无法控制或者说是很难帮助人们克服的，这意味着旅游经营者在选择自己的目标市场时必须重视考虑这些条件。对于旅游动机，旅游经营者则可采取主动，针对目标市场所追求的需要，利用各种可能的方式去激发人们对本目的地或本企业产品的兴趣，从而促进其购买动机的产生。

本章小结

本章依据目前旅游学领域的研究状况，对旅游者的界定、旅游者类型和特征，以及影响个人旅游需求产生的主客观条件做了有关阐述。随着旅游需求的不断满足，旅游者的需求层次将进一步提高，旅游需求种类将呈现更丰富多样的变化，从而对旅游者的认识和研究必将更为深刻、更为全面。

关键词或概念

游客(visitor)

一日游游客(day visitor)

国际旅游者(international excursionists)

国内旅游者(domestic tourists)

旅游动机(tourist motivation)

可支配收入(disposable income)

可随意支配收入(discretionary income)

闲暇时间(leisure time)

思考题

1. 名词解释：可随意支配收入、闲暇时间、旅游动机。
2. 罗马会议对游客的界定是如何阐述的？对游客又有哪些具体分类？
3. 我国对入境游客和国内旅游者的界定标准是什么？
4. 实现个人旅游需要具备哪些条件？这些条件对旅游活动的实现如何产生影响？
5. 马斯洛"需要层次理论"的内容是什么？
6. 旅游动机的基本类型有哪些？影响旅游动机的主要因素是什么？
7. 帕洛格心理类型是如何划分的？不同心理类型的旅游者在思想上和行为上有哪些特点？
8. 旅游者可以划分为几种类型？各类型旅游者有哪些特点？

案例分析

阅读表3-5，回答下列问题。

1. 哪些是影响旅游动机的因素？其影响程度如何？
2. 根据影响程度的不同，分析影响个人旅游决策的因素。

表3-5 驱动澳大利亚旅游者境外游的旅游目的地特质

条目	重要性程度的打分均值
去以前没有去过的地方	3.26
有独具一格的风景	3.16
结识未曾见过的人，或者组织不同的人	3.11
有增长个人知识的机会	3.10
有令人感兴趣的乡村风光	3.10
价有所值的旅游目的地	3.01
个人安全有保证	3.01
有艺术和文化吸引物	2.98
公共交通便利	2.97
可以体验新鲜的、不同的生活方式	2.97
为了娱乐	2.92
卫生状况达标	2.89
可以拜访亲朋好友	2.86
有历史的、考古的或军事的遗址、建筑	2.85
放松身心	2.85
逃避日常琐事	2.85
可以全家人一起活动	2.84
去该国旅游费用低廉	2.79
唯一最划算的地方	2.78
行前/在该地逗留期间可获得充分的旅游信息	2.78

(续表)

条目	重要性程度的打分均值
可以用英语沟通	2.72
该国国内的旅游费用低廉	2.71
气候宜人	2.69
可以品尝新食物	2.67
购物方便	2.66
容易获得签证	2.61
去观赏自然生态地区(森林、湿地等)	2.59
归来之后可以谈论该次经历	2.55
结交与自己志趣相投的人	2.55
给繁忙的工作增添一点变化	2.47
有独特的或与众不同的土著文化群体,例如爱斯基摩人和印第安人	2.45
容易兑换货币	2.4
远离家的束缚	2.36
令人心动和刺激的事物	2.33
具有异域风情	2.30
具有独特的或不同的移民文化	2.27
自驾游很便利	2.25
当地有人组织价格便宜的短途游览	2.24
空气、水、土壤等方面环境质量高	2.24
尽情地奢侈一下	2.22
访问祖籍之地	2.19
有供全家一起开展的活动	2.16
去我的朋友们没有到过的地方	1.97
能用外语进行沟通	1.96
户外活动具有吸引力	1.92
体验一种简单的生活方式	1.91
什么事也不做	1.83
可以锻炼和促进身体健康	1.55
苦中作乐	1.5

拓展阅读

阅读下面材料,了解各国独特的休假制度。

一位华尔街资深证券交易人说,想在股市上获得成功的人,除了工作勤奋外,还要会休假。只有彻底远离瞬息万变的股市,给身心放一个假,才有可能带着更清醒的头脑和充沛的精力在股市上拼杀。带薪休假制度已经成为人们生活中重要的组成部分。

美国人休假自由

美国人带薪休假可以在一年中一次用完，也可以按需要分成多次使用。公司人事部门在对公司财务制度的管理上制定特别项目，会在支付工资时写清所剩假期的天数，帮助职工保存最终的累计资料。

在这些合法假期之外，某些效益特别好的大公司还有额外的福利。比如每年增加1～4天的带薪病假，雇员可以在自己生病的时候用，也可以用于照顾生病的家人。

在美国的私有企业里，管理规定各有不同。不少小公司受财力所限，希望雇员在特定时间内使用他们的假期，公司会按职工的工资对没有休假的人做经济上的补偿。

如果雇员在年中被解聘、自行离职或退休，有关部门要计算此人在本年度中工作的总天数和已经用掉的假期天数，没有用完的假期应在最后一次工资中折成现金发给该雇员。

德国人善于调整

按照有关管理规定，德国政府机构新员工可以带薪休假20天，此后休假天数随工龄的增加而增加，50岁以上员工每年可享受30天带薪休假。

每年7月和8月是欧洲最好的休假时节。但假如所有人都选择在这个时候休假，企业和机构的工作必定受到影响。为此，德国企业和机构除安排员工休假时让孩子小的员工优先休假外，还会提前两三个月确定员工休假安排，对暑期工作做出适当调整。

为了缓解假期造成的交通压力，德国学校还错开时间放假。德国16个州学校的放假时间都不一样，采取轮流制。

德国法律还规定，人们可以根据自己的实际情况分拆休假日期，但至少有一次休假必须达到12天。德国政府积极鼓励员工休假，对不休假的个人不给予任何经济补偿。

日本节多假也多

日本的工薪族虽然一天上班时间长，但他们的假日也多，除了星期六和星期日休息外，每个月基本上还有一两个其他假日，也就是各种纪念日。这些假日在日历上显示为红色，人们就把假日叫做"红日子"。红日子再加上星期六和星期日，基本上也就是我国的"黄金周"了。

另外，日本规定职员有"有给休假"，也就是带薪休假。带薪休假的天数由工作年限决定，但有的公司老板不大愿意让员工多休假，会给休不了假的员工一定的补助。

加拿大周末大多3天

度假，是加拿大国民的一个生活内容，就和吃饭、睡觉、买房、开车、工作、纳税一样。

加拿大普通百姓家中的车库里，经常堆满了度假用品。摩托车、自行车在加拿大基本是健身度假器材，特别是后者，家家必备。度假时间安排上则长短结合。例如一个普通的周末，开上几十公里车，全家找一个自然保护区，钓鱼划船徒步，玩上大半天，算是一次旅游；冬季，到美国佛罗里达待上20多天，过一个阳光灿烂的冬季，也是度假。

根据各省情况不同，加拿大一般每年除双休日外，另有10至12个法定假日，都安排在星期一或星期五，这样加上双休日假期就有3天，非常适合短期旅游。

根据加拿大劳动法规定，雇主每年必须给雇员带薪假期，这是雇员福利的一部分。假如雇员放弃带薪假，雇主要补偿年薪的4%，但依照法规，雇员年薪也是随年限增长的。

澳大利亚假多期短

澳大利亚的公共假日虽然不少，但不像中国实行"黄金周"长假制度，大部分假日只有一天，因此放假的前一天晚上一般是最热闹的时候。

在澳大利亚，公共假日一般是全民放假，但一些必须营业的部门，如大型日用超市则会适当地缩短营业时间，这时坚持工作就可以拿到两倍甚至三倍的工资。但澳大利亚当地人一般都宁可不要双倍甚至三倍的工资，而选择休假。澳大利亚实行的是"带薪假期"制度，除了公共假日外，澳大利亚公民每年至少有20天的带薪休假，还能获得相当于平时工资17.5%的奖励工资。

资料来源：中国发展门户网.

第4章 旅游资源

本章导读

本章是旅游学的核心章节之一，讲解旅游活动三要素之一的旅游客体，即旅游资源。本章从旅游资源的概念出发，介绍旅游资源的特点、分类、价值决定，重点揭示旅游资源评价、开发及保护的基本理论及具体实现路径。

学习目标

- 掌握旅游资源的概念及旅游资源对旅游业发展的重要性。
- 掌握旅游资源的分类标准。
- 了解旅游资源的特点、价值决定。
- 掌握旅游资源评价的一般方法。
- 重点掌握旅游资源开发的原则、内容。
- 重点掌握旅游资源保护工作的途径。

4.1 旅游资源概述

4.1.1 旅游资源的概念和特点

1. 旅游资源的概念

俗话说："巧妇难为无米之炊。"旅游资源在旅游业中就相当于"米"的角色一样，没有它，旅游就没有了意义。由于人们在对旅游的认识上存在差异，对旅游资源的概念也就产生了不同的见解，主要可分为两种情况：其一从需求角度出发，认为旅游资源为旅游者访问的对象物，基本功能为吸引旅游者来访；其二从供给角度出发，认为旅游资源为旅游经营者借以开展经营的要素，基本功能为供经营者借以经营和创收。

国内学者对旅游资源的概念主要有如下几种认识。

(1) 凡能激发旅游者的旅游动机,为旅游业所利用,并由此产生经济效益与社会效益的现象和事物,均称为旅游资源。(邢道隆,《谈谈旅游资源》,1985)

(2) 旅游资源是在显示条件下,能够吸引人们产生旅游动机并进行旅游活动的各种因素的总和。(陈传康等,《旅游资源鉴赏与开发》,1990)

(3) 所谓旅游资源,专指地理环境中具有旅游价值的部分,即旅游者在旅游过程中感兴趣的环境因素和可以利用的物质条件。(保继刚等,《旅游地理学》,1993)

(4) 旅游资源是指对旅游者具有吸引力的自然存在和历史文化遗产,以及直接用于旅游目的的人工创造物。(保继刚,《旅游地理学》,1993)

(5) 凡能对旅游者产生吸引力的各种客观事物均可构成旅游资源。(李天元,《旅游学》,2002)

(6) 自然界和人类社会凡能对旅游者产生吸引力,可以为旅游业开发利用,并可产生经济效益、社会效益和环境效益的各种事物和因素,均称为旅游资源。(国家旅游局,《旅游规划通则》,2003)

(7) 对旅游资源的定义比较确切和规范的是国家旅游局和中国科学院地理研究所在《中国旅游资源普查规范(试行稿)》中的阐述:"旅游资源,是指在自然界和人类社会中,凡能对旅游者有吸引力、能激发旅游者的旅游动机,具备一定旅游功能和价值,可以为旅游业开发利用,并能产生经济效益、社会效益和环境效益的事物和因素。"

通过分析上述定义,我们可以看出,学者主要从供给角度和需求角度给旅游资源下了不同的定义。本书认为,旅游资源是指凡是能够让旅游者产生旅游动机的自然资源、文化资源、社会资源等,都属于旅游资源。

2. 旅游资源的特点

(1) 旅游资源具有多样性。客观世界的复杂性和旅游者需求的多样性决定了旅游资源的多样性。旅游资源的定义和分类也反映了旅游资源具有多样性的特点。

(2) 旅游资源具有定向吸引性。任何一项旅游资源只能吸引某些客源市场,而不可能对全部旅游市场都具有同样大的吸引力。如对城市人来说,农村田园风光具有吸引力;而对农村人来说,城市的高楼大厦具有吸引力。这是因为旅游者都想去和自己的惯常环境差别大的地区,了解异域环境和文化是产生旅游动机的重要基础。

(3) 旅游资源具有不可移动性。旅游资源在空间不可移动,这使其具有垄断性。旅游资源的不可移动性在很大程度上决定一个国家和地区的旅游业是否有成就。仿制物脱离了特定的空间环境和文化,就不再具有价值和意义,因此这个特点决定了旅游者只有亲自来到旅游资源所在地,才能获得旅游体验。

(4) 旅游资源具有易损性。曾经旅游资源被认为是"无烟工业",即不需要耗费一丝力气,就可以产生经济效益,于是人们肆意开放旅游资源,不加以控制和保护,很多旅游资源消失。所以若管理不善和使用不当,旅游资源很容易因遭受各种形式的破坏而失去对旅游者的吸引力。

(5) 旅游资源具有可创造性。这主要是针对人造旅游资源来说的，即旅游目的地国家或地区，尤其是旅游资源匮乏的国家和地区，为了适应旅游市场的需求，借助现代的人力、财力和科学技术，有意识地建造一些新的旅游吸引物，如大连圣亚海洋世界、长隆水上世界和欢乐世界等主题乐园，以及杭州宋城千古情、烟雨张家界等特色表演。

4.1.2 旅游资源的分类

依照不同的分类依据或标准，国内外学者对旅游资源有多种不同的分类。

1. 按照旅游资源的成因及其表现内容的基本属性分类

根据旅游资源的成因及其表现内容的基本属性，旅游资源可划分为自然旅游资源、文化旅游资源和社会旅游资源。这是从传统的"两分法"(即旅游资源分为自然旅游资源和人文旅游资源)的基础上演变而来，因随着现代人文社会的发展，以反映经济建设成就、科技发展成就等内容的社会旅游资源逐渐涌现，其既不属于自然事物，又不属于严格意义上的人文事物，因此另划分一类为社会旅游资源，"三分法"由此得来。

1) 自然旅游资源

自然旅游资源是具有明显的天赋性质，即是天然形成的自然吸引物。凡是具有观赏、游览、疗养、科学考察等价值的自然环境或自然景观，均属于自然旅游资源。按照其景观类型，自然资源可大致分为4种，即气候条件类、地貌景观类、动植物资源类和天然疗养类。

(1) 气候条件类。这类旅游资源主要以有特点的气候条件为主要吸引物，如北极圈内的极光观景(见图4-1)、中国东北地区冬天的雾凇等。

图4-1　北极圈极光景观(图片来自百度)

(2) 地貌景观类。这类旅游资源以独特的地形、地质、地貌等为吸引物，如美国科罗拉多大峡谷(见图4-2)、辽宁本溪水洞喀斯特地貌(见图4-3)、长白山火山地貌等。

图4-2　美国科罗拉多大峡谷(图片来自百度)　　图4-3　本溪水洞喀斯特地貌(图片来自百度)

(3) 动植物资源类。这类旅游资源以珍稀的动植物资源为主要吸引物，如四川大熊猫栖息地(见图4-4)、非洲大草原等。

图4-4　四川大熊猫栖息地(图片来自百度)

(4) 天然疗养类。这类旅游资源以具有天然疗养价值的自然旅游资源为主要吸引物，如近代旅游时期形成的温泉疗养游一直延续至今。在火山地貌附近，温泉资源通常很丰富，在此基础上建设发展旅游业，如建造大型温泉水上乐园、温泉游泳池、温泉旅店等，配套旅游设施，可实现旅游规模化发展。

2) 文化旅游资源

文化旅游资源是指人类活动的艺术结晶和文化成就。主要包括历史文物古迹类、民族文化场所类、重大节庆活动类、人造设施类等文化旅游资源。

(1) 历史文物古迹。这类旅游资源主要指历史不同时期保留下来的历史建筑、文物古迹、宗教庙宇等。在历史悠久的国家，这类旅游资源最为丰富。意大利被称为"露天博物馆"，尽显文明古国之风；中国的世界遗产数量与意大利并列第一，历史文物古迹类资源丰富，如北京故宫(见图4-5)、西安秦始皇陵兵马俑(见图4-6)、沈阳一宫两陵、西藏大昭寺等。

图4-5　北京故宫(图片来自百度)　　　图4-6　西安秦始皇陵兵马俑(图片来自百度)

(2) 民族文化场所类。这类旅游资源主要指与民族历史、民族艺术、民族习俗等相关的文化旅游资源。因民族文化场所类文化旅游资源独具特色且有神秘色彩，还具有一定参与性，常常对旅游者产生巨大的吸引力。如我国云南有26个少数民族，围绕其民族文化建立起来的民族村、民族博物馆、丽江古城、香格里拉等旅游资源十分具有吸引力。云南民族村如图4-7所示，云南民族表演如图4-8所示。

图4-7　云南民族村(图片来自百度)　　　图4-8　云南民族表演(图片来自百度)

(3) 重大节庆活动类。每当重大体育赛事、音乐节、戏剧节、电影节等举办之际，都会有大量国内外游客来到举办地。从根本意义上讲，这类旅游资源属于人造景观，创办目的大都是平衡旅游地淡旺季的差别，或是弥补旅游地旅游资源的不足。如上海国际电影节、山东潍坊国际风筝节、龙虎山道教文化节等。

(4) 人造设施类。人造设施类旅游资源是指人工创造，能够满足现代人生产或生活需要，同时能对旅游者产生吸引力，并能被旅游业开发利用的设施，包括各类主题乐园和消遣娱乐型人造旅游景点。如以迪士尼为代表的各类惊险刺激的主题乐园(见图4-9)、各地海洋馆、西安大唐不夜城(见图4-10)等。

图4-9 迪士尼乐园(图片来自百度)　　　图4-10 西安大唐不夜城(图片来自百度)

3) 社会旅游资源

社会旅游资源指能反映地区社会、经济、科学技术发展成就及某种无形的特色，对旅游者产生吸引力的旅游资源，包括经济建设成就、科技发展成就、社会发展成就等。

(1) 经济建设成就。一个国家或地区经济建设的卓越成就会吸引旅游者前往观光，以增长见识、学习先进经验。如改革开放的"窗口城市"深圳、三峡水利工程、花园城市新加坡等。

(2) 科技发展成就。一个科技发达的国家或地区会吸引旅游者大量前往观光，如我国卫星发射基地、美国"硅谷"等。

(3) 社会发展成就。为了解不同国家或地区的社会发展状况，不同社会制度的旅游者便会到不同国家或地区访问。如中国旅游者进行欧洲四国游是为了了解西方发达资本主义国家的社会发展成就；西方旅游者来中国参观学校、幼儿园、居民社区等，是为了了解中国特色社会主义社会发展成就。

2. 其他分类

1) 按照有关旅游资源可否再生的程度

按照有关旅游资源可否再生的程度，旅游资源可分为可再生性旅游资源与不可再生性旅游资源。可再生性旅游资源是指那些在使用过程中，如果出现耗损大或遭受毁坏的情况，可通过适当的途径进行自然恢复或人工再造的旅游资源。如主题乐园的设施设备可以更新换代。不可再生性旅游资源是指在漫长的历史过程中形成，并保留至今作为旅游资源使用的自然遗存和文化遗存。如喀斯特地貌形成需要上万年甚至上亿年，但随着对外开放量的增多，它会慢慢被水溶解并消失。

2) 根据旅游资源目前的使用状态

根据旅游资源目前的使用状态，旅游资源可分为现实旅游资源和潜在旅游资源。现实旅游资源是已具备旅游接待条件且正在接待旅游者的旅游资源；潜在旅游资源是指还未被外界所了解或已被外界所了解但不具备开发条件，目前尚不能接待旅游者的旅游资源。

4.1.3 世界遗产组织的相关知识

世界遗产由联合国教科文组织于1972年提出，建立《保护世界文化和自然遗产公约》(即《世界遗产公约》)。世界遗产是指被联合国教科文组织和世界遗产委员会确认的人类罕见的、目前无法替代的财富，是全人类公认的具有突出意义和普遍价值的文物古迹及自然景观。世界遗产包括文化遗产(包含文化景观)、自然遗产、文化与自然双重遗产三类。

1. 文化遗产

《保护世界文化和自然遗产公约》规定，属于下列各类内容之一者，可列为文化遗产。

(1) 文物。从历史、艺术或科学角度看，具有突出、普遍价值的建筑物、雕刻和绘画，具有考古意义的成分或结构的铭文、洞穴、住区及各类文物的综合体。

(2) 建筑群。从历史、艺术或科学角度看，因其建筑的形式、同一性及其在景观中的地位，具有突出、普遍价值的单独或相互联系的建筑群。

(3) 遗址。从历史、美学、人种学或人类学角度看，具有突出、普遍价值的人造工程或人与自然的共同杰作以及考古遗址地带。

凡列入《世界遗产名录》的文化遗产项目，必须符合下列一项或几项标准：代表一种独特的艺术成就，一种创造性的天才杰作；能在一定时期内或世界某一文化区域内，对建筑艺术、纪念物艺术、城镇规划或景观设计方面的发展产生过大影响；能为一种已消逝的文明或文化传统提供一种独特的至少是特殊的见证；可作为一种建筑或建筑群或景观的杰出范例，展示出人类历史上一个(或几个)重要阶段；可作为传统的人类居住地或使用地的杰出范例，代表一种(或几种)文化，尤其在不可逆转之变化的影响下变得易于损坏；与具特殊普遍意义的事件或现行传统或思想或信仰或文学艺术作品有直接或实质联系(只有在某些特殊情况下或该项标准与其他标准一起作用时，此款才能成为列入《世界遗产名录》的理由)。

2. 自然遗产

《保护世界文化与自然遗产公约》规定，属于下列各类内容之一者，可列为自然遗产。

(1) 从美学或科学角度看，具有突出、普遍价值的由地质和生物结构或这类结构群组成的自然面貌。

(2) 从科学或保护角度看，具有突出、普遍价值的地质和自然地理结构以及明确划定的濒危动植物物种生态区。

(3) 从科学、保护或自然美角度看，只有突出、普遍价值的天然名胜或明确划定的自然地带。

凡列入《世界遗产名录》的自然遗产项目，必须符合下列一项或几项标准：构成代表地球演化史中重要阶段的突出例证；构成代表进行中的重要地质过程、生物演化过程以及人类与自然环境相互关系的突出例证;独特、稀有或绝妙的自然现象、地貌或具有罕见自然美的地带;尚存的珍稀或濒危动植物种的栖息地。

3. 文化景观及其他

文化景观这一概念是1992年12月在美国圣菲召开的联合国教科文组织世界遗产委员会第16届会议时提出并纳入《世界遗产名录》中的。这样,世界遗产即分为:自然遗产、文化遗产、自然遗产与文化遗产混合体(即双重遗产,我国的泰山、黄山、峨眉山——乐山大佛属此)和文化景观。文化景观代表《保护世界文化和自然遗产公约》第一条所表述的"自然与人类的共同作品"。文化景观的选择应基于它们自身的突出、普遍的价值,其明确划定的地理——文化区域的代表性及其体现此类区域的基本而具有独特文化因素的能力。它通常体现持久的土地使用的现代化技术及保持或提高景观的自然价值,保护文化景观有助于保护生物多样性。一般来说,文化景观有以下几种类型。

(1) 由人类有意设计和建筑的景观。这类景观包括出于美学原因建造的园林和公园景观,它们经常(但并不总是)与宗教或其他纪念性建筑物或建筑群有联系。

(2) 有机进化的景观。它产生于最初始的一种社会、经济、行政以及宗教需要,并通过与周围自然环境的相联系或相适应而发展到目前的形式。有机进化的景观又包括两种次类别:一是残遗物(或化石)景观,代表一种过去某段时间已经完结的进化过程,不管是突发的或是渐进的。它们之所以具有突出、普遍价值,还在于显著特点依然体现在实物上。二是持续性景观,它在当今与传统生活方式相联系的社会中,保持一种积极的社会作用,而且其自身演变过程仍在进行之中,同时又展示了历史上其演变发展的物证。

(3) 关联性文化景观。这类景观列入《世界遗产名录》,以与自然因素、强烈的宗教、艺术或文化相联系为特征,而不是以文化物证为特征。目前,列入《世界遗产名录》的文化景观还不多,庐山风景名胜区是我国"世界遗产"中的唯一文化景观。此外,列入《世界遗产名录》的古迹遗址、自然景观一旦受到某种严重威胁,经过世界遗产委员会调查和审议,可列入《处于危险之中的世界遗产名录》,以待采取紧急抢救措施。

4.1.4 我国世界遗产利用与保护的现状

中国于1985年12月12日正式加入《保护世界文化与自然遗产公约》;1986年开始向联合国教科文组织申报世界遗产项目;1999年10月29日,中国当选为世界遗产委员会成员。我国旅游资源种类丰富,截至2021年7月25日,中国世界遗产已达56项,其中世界文化遗产38项、世界自然遗产14项、世界文化与自然双重遗产4项。我国的世界遗产见表4-1。

表4-1 中国世界遗产名录

文化遗产
长城(黑龙江、吉林、辽宁、河北、天津、北京、山东、河南、山西、陕西、甘肃、宁夏回族自治区、青海、内蒙古自治区、新疆维吾尔自治区,1987年12月列入世界文化遗产)

(续表)

文化遗产
莫高窟(甘肃，1987年12月列入世界文化遗产)
明清故宫(北京故宫，北京，1987年12月列入；沈阳故宫，辽宁，2004年7月列入世界文化遗产)
秦始皇陵及兵马俑坑(陕西，1987年12月列入世界文化遗产)
周口店北京人遗址(北京，1987年12月列入世界文化遗产)
拉萨布达拉宫历史建筑群(西藏，1994年12月列入世界文化遗产)
承德避暑山庄及其周围寺庙(河北，1994年12月列入世界文化遗产)
曲阜孔庙、孔林和孔府(山东，1994年12月列入世界文化遗产)
武当山古建筑群(湖北，1994年12月列入世界文化遗产)
庐山风景名胜区(江西，1996年12月列入世界文化景观)
丽江古城(云南，1997年12月列入世界文化遗产)
平遥古城(山西，1997年12月列入世界文化遗产)
苏州古典园林(江苏，1997年12月列入世界文化遗产)
北京皇家祭坛—天坛(北京，1998年11月列入世界文化遗产)
北京皇家园林—颐和园(北京，1998年11月列入世界文化遗产)
大足石刻(重庆，1999年12月列入世界文化遗产)
龙门石窟(河南，2000年11月列入世界文化遗产)
明清皇家陵寝[明显陵(湖北)、清东陵(河北)、清西陵(河北)，2000年11月列入世界文化遗产；明孝陵(江苏)、明十三陵(北京)，2003年7月列入世界文化遗产；盛京三陵(辽宁)，2004年7月列入世界文化遗产]
青城山—都江堰(四川，2000年11月列入世界文化遗产)
皖南古村落—西递、宏村(安徽，2000年11月列入世界文化遗产)
云冈石窟(山西，2001年12月列入世界文化遗产)
高句丽王城、王陵及贵族墓葬(吉林、辽宁，2004年7月列入世界文化遗产)
澳门历史城区(澳门，2005年7月列入世界文化遗产)
安阳殷墟(河南，2006年7月列入世界文化遗产)
开平碉楼与村落(广东，2007年6月列入世界文化遗产)
福建土楼(福建，2008年7月列入世界文化遗产)
五台山(山西，2009年6月列入世界文化遗产)
登封"天地之中"历史古迹(河南，2010后8月列入世界文化遗产)
杭州西湖文化景观(浙江，2011年6月列入世界文化遗产)
元上都遗址(内蒙古，2012年6月列入世界文化遗产)
红河哈尼梯田文化景观(云南，2013年6月列入世界文化遗产)
大运河(北京、天津、河北、山东、河南、安徽、江苏、浙江，2014年6月列入世界文化遗产)
丝绸之路：长安—天山廊道的路网(河南、陕西、甘肃、新疆维吾尔自治区，2014年6月列入世界文化遗产)
土司遗址(湖南、湖北、贵州，2015年7月列入世界文化遗产)
左江花山岩画文化景观(广西壮族自治区，2016年7月列入世界文化遗产)
鼓浪屿：历史国际社区(福建，2017年7月列入世界文化遗产)
良渚古城遗址(浙江，2019年7月列入世界文化遗产)
泉州：宋元中国的世界海洋商贸中心(福建，2021年7月列入世界文化遗产)

(续表)

自然遗产
黄龙风景名胜区(四川，1992年12月列入世界自然遗产)
九寨沟风景名胜区(四川，1992年12月列入世界自然遗产)
武陵源风景名胜区(湖南，1992年12月列入世界自然遗产)
云南三江并流保护区(云南，2003年7月列入世界自然遗产)
四川大熊猫栖息地(四川，2006年7月列入世界自然遗产)
中国南方喀斯特(云南、贵州、重庆、广西，2007年6月列入世界自然遗产)
三清山世界地质公园(江西，2008年7月列入世界自然遗产)
中国丹霞(贵州、福建、湖南、广东、江西、浙江，2010年8月列入世界自然遗产)
澄江化石遗址(云南，2012年7月列入世界自然遗产)
新疆天山(新疆维吾尔自治区，2013年6月列入世界自然遗产)
湖北神农架(湖北，2016年7月列入世界自然遗产)
青海可可西里(青海，2017年7月列入世界自然遗产)
梵净山(贵州，2018年7月列入世界自然遗产)
中国黄(渤)海候鸟栖息地(第一期)(江苏，2019年7月列入世界自然遗产)
文化与自然双重遗产
泰山(山东，1987年12月列入世界文化与自然双重遗产)
黄山(安徽，1990年12月列入世界文化与自然双重遗产)
峨眉山—乐山大佛(四川，1996年12月列入世界文化与自然双重遗产)
武夷山(福建，1999年12月列入世界文化与自然双重遗产；江西，2017年7月列入世界文化与自然双重遗产)

资料来源：中国世界遗产网.

4.1.5 旅游资源的价值决定

旅游资源作为旅游活动的客体，是开展旅游业的基础，其本质特征是对旅游者具有吸引力。一项旅游资源吸引力的大小，反映出该项旅游资源的价值高低。这一价值取决于两个方面的理想程度及其结合状况，一方面是该项旅游资源本身的固有质量；另一方面是其坐落地点。

1. 旅游资源本身的固有质量

这主要是指旅游资源的特色及其特色被认知的程度。所谓"你无我有，你有我优，你优我新，你新我奇"，某种旅游资源特色越是突出，对旅游者的吸引力就会越大，游客数量增多，该项旅游资源的旅游价值也就越高。同时，这种特色也需要被宣传出去，让旅游者了解或感知，这样才会不断吸引旅游者前往。

2. 旅游资源的坐落地点

坐落地点，是指旅游资源所在地距离主要客源地的远近。在同等交通条件下，对于距离主要客源地近的旅游目的地来说，其可进入性无疑会高于那些距主要客源地远的旅游目的地，其旅游者数量就多；而对于同等远近的旅游目的地，谁的可进入性越强，谁的旅游者数量就越多。由此可见，距离主要客源地远近和可进入性的重要性。

4.2 旅游资源的开发

在旅游研究和旅游业实践中，"开发"一词通常是指人们为了发挥、改善和提高旅游资源的吸引力而从事的开拓和建设等技术经济活动。

对于一个旅游目的地来说，所谓旅游资源开发，实际上就是指通过适当的方式把旅游资源及其所在地改造成具有吸引力的旅游环境，从而使旅游资源的吸引力得以发挥、改善和提高的技术经济过程。

对于潜在的旅游资源，只有通过必要的人为开发，才能造就方便旅游者开展活动的旅游环境，从而使其吸引力能够得以有效地发挥。

对于现实的旅游资源，同样也需要根据情况的变化不断进行再生性开发。这种再生性开发的目的是改善和提高旅游资源的吸引力。原因在于，作为目的地旅游产品的组成部分，任何经过初始开发后形成的旅游景点或景区都有其生命周期。

4.2.1 旅游资源开发的必要性

无论是潜在的旅游资源还是现实的旅游资源，对其开发都是必需的，原因如下所述。

1. 旅游资源开发可使潜在的旅游资源转化为现实的旅游资源

潜在的旅游资源不具备旅游条件或不被广泛的外界所知，只有通过资源开发，将其特色传播出去，才能让旅游者对其感兴趣，自发地前往旅游地，并在去过之后形成好口碑，继续吸引更多旅游者来访。在整个过程中，旅游资源开发都发挥着至关重要的作用。

2. 旅游资源开发可使现实的旅游资源完成再生性开发

一个成熟的旅游地如果不持续进行旅游资源开发，其吸引力会逐渐下降，进入衰退期，因此旅游资源开发是维持现实旅游资源生命力的必要手段。

4.2.2 巴特勒旅游地生命周期理论

旅游地生命周期指旅游地形成后，其游客接待量都会发生从无到有、逐渐兴盛，然后逐渐衰落的演变过程。这一理论被称为旅游地生命周期理论，由加拿大学者巴特勒(R·W. Butler)在1980年提出。

1. 探索阶段

旅游地只有零散的游客，没有特别的设施，其自然和社会环境未因旅游的发生而发生变化。

2. 参与阶段

旅游地进行广告宣传，旅游人数增多，旅游活动变得有组织、有规律，本地居民为旅游者提供一些简陋的膳宿设施，地方政府被迫改善设施与交通状况。

3. 发展阶段

旅游地加大广告宣传力度，旅游市场外来投资骤增，简陋膳宿设施逐渐被规模大、现代化的设施取代，旅游地自然面貌的改变比较显著。

4. 巩固阶段

游客量持续增加，但增长率下降。旅游地功能分区明显，地方经济活动与旅游业紧密相连，本地居民开始对旅游产生反感和不满。

5. 停滞阶段

旅游地自然和文化的吸引力被"人造设施"代替，旅游地良好形象已不再，严重依赖回头客，旅游环境容量超载相关问题随之而至。

6. 衰落或复苏阶段

旅游市场衰落，进而房地产的转卖率很高，旅游设施也大量消失，最终旅游地将变成名副其实的"旅游贫民窟"。此时，旅游地也可能出现另一种情况，当地采取增加人造景观、开发新的旅游资源等措施，增强旅游地的吸引力，从而进入复苏阶段。巴特勒旅游地生命周期理论如图4-11所示。

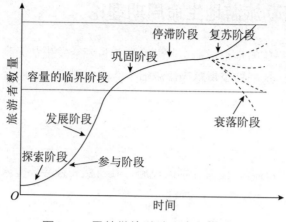

图4-11 巴特勒旅游地生命周期理论

引起旅游地生命周期演进的原因有三个,即需求因素、效应因素和环境因素。

(1) 需求因素是指吸引力的变化,即主观兴趣变化,这是引起旅游地生命周期演进的根本原因。

(2) 效应因素是指一个初始开发的旅游地随着来访游客数量的增加,口碑效应显著发挥作用,游客数量持续增长并达到高峰,但随着旅游地进入成熟期,供需两方面可能都发生新的变化,游客数量递减。

(3) 环境因素是指一个旅游地从初始开发时环境最原始古朴,到游客量逐渐增加,环境随之发生变化,原始古朴的风格逐渐弱化,如游客量持续增加,则会使旅游地环境质量持续恶化。

4.2.3 旅游资源调查与评价

1. 旅游资源调查

1) 旅游资源调查的目的

旅游资源调查是旅游资源开发的基本前提,其目的是通过调查查明可供旅游业利用的资源状况,全面系统地掌握调查区域内旅游资源的数量、质量、类型、分布、组合状况、成因、特点和价值等,以及有关的自然、社会、经济、环境条件等基本情况,为旅游资源的评价和开发规划提供科学依据。

2) 旅游资源调查工作的任务

(1) 对旅游资源进行调查和清点。这是指对现有旅游资源及潜在旅游资源按照分类进行全面清点调查,了解旅游资源的基本情况。

(2) 对旅游资源所处区域的环境条件进行调查。这种环境既指自然环境,又指人文环境；自然环境主要包括旅游地对旅游业的支持情况、基础设施建设、可进入性等；人文环境主要指当地社会态度。

(3) 可能的客源市场分析和邻近地区同类资源的竞争分析。这是对旅游资源所面临竞争环境的分析，是决定旅游资源生命力的关键因素。

3) 旅游资源调查的基本步骤

(1) 调查准备阶段，主要包括制定工作方案、组织调查人员、准备相关仪器设备、相关资料检索等。

(2) 实施调查阶段，可分为三种形式进行，即野外实地勘查、访问座谈和问卷调查。首先，野外实地调查是第一步，也是获取第一手资料的来源，调查人员通过观察、测量、摄影摄像等方式对旅游资源有个直观精确的认识。其次可以结合访问座谈、问卷调查方式辅助调查，了解旅游地的资源情况、可进入性、当地人民的支持情况等，得出一些重点调研问题的结论，辅助决策使用。

(3) 资料和数据处理阶段，即对前期收集到的第一手资料和第二手资料进行整理分析，完成旅游资源调查报告，对旅游资源现状和存在问题做出精确分析，并提出开发重点建议。

2. 旅游资源评价

在旅游资源开发利用之前，必须首先对其进行评价。通过评价，揭示某一旅游资源独有的特点和内涵，品评其好坏优劣，品位高低，从而为其进一步开发提供科学依据。

1) 旅游资源评价原则

(1) 实事求是原则。旅游资源评价是客观衡量旅游资源的开发价值，指导下一步开发，故应客观反映资源真实情况。

(2) 全面系统原则。旅游资源评价要从宏观角度出发，仔细衡量旅游资源各个方面的达标程度，评价内容力求全面系统，这样才能对下一步投资开发提出可行性参考。

(3) 动态观察原则。要以发展眼光看问题，留意旅游资源的动态变化，顺应旅游业的发展趋势，符合旅游地方政府的开发规划。

(4) 定性评价和定量评价相结合原则。传统旅游资源评价方法以定性评价为主，而随着社会的发展，对指标要求越来越精确，我们越来越追求定量化，也就是首先设计一套合理的能衡量旅游资源价值的指标，然后分别赋以权重，最后评价打分。因此，这相当于把定性评价和定量评价方法相结合，能够精确反映旅游资源价值。

2) 旅游资源评价内容

旅游资源评价的内容主要包括资源自身价值评价、开发条件评价和效益评价。

(1) 资源自身价值评价包括旅游资源的性质与特色、资源密度和容量、旅游资源的价值与功能、地域组合等。

(2) 开发条件评价包括区位交通、环境、客源、地区经济发展水平、建设施工条件、开发区位等。

(3) 效益评价包括旅游资源产生的经济、社会、环境效益。

3) 旅游资源评价方法

旅游资源评价方法分为定性评价法和定量评价法两种。

(1) 卢云亭先生提出的"三三六评价法"(定性评价法)。卢云亭把旅游资源分为三大价值、三大效益和六个条件进行评价。三大价值为历史文化价值、艺术观赏价值、科学考察价值；三大效益为经济效益、社会效益、环境效益；六个条件为景区地理位置和交通条件、景物或景类的地域组合条件、景区旅游容量条件、施工难易条件、投资能力条件、旅游客源市场条件。

(2) 由国家旅游局2003年颁布的《旅游资源分类、调查与评价》中提出的旅游资源评价体系(定量评价法)。这种方法的评价项目主要包括资源要素价值、资源影响力、附加值。

资源要素价值项目包含观赏游憩使用价值、历史文化科学艺术价值、珍稀奇特程度、规模、丰度与概率、完整性5项评价因子。资源要素价值项目分值为85分，其中观赏游憩使用价值为30分、历史科学文化艺术价值为25分、珍稀或奇特程度为15分、规模、丰度与概率为10分、完整性为5分。

资源影响力项目包含知名度和影响力、适游期或使用范围两项评价因子。资源影响力项目分值为15分，其中知名度和影响力为10分、适游期或使用范围为5分。

附加值项目包含环境保护与环境安全1项评价因子，分正分和负分。

依据旅游资源单体评价总分，将旅游资源分为从高到低5个等级：五级旅游资源，得分值域≥90分；四级旅游资源，得分值域75(含)～89分；三级旅游资源，得分值域60(含)～74分；二级旅游资源，得分值域45(含)～59分；一级旅游资源，得分值域30(含)～44分。五级旅游资源称为"特品级旅游资源"；五级、四级、三级旅游资源统称为"优良级旅游资源"；二级、一级旅游资源统称为"普通级旅游资源"。

4) 旅游资源的评价标准

(1) 美学标准，对拟开发的旅游资源的美学质量的高低或特色进行评价。

(2) 社会标准，对拟开发的旅游资源能否体现当地现今的社会发展和文化特色进行评价。

(3) 历史标准，对拟开发的旅游资源能否反映当地过去的历史文化风貌进行评价。

(4) 市场标准，对拟开发的旅游资源所吸引的客源对象、吸引程度和客源规模进行评价。

(5) 综合标准，从市场观念出发，同时也涉及美学、社会及历史等评价标准的评价方法。

4.2.4 旅游资源开发的原则

1. 突出独特性原则

(1) 旅游资源应尽可能保持这些资源自然和历史的原始风貌，这样才能突出其旅游特色。

(2) 旅游资源应尽量选择利用带有"最"字的旅游资源项目，以突出自己的优越性，即所谓"人无我有，人有我优"。

(3) 旅游资源应努力反映当地的文化特色，这也是旅游地具有吸引力的根本所在。

2. 讲求经济性原则

旅游资源开发从本质上讲是一项经济活动，在开发过程中，必须讲求经济效益，做到投资省、见效快、效益高。因此，必须服从当地经济和社会发展的规划，根据自身的实力有重点地开发，避免盲目开发，尽可能利用当地资源。

3. 注重保护与合理开发原则

旅游资源开发中将保护放在首位，注意保护和维持原貌的前提下合理开发，即开发规模不得超出旅游地承载力，有关项目与周围景观和环境相协调。

4.2.5 旅游资源开发的内容

1. 开发项目的可行性研究

可行性研究指对有关开发项目进行投资决策之前，就该项目的开发在经济上是否可行而进行研究和论证。开发项目可行性研究的内容一般包括分析开发者的实力和财力、分析和预测市场需求、分析项目开发经营的微观条件(工程技术、费用测算等)、分析当地宏观社会经济条件等。

2. 旅游资源开发的具体实施内容

(1) 景区景点的开发与建设，包括对新景区、新景点的开辟，也包括对原有景区、原有景点的改造和更新。

(2) 解决和提高旅游资源所在地的可进入性。可进入性指旅游资源所在地同外界的交通联系及其内部交通条件的通畅和便利程度。在旅游资源的开发中，首先要解决交通问题。"可进入性"不仅指旅游者可由外界抵达该旅游地点，还指要"进得来，出得去，散得开"。所以，提高可进入性程度不仅涉及陆路、水路和空中通道的基础设施建设，还涉及各种交通工具的运营安排。

(3) 建设和完善配套设施，主要包括建设和完善旅游基础设施和旅游上层设施(或服务设施)。基础设施是指主要为当地居民使用，旅游者也需要依赖的旅游设施。如供水、电、气系统；道路交通、车站、码头、机场等；医院、银行等。旅游上层设施(或服务设施)是主要供外来旅游者使用的服务设施。如饭店、问讯中心、旅游纪念品商店、娱乐场所等。

(4) 培训专业服务人员。旅游是一种服务产品，旅游服务质量的高低在一定程度上会起到增添或减少旅游资源吸引力的作用，因此培训专业服务人员是旅游资源开发的重要内容。

4.3 旅游资源的保护

4.3.1 旅游资源保护工作的重要性

旅游资源这种基本资产，如果客观上利用得当，是取之不尽，用之不竭的，造福子孙后代。与出售石油或矿产之类自然资源的情况相比较，游客所购买的只是暂时体验旅游目的地风景、文化、气候之类资源的机会，并没有消耗这些资源。但这些资源若管理和利用不善，也是很容易遭到破坏的，轻则会造成旅游资源质量的下降，影响其旅游吸引力；重则会导致这些旅游资源遭到损毁，使该地的旅游业失去生存的基础。因此，对旅游资源的保护至关重要。

4.3.2 旅游资源遭受破坏的原因

1. 自然因素方面

(1) 突发性天灾，如地震、火灾、水灾、虫灾等对旅游资源的破坏。
(2) 自然风化作用，如风蚀、水蚀、日照等对旅游资源的破坏。
(3) 动物原因，如鸟粪、白蚁和鼠类的破坏作用。如成都望江楼和汉中古汉台都曾被白蚁破坏而损坏十分严重。

2. 人为因素方面

(1) 因游客活动而造成的损害和破坏。这点主要是指游客的不良行为造成的破坏，如随意乱刻"到此一游"、乱扔垃圾、违规触摸攀爬等。

(2) 因规划不当而造成的建设性破坏。如历史建筑和古迹被肆意拆毁或挪作他用、景区乱建索道导致景区景观完整性受到影响等。

(3) 因当地居民的不当甚至不法行为而造成的破坏。如当地居民挖取修长城的砖瓦用作盖自家房子、捕杀珍稀动植物等。

(4) 因工业污染而造成的损害和破坏。例如，工业污染造成的酸雨对景区自然景观及人文景观的腐蚀，影响旅游资源的美观，或造成旅游资源损坏。

(5) 因管理和使用不当造成的破坏。这一原因主要由超出旅游资源承载力而导致，如过量游人踩踏导致景区路面土壤板结，景区生态环境日益恶化等。

4.3.3 旅游资源保护工作的途径

旅游资源保护工作的基本原则应当是以"防"为主，以"治"为辅，"防""治"结合，用法律、行政、经济和技术等手段，加强对旅游资源的管理和保护。针对自然作用所带来的危害；针对因游客方面的原因而对旅游资源可能带来的危害；针对其他人为原因对旅游资源造成的破坏，分别采取不同的行动措施。

世界各国在旅游资源保护方面，所采取的方式大致有两类：一是运用法律手段，实行立法，加强法制；二是根据旅游资源质量，将其划分为不同的级别加以保护。

保护旅游资源的主要措施有以下几项。

(1) 健全机构，理顺关系，增强保护意识，强化旅游资源的宏观管理。

(2) 将旅游资源的保护纳入旅游业发展的战略规划，防止、杜绝"开发性破坏"，做到"防患于未然"。

(3) 加强法制，加强监督检查，加强旅游地的日常管理。

(4) 增强旅游的"质量意识"，将旅游地的客流量控制在适当的范围之内。

(5) 投入一定的资金，迅速修复和修建各种必不可少的保护设施。

(6) 加大环保宣传力度，增强人们环保意识。

🎥 关键词或概念

旅游资源(tourist resources)

世界遗产(world heritage site)

旅游资源开发(tourism resources development)

旅游地生命周期(tourist destination life cycle)

旅游资源调查(tourism resources survey)

旅游资源评价(evaluation of tourism resources)

简答题

1. 简述旅游资源的概念及特征。
2. 世界遗产的类别有哪些?
3. 旅游资源开发的必要性有哪些?
4. 旅游地生命周期阶段的特点是什么?
5. 旅游资源调查的任务是什么?
6. 旅游资源评价的原则是什么?
7. 旅游资源评价的标准是什么?
8. 旅游资源评价的方法有哪些?
9. 旅游资源开发的原则是什么?
10. 旅游资源开发的内容有哪些?
11. 旅游资源破坏的原因及保护措施有哪些?

第5章 旅游业

本章导读

旅游活动的真正发展实际上是需求和供给两个方面共同作用的结果，旅游业作为旅游活动的供给方，对旅游活动的发展起着重要的支持和促进作用。这意味着，在旅游研究中，除了需要了解和研究旅游需求之外，更需要了解和研究旅游供给方面的情况，也就是为旅游者活动的开展提供便利服务的旅游业。旅游业是旅游活动的中介体，不仅在旅游者与旅游资源之间架起了联系的桥梁，同时又通过旅游业自身的运作和经营，带动着区域经济的发展。目前，旅游业已成为世界上产业规模最大、发展势头最强劲和全球经济产业中最具活力的"朝阳产业"，其持续发展是一种不可逆转的方向。

学习目标

- 掌握旅游业的概念，理解旅游业的性质，熟悉旅游业的构成。
- 掌握旅行社的概念和分类，了解旅行社的作用，理解旅行社开展的业务。
- 了解旅游住宿业的发展历程和类型，掌握饭店的评定标准。
- 了解旅游交通的含义，了解旅游者的主要旅行方式，掌握影响旅游者选择旅行方式的因素。
- 了解旅游景区的概念和特征，理解旅游景点的类型和质量等级划分，理解旅游景点在旅游业中的地位，掌握影响旅游景点经营的基本因素。

5.1 旅游业概述

5.1.1 旅游业的界定

1. 学术界有关旅游业界定的回顾

关于旅游业的界定，有许多不同的观点。近代旅游业的开创者托马斯·库克从经营角度出发，提出旅游业就是"让旅游者获得最大的社会情趣，举办人尽最大责任的事业"。日本学者前田勇在《观光概论》一书中提出："旅游业就是为适应旅游者需要由许多不同的独立的旅游部门开展的多种多样的经营活动。"美国旅游学家唐纳德·兰德伯在《旅游业》一书中提出："旅游业是为国内外旅游者服务的一系列相互关联的行业。旅游关联到旅客、旅行方式、膳宿供给、设施和其他各项事物。它构成一个综合性的概念——随时间和环境不断变化，一个正在形成和正在统一的概念。"我国著名的经济学家于光远认为："旅游业是根据旅游这种生活方式的特点，通过满足旅游者的需要，适应旅游者的心理而取得经济的和宣传本国文化的效益的一种服务行业。"

2. 旅游业的界定依据

实践中，旅游业产生于旅游活动之后，是人类社会经济发展到一定阶段而出现的一种行业，是为适应旅游活动发展的需要，从满足旅游需求出发而形成的一种为旅游者提供各种服务的特殊行业。旅游业是沟通旅游者和旅游资源之间的桥梁和纽带。虽然各类旅游企业所经营的业务和生产的产品存在差异，但它们的主营业务都是通过提供各自的产品和服务去满足同一市场即旅游消费者的需要，基于市场相同这一共性，可以把旅游业界定为：旅游业就是以旅游消费者为服务对象，为其旅游活动的开展创造便利条件，并提供其所需产品和服务的综合性产业。

同其他传统产业界定相比，旅游业的界定有两个特点：一是旅游业的界定是以需求为导向的，而传统产业的界定则以供给为导向；二是旅游业界定标准是基于服务对象的一致，而非相同的产品或业务。

5.1.2 旅游业的构成

由于人们的观察视角不同，对旅游业的构成认识也不同，具有代表性的表述有以下几种。

1. "三大支柱"说

根据对旅游创收来源的研究，人们发现旅游者的大部分消费流向了三个行业，也就是旅游业的创收来自这三个行业，即旅行社行业、旅游交通业和住宿业。因此，这三个行业被普遍看作旅游业的基本构成部分，我国将其并称为旅游业的"三大支柱"。

(1) 旅行社行业是旅游业的集中代表，它将原来分散的、个别进行的旅游活动进一步社会化，把旅游产生地同目的地连接起来，在不同的国家和地区的旅游者与旅游经营者之间架起了一座桥梁，而且把各有关旅游企业联系在一起，创造了一种新的信息传递方式和资源组合方式。因此，旅行社不仅是旅游者与旅游对象的中介体，还在不同旅游企业之间起着联络和协调作用。

(2) 按照传统的产业划分标准，交通运输业是先于旅游业而独立存在的。交通运输泛指人与物体的输送，而旅游交通仅是交通客运中的一部分，在现实中，交通客运不仅承担着运输旅游者的任务，还运输其他旅客，两者很难截然分开。所以在现代旅游学的研究中，旅游交通是指旅游者在旅游目的地的旅游活动地点之间的运输；在现实中，泛指交通客运业。由于统计一个国家或地区的国际旅游收入时一般不包括旅游者从定居地到目的地的国际往返交通费，如果从旅游者一次旅游的全部消费构成来看，交通费用在其中所占的比重也就更大了。据有关部门调查，欧美游客来我国旅游，其交通费用的支出要占其来华旅游全部费用的一半以上。

(3) 住宿业是利用住宿场地和设施设备，以生活服务的方式向需要临时投宿的旅行者提供休息环境与安全保障的接待组织。

2. "五大部门"说

"五大部门"说是国际旅游学界的主流认识，是从一个国家或地区的旅游业发展，特别是从旅游目的地营销的角度来认识的。一个国家或地区的旅游业主要由五大部门组成，包括旅行业务组织部门、住宿接待部门、交通运输部门、游览场所经营部门和目的地各级旅游组织部门。这五大部门存在着共同的工作目标，那就是通过吸引、招徕和接待外来旅游者，促进旅游目的地的经济发展。五大部门之间不可分割，需要做到协同和配合。

需要说明的是，旅游组织并不属于营利性的商业部门，但从旅游目的地营销的现实来看，它在促进其他4个商业性部门的盈利方面起了重要的支持作用，因此旅游组织也被纳为目的地旅游业的构成。

3. 直接旅游企业和间接旅游企业

旅游实践中，旅游企业既为旅游者提供产品与服务，也为非旅游者提供产品与服务。人们根据企业为旅游者提供服务而获得营业收入在其营业收入总额中所占的比重，将旅游企业划分为两类，即直接旅游企业和间接旅游企业。

(1) 直接旅游企业指大部分营业收入来自为旅游者提供服务的企业，也就是没有旅游者的存在便无法生存的企业。这类旅游企业的典型代表是旅行社、航空公司和饭店企业。

(2) 间接旅游企业指营业收入来自为旅游者提供服务的比例不大，旅游者的存在与否并不危及其生存的企业。就一般情况而言，餐馆、租赁汽车公司、礼品商店、娱乐企业及市区景点等都属此类企业。当然，某一具体的企业究竟应归属于直接旅游企业还是间接旅游企业，则要因具体情况确定，一般要取决于该地旅游业的特点以及所分析的地域规模。例如，坐落在旅游热点地区的餐馆，其全部营业收入很可能都是来自接待外来旅游者。在这种情况下，这些餐馆属于直接旅游企业。

5.1.3 旅游业的特点

旅游业同其他传统产业相比，具有下列特点。

1. 综合性

旅游业的经营目的是通过提供旅游产品与服务去满足旅游者的需要，并实现自己获利和发展目标。旅游活动涉及旅游者的食、住、行、游、购、娱多方面的需要，不同类型的企业为旅游者提供产品与服务以满足其需要。这些不同类型的企业分别隶属于相互独立的行业，但为保证旅游活动的进行，它们联系到一起，结成一个集合体，使得旅游业具有了综合性的特点。

认识旅游业综合性特点的意义表现在两方面：一方面，在目的地旅游业中，所有旅游业的构成行业是命运共同体，各行业应相互支持，开展联合营销；另一方面，在目的地旅游业中，各企业所有权分散，不存在自动协调，这就要求旅游目的地管理者有必要实行全行业管理。

2. 关联性

旅游业本身具有较强的关联性，表现为旅游业具有依托性和带动作用。

(1) 旅游业是依托性很强的产业。旅游业发展要以旅游资源为基础，才能吸引旅游者。旅游业的发展又以国民经济总体的发达程度为依托，对接待地而言，其国民经济的发达程度决定了该地旅游业的发展程度，在一定程度上也影响着旅游地的旅游服务质量。

(2) 旅游业具有带动作用。旅游业自身综合发展的同时，也会促进航空、水运、公路、建筑、园林、林业、文化娱乐等各项事业的发展，还会推动生产、生活综合环境的整体提高，促进地区经济的开放和优化投资环境。

3. 敏感脆弱性

旅游业对其内外环境因素变化的影响都极为敏感，比其他经济部门更具敏感性和脆弱性。

(1) 从旅游业的内部环境看，它由多个部门构成，这些部门之间存在一定的关系，它们必须协调发展，其中任何一个部门脱节都会造成整个旅游供给的失调，进而影响旅游业的经济效益和社会效益。

(2) 从旅游业的外部环境看，各种自然的、政治的、经济的和社会的因素都可能对旅游业产生影响，其中有些因素的影响是举足轻重的。例如，自然因素中的地震、恶劣气候、流行疾病；政治因素中的国家关系恶化、政治动乱、政府的政策变化及恐怖活动、战争等；经济因素中的世界经济危机、某些主要客源国经济衰退。一个国家或地区的经济过分依赖旅游业，一旦影响旅游业的某些因素发生巨大波动，后果将不堪设想。

4. 劳动密集的服务性产业

旅游业属于第三产业服务业，旅游业的产品主要是以劳务形式表现的服务，是满足旅游者精神需要的一次旅游经历的"记忆"，因此，从旅游产品总体来看，其价值不是物化于消费品之中，而是表现为活劳动。

作为第三产业中的一员，旅游业具有劳动密集的特点。企业或行业是否属于劳动密集型取决于其工资成本在其全部营业成本和费用中所占比例的高低。由于旅游业的产品是以提供劳务为主的旅游服务，同其他行业相比，营业中消耗性的原材料成本很小，而工资成本在全部营业成本和费用中占据较大比重，所以旅游业具有劳动密集的特点，这是国际上公认的。正因为这样，世界各国都一致把旅游业作为吸纳剩余劳动力的一个重要渠道。

5. 涉外政策性较强

旅游业的这一特点主要反映在国际旅游业务的开展方面，各国旅游业在开展出入境旅游业务方面，都不能违背本国的涉外政策。例如，就我国的情况而言，开展出入境旅游业务时，不仅需要贯彻执行我国的外交政策，还要遵守我国的侨务政策和统战政策。

5.2 旅行社业

从19世纪60年代托马斯·库克创办世界上最早的旅行社开始，旅行社的发展已有160年的历史。旅行社在旅游产业中具有行业特征和代表性，在世界旅游业的发展中扮演重要角色，充当饭店和航空公司等旅游供应商的分销渠道。

5.2.1 旅行社的界定

1. 世界旅游组织关于旅行社的界定

世界旅游组织对旅行社的界定是"零售代理机构向公众提供关于可能的旅行、居住和相关服务，包括服务酬金和条件的信息。旅行组织者或制作批发商或批发商在旅游需求提出前，以组织交通运输、预定不同方式的住宿和提供所有其他服务为旅行和旅居做准备"的行业机构。

2. 我国关于旅行社的界定

在我国的旅游文献中，"旅行社"有时指旅行社行业，有时指旅行社企业。根据2020年11月29日颁布的国务院令第550号《旅行社条例(2020修订版)》总则的规定，旅行社是指"从事招徕、组织、接待旅游者等活动,为旅游者提供相关旅游服务,开展国内旅游业务、入境旅游业务或者出境旅游业务的企业法人"。根据《旅行社条例实施细则(2016年修正版)》总则中的第2条规定,旅游服务的主要内容包括为旅游者安排交通、住宿、餐饮、观光游览和休闲度假等服务;为旅游者提供导游、领队、旅游咨询、旅游活动设计等服务。另外,旅行社还可以接受委托,提供下列旅游服务:接受旅游者的委托,代订交通客票、代订住宿和代办出境、入境、签证手续等;接受机关、事业单位和社会团体的委托,为其差旅、考察、会议、展览等公务活动,代办交通、住宿、餐饮、会务等事务;接受企业委托,为其各类商务活动、奖励旅游等,代办交通、住宿、餐饮、会务、观光游览、休闲度假等事务;其他旅游服务。

所以,根据《旅行社条例(2020修订版)》总则的规定,凡是经营上述旅游业务的营利性企业,不论其所使用的具体名称是旅游公司,还是旅游服务公司、旅行服务公司、旅游咨询公司或其他称谓,都属于旅行社企业。

5.2.2 旅行社的分类

尽管旅行社在不同的国家和地区有多种不同的称谓,但提供与旅行有关的服务是旅行社企业的基本职能,只不过由于各国旅行社业务发展水平和经营环境的不同,世界各国旅行社行业分工的形成机制和具体分工状况存在着较大的差异,这种差异决定了各旅行社企业经营范围的不同,以及分类的不同。

1. 外国对旅行社的分类

这里的外国旅行社主要以欧美地区为代表。欧美国家通常根据旅行社行业的生产业务流程的垂直分工,按旅行社是主营批发业务还是主营零售业务分为旅游批发经营商和旅游零售商两大类。

(1) 旅游批发经营商。旅游批发经营商即主要经营批发业务的旅行社或旅行公司。所谓批发业务,是指旅行社根据市场需求预测,大批量地订购食宿接待企业、旅游景点、交通运输公司等旅游供应企业的产品和服务,然后将这些单项产品组合成为包价旅游线路产品或包价度假产品,最后通过一定的销售渠道向旅游消费者出售。

在欧美国家中,旅游批发经营商的规模一般都比较大,市场集中化程度比较高,因而这类旅行社企业的数量也相对较少。在组团来华旅游的欧美旅行社中,绝大多数都是旅游批发经营商。

(2) 旅游零售商。旅游零售商泛指所有主要经营零售业务的旅行社以及其他各种形式的旅游零售代理机构。传统上以旅行代理商为典型代表,但目前,通过互联网从事代理预订业务的在线旅游公司也已被纳入旅游零售商的范畴。一般地讲,旅行代理商的角色是代表顾客向旅游批发商及各有关行、宿、食、游、娱等方面的旅游供应商购买其产品;反之，也可以说旅行代理商的业务是代理上述旅游供应商向消费大众出售其各自的产品。

旅行代理商的具体业务包括以下几项：①为消费者提供各种旅游咨询服务；②代客预订(交通、食宿及游览和娱乐门票等)；③代办旅行证件；④陈列并散发有关旅游供应商的旅游宣传品；⑤向有关旅游企业反映顾客意见。

旅行代理商的代理预订服务通常不向消费者收取费用，他们的收入来自受代理旅游企业所支付的销售佣金。销售佣金的具体标准是由双方事先商定的，一般而言，佣金率为10%。

旅行代理商多为小型企业，由业主自任经理。但并非所有的旅行代理商都是小型企业，随着集团化经营的发展，一些规模较大的旅游零售公司也已发展起来，并占据了相当大的市场份额。然而，随着科学技术的发展，特别是以因特网为代表的信息技术在旅游业中的应用和普及，许多旅游零售商增强了自己直接销售的力量，加之它们不愿再因向旅行代理商支付佣金而削弱自己的产品在价格方面的竞争力，所有这些都给旅行代理商带来了一定的威胁。

2. 我国对旅行社的分类

1996年以前，我国的旅行社企业曾划分为三类，即第一类旅行社(经营范围是对外招徕和接待境外游客来大陆旅游)、第二类旅行社(经营范围是接待由第一类旅行社和其他涉外部门组织来华的境外游客)、第三类旅行社(只能经营国内旅游业务)。1996年颁布的《旅行社管理条例》对我国旅行社的分类作了调整，将旅行社划分为两类，一类是国际旅行社，另一类是国内旅行社。

在2009年颁布的《旅行社条例》以及2020年颁布的修订版《旅行社条例》中，依据第二章旅行社的设立的规定，我国将旅行社规范为两大类，一类是经营国内旅游业务和入境旅游业务的旅行社；一类是经营国内旅游业务、入境旅游业务和出境旅游业务的旅行社。

(1) 经营国内旅游业务和入境旅游业务的旅行社。根据《旅行社条例实施细则》(2016版)第三条规定，国内旅游业务是指旅行社招徕、组织和接待中国内地居民在境内旅游的业务；入境旅游业务是指旅行社招徕、组织、接待外国旅游者来我国旅游，香港特别行政区、澳门特别行政区旅游者来内地旅游，台湾地区居民来大陆旅游，以及招徕、组织、接待在中国内地的外国人，在内地的香港特别行政区、澳门特别行政区居民和在大陆的台湾地区居民在境内旅游的业务。

(2) 经营国内旅游业务、入境旅游业务和出境旅游业务的旅行社。这种类型的旅行社除了可经营前一类旅行社的所有旅游业务之外，还有权经营出境旅游业务。因此，这种类型的旅行社亦可简称为"具备出境旅游业务经营权的旅行社"。

按照《旅行社条例实施细则》(2016版)第三条规定，出境旅游业务是指旅行社招徕、组织、接待中国内地居民出国旅游，赴香港特别行政区、澳门特别行政区和台湾地区旅游，以及招徕、组织、接待在中国内地的外国人、在内地的香港特别行政区、澳门特别行政区居民和在大陆的台湾地区居民出境旅游的业务。

第二类旅行社与第一类旅游社相比，在业务内容方面不同之处在于，可经营出境旅游业务，可接受旅游者委托代办出入境签证手续，除此之外，两类旅行社在业务上没有差别。

《旅行社条例》(2020修订版)第三章指出，"外商投资旅行社"作为上述分类中的一个亚类，其中包括中外合资经营旅行社、中外合作经营旅行社和外资旅行社，并且还规定，外商投资旅行社不得经营中国内地居民出国旅游业务以及赴香港特别行政区、澳门特别行政区和台湾地区旅游的业务，但是国务院决定或者我国签署的自由贸易协定和内地与中国香港、澳门关于建立更紧密经贸关系的安排另有规定的除外。

5.2.3 旅行社在旅游业中的作用

(1) 旅行社是旅游业产生的标志，也是旅游业的重要构成部分。在旅游业中，旅行社发挥着龙头作用、神经中枢作用。

(2) 旅行社作为旅游业的中间商，在旅游业中起着桥梁和纽带作用。这种桥梁的作用表现在以下两点。

从旅游者需求角度看，旅行社是旅游者达成出游目的的中介，是旅游活动的组织者。旅行社负责安排旅游者外出的活动日程并解决可能遇到的问题，旅游者开展旅游活动需要的各旅游企业之间的服务衔接也有赖于旅行社的协调。

从旅游目的地供给角度看，旅行社是目的地旅游产品重要的销售渠道。旅行社可以将目的地的旅游产品组合，整体销售，获取价格优势。

(3) 旅行社在旅游业中发挥前哨与先锋作用。旅行社直接与旅游者接触，可以最先了解旅游者的需求变化，得知旅游者消费后的反映，这些信息对于改善旅游目的地的旅游供给和指导旅游产品开发，都有至关重要的作用。正是由于旅行社在了解需求及指导供给方面的重要作用，才决定了旅行社是旅游业的前锋。

5.2.4 旅行社的基本业务

根据旅游者的组织形式不同，旅行社的基本业务可以分为组织接待团体包价旅游和接待安排散客旅游两大方面。

1. 组织接待团体包价旅游

自20世纪60年代大众旅游兴起以来，团体包价旅游迅速发展和普及。按照国际上旅游业的通行惯例，所谓团体，一般是指同行人数至少15人的旅游团。我国的现行惯例是同行人数达到10人或以上的顾客，都可享受团体待遇。目前，我国旅行社接待的国际入境旅游以及所组织的我国居民出境旅游，大多数所采用的旅游形式是团体包价旅游。包价旅游，即我国旅行社通常所称的全包价旅游，也就是综合包价旅游。综合包价旅游是一种由旅行社经过事先计划、组织和编排活动项目，向旅游消费者推出的包揽全程服务工作的一种旅游产品，其中规定旅游全程的活动日程、所访问的目的地、交通、住宿、餐饮、游览的具体地点以及各服务项目的规格等级，并以总价格的形式一次性收取全程费用。

随着市场需求的变化，包价旅游有了很多新的发展。就包价的内容方面而言，并非所有的包价旅游产品都将旅游中的食、宿、行、游等方面的服务内容全部包括在内。例如，有的包价旅游产品中只包交通服务和食宿服务，有的只包每日饮食中的一餐等，这就是小包价旅游。目前，典型的小包价旅游的服务项目有以下几个：①在目的地的住宿；②在目的地期间的早餐；③出发地与目的地之间的往返交通。旅游者也可以根据自己的时间、兴趣和经济能力自由选择导游、风味餐、节目欣赏和参观游览等项目。

2. 接待安排散客旅游

所谓散客，是相对于团体而言的。按照国际上旅游行业的现行惯例，散客主要是指个人、家庭及同行人数15人以下自行结伴外出旅游的游客。在我国旅游业中，散客通常是指独自旅游的个人以及同行人数为9人以下自行结伴旅游的游客。

散客一般只委托旅行社购买单项旅游产品或旅游线路产品中的某些项目。例如要求提供交通食宿安排，而不需要其他服务等。也有些散客委托旅行社专门为其组织一套全程服务安排。例如，有的散客根据自己的意愿和兴趣，提出旅游线路、活动项目及食宿交通的方式和等级，要求旅行社据此协助安排线路和服务。因而，旅行社需要根据各个服务项目供给者的报价分别收费，散客旅游的费用比相同日程的团体旅游费用高很多。

由于散客旅游活动比较自由，内容上的选择自由也比较大，能够满足旅游者的个性化需求，散客旅游呈现一种逐渐增长的趋势。对于旅游目的地而言，散客旅游者的接待量是其旅游供给成熟程度的重要标志，因为散客数量的增长通常要求该旅游目的地的接待条件更加完备和便利。

目前，我国旅行社针对散客旅游者开展的业务主要是散客成团业务与委托代办业务。散客成团业务指目的地旅行社把来自不同客源地的散客临时组合成团，组织他们前往某地开展旅游活动，到达旅游地后，参团散客旅游者在规定的时间内自由活动，然后重新集合返回出发地，因而散客成团在活动开展上具有较强的自主性。

委托代办业务主要包括两类：一类是当地单项委托。旅行社接受散客提出的有关预订房间、租车、翻译导游服务等单项服务项目的委托；一类是联程委托。这类联程委托业务的服务对象主要是入境旅游者，包括两种服务内容：一种是国内联程委托，也称当地联程委托；另一种是国际联程委托。国内联程委托指入境口岸城市的某旅行社接受入境旅游者的委托，按照其提出的旅游日程，为其安排抵离沿途各地的接送服务；国际联程委托指旅行社根据境外旅游者的委托，为其安排来访期间所要求的各项旅游服务，包括翻译导游、预订饭店、预订租车、代办前往其他国家或地区的旅游签证、代订机票车票，以及机场、车站或码头的抵离接送等服务项目。

5.2.5 旅行社业的发展

我国旅行社业发展受到市场环境、技术环境、政府的行业规制等方面的影响，只有找出这些因素对旅行社业未来发展的影响程度，才能预测出我国旅行社业发展的主要趋势。

1. 影响我国旅行社业未来发展的主要因素

(1) 旅游需求的变化和自助旅游形式增多对旅行社业的影响。旅游需求的变化会对旅行社业产生最直接的影响。我国旅游业发展早期的客源主要是对古老中国文化和东方文明向往的国外旅游者，所以旅行社的产品以文化观光为主体。随着国内旅游和出境旅游的发展，旅行社的主体客源发生了变化，旅游者的需求也不断丰富和多样化。同时，从旅游形式上来看，随着个性化、消费化时代的来临，以散客旅游和家庭旅游为主的自助旅游形式越来越多。就我国而言，国际旅游中长期保持团队30%、散客70%的比例。

(2) 网络技术对旅行社业的影响。以往，由于目的地与客源地之间的诸多差异，旅游者对目的地缺乏了解，只能向旅行社求助并获得相关信息。随着网络的普及，网络信息非常丰富，旅游者完全可以通过网络信息了解更多、更生动的目的地情况，根据自己的兴趣设计适合自己的旅游产品，无须通过旅行社的中介服务也可以通过网络直接预订机票和住宿等服务项目。特别是许多专业旅游网站针对散客需求设计的旅游服务项目，使游客摆脱了对旅行社的依赖，从而对旅行社的业务带来很大的冲击。

网络技术在给游客带来方便的同时，也对旅行社的经营起到了促进的作用，例如国际互联网为我国旅行社业提供了非常好的市场营销平台。我国旅行社不再以参展的形式出现在国际市场营销中，而是通过互联网直接向计算机普及和互联网程度较高的发达国家进行宣传和推广我国的旅游形象和旅游产品，不但节约成本，而且使信息直接延伸到目标顾客，使潜在旅游者随时了解到我国最新的旅游行业情况。同时，旅行社也可以通过互联网了解国际、国内旅游行业的最新动态，设计特色产品来树立企业形象。旅行社通过电子商务开展各种旅游服务，为消费者提供便利的同时，也扩大了自己的业务领域和范围。

(3) 外资旅行社对中国旅行社业的影响。随着设立中外合资旅行社和外商独资旅行社的条件开放，大型外资旅行社进入中国市场的渠道拓宽，方式增多，这将促进外资旅行社对中国市场的拓展，有利于国际客源总量和旅游业综合效益的提高。这些外资旅行社来自我国国际入境游客的客源国，在旅游市场上的销售渠道比较短，具有交易费较低的优势，与中国旅行社相比，更容易占用旅游市场，对中国旅行社保持在境外市场上的份额造成致命的威胁。

(4) 市场竞争的变革对旅行社业的影响。首先，旅游产品的质量和价格相关。不同的消费者对旅游产品的要求是不同的,所以在旅游产品上不能一味地以低质低价为主,既要有低质低价的产品,也要有高质高价的产品,即针对不同质量设计不同的费用。这样做,将进一步推动旅行社企业在市场里的细致化分工,而随着市场竞争的规范化和有序化,这种分工最终会达到一个新的竞争秩序。其次,旅行社集团化竞争是一个必然的态势,许多大型旅行社通过收购、控股等手段走向集团化发展,特别是和网络化相结合形成的旅行社集团,将在竞争中赢得优势。最后,海外旅行社通过国内分段委托,把经营业务延伸到国内,然而随着外资旅行社的进入,原来海外的竞争直接进入国内,国际竞争国内化的趋势,这对我国旅行社行业产生全面冲击。

2. 我国旅行社业的发展趋势

(1) 旅行社业积极向垂直分工体系的方向演化。转向垂直分工体系已成为旅行社业摆脱经营困境、走上健康发展道路的趋势和潮流。我国旅行社业要想与国际大集团抗衡,就必须构建一个以少数大集团为塔尖,一批中型专业化旅行社居中,绝大多数的小旅行社为塔基的金字塔型结构,即依靠大集团的资金、品牌、规模、特许权等优势在市场竞争中起主导作用;利用中型专业化旅行社针对市场竞争开发专业化的产品;利用小旅行社做大集团的网络销售点,使市场区域稳定,形成真正的竞争力量。

(2) 传统旅行社与在线旅游代理商在信息时代的竞争与合作。在网络化的冲击下,在线旅游代理商给传统旅行社的经营带来很大的冲击。传统旅行社开始积极研究探索如何利用网络等高新技术拓展业务,增强企业的影响力和拓宽市场覆盖面。在同样的背景下,传统的旅行社与基于信息技术的新兴旅游代理商之间展开了激烈的市场竞争。一些旅行社充分捕捉到信息技术当中的机遇,他们通过设立电子商务网站,整合自身旅游资源,赢得了更大的发展机会。同时,一些线上旅游代理公司通过收购和门店加盟的模式,整合线下资源。例如2016年携程宣布战略投资旅游百事通,加速线下资源整合。2019年3月,携程宣布在现有1700家门店的基础上以加盟模式,新增1300多家。途牛旅游网采取自营模式、驴妈妈旅游网采取加盟模式不断加大线下门店的数量,未来线下与线上旅行社融合发展将是旅行社发展的新征程。

(3) 旅行社经营品牌化。旅行社经营的产品在很大程度上是信息性的产品,旅行社在市场上树立形象的主要途径就是建立优秀的企业品牌。很多旅行社开始通过优质的服务和产品质量建立企业品牌,让消费者认同这个企业和企业的品牌,充分信任这个企业的服务。在旅行社建立品牌的过程中,文化内涵建设尤其重要。旅行社在文化建设时,必须形成旅行社统一的标识、统一的装修、统一的品牌、统一的服装、统一的企业精神和理念;在旅行社的服务中要体现企业的个性特点,以及对导游的讲解水平提出高要求等。只有旅行社树立品牌及文化性竞争意识,共同形成企业整体性,才能促成经营的品牌化。

(4) 旅行社业与其他行业的融合。推动民航业与旅行社业高度融合的重要因素是中国公民旅游市场的开放与规模的增长。许多航空公司与旅行社进行合作,推出超低价的旅游机票，来保证自己的商业利益。在民航公司不断延伸其在旅行代理和旅游服务产业链条的同时，一些传统的大型旅行社也将逐渐向航空业渗透，在产业关系中争取更有利的谈判地位，以最大限度地降低自己的运营成本。

中国旅行社业在很大范围内主动与金融业进行沟通，并尝试着联合研发新品投放市场。例如，携程旅游网和招商银行专门针对商务旅游市场联手打造"携程旅游信用卡"，该卡集成了全球酒店、机票、度假产品预订、金融支付与信用保证和信用卡的其他附加服务功能。它的发行既标志着招商银行信用卡业务向旅游业的渗透和拓展，同时也表明了携程旅游网在旅行信用体系的建立方面做出的积极尝试。除了银行业，保险业也尝试与旅游业融合，创新自己的金融产品，并形成旅游活动所必需的各种旅游险，如游客意外伤害保险、旅游救援保险等。总之，以银行(信用卡)、保险(旅行救援卡)为代表的金融业与旅行社的结合，一方面促进了旅游产品的创新，另一方面极大地推动了新型产业形态创新。未来旅行社行业将会与更多的相关行业融合发展。

5.3 住宿业与饭店

住宿业由各种经营住宿服务的企业构成，是指为消费者提供住宿、餐饮及多种综合服务的行业统称。在我国旅游业中，宾馆、饭店、酒店、旅馆都等同于国际上通用的"hotel"。我国在正式文件中规范使用的统称是"饭店"，虽然饭店只是住宿业中的典型代表，但是饭店在住宿业中主力军角色日益增强，因此，一般将饭店业与住宿业作为同义语使用。

5.3.1 住宿业的起源和发展

住宿业是从中国的驿馆、中东的商队客店、古罗马的棚舍、欧洲的路边旅馆及美国的马车客栈演变而来的。近代工业革命以及旅游活动的发展，进一步刺激了住宿业的发展。从住宿业的发展历史看，住宿业的发展经历了小客栈时期、大饭店时期、商业饭店时期和现代新型饭店时期4个阶段。

1. 小客栈时期(19世纪中叶以前)

19世纪中叶以前，大多数外出旅行活动主要以经商、贸易或宗教为目的，并且主要是国内的陆路旅行。这个时期旅行活动的参加者人数相对很少，旅行方式大多是徒步或乘马车。由于当时人员流动的规模很小，加之当时交通运输工具的运力有限，当时住宿市场的需求规模很小，分布于主要道路沿线及城镇中的小客栈或小客店，一直都是这一时期主要类型的住宿接待设施，人们称这一时期为住宿业的小客栈时期。

这一时期的客栈具有以下特点：一般规模都很小，建筑简单，设备简易，价格低廉；提供简单食宿、休息场所或车马等交通工具；当时的这些住所，只是个歇脚之处，很多过路人同住，与店主同吃，无其他服务而言；以官办为主，也有部分民间经营的小店，即客栈是家庭住宅的一部分，家庭成员是客栈的拥有者和经营者，没有其他专门从事客栈管理的人员。

2. 大饭店时期(19世纪50年代至20世纪初)

随着资本主义经济和旅游业的产生和发展，旅游开始成为一种经济活动，专为上层统治阶级服务的豪华饭店应运而生。这些以"饭店"命名的住宿设施，无论是外部建筑还是内部装修，无论是摆设还是各类服务，都是王公贵族生活方式商业化的结果。饭店与其说是为了向旅游者提供食宿，不如说是为了向他们提供奢侈的享受。所以人们称这段时期为住宿业的大饭店时期(又叫豪华饭店时期)。

这一时期的大饭店具有以下特点：规模宏大，建筑与设施豪华，装饰讲究；供应精美的食物，布置最高档的家具摆设，许多豪华饭店还成为世界建筑艺术的珍品。饭店内部分工协作明确，对服务工作和服务人员要求十分严格，讲究服务质量；饭店内部出现了专门管理机构，促进了饭店管理及其理论的发展。豪华饭店是新的富裕阶级生活方式和社交活动商业化的结果。

3. 商业饭店时期(20世纪初至50年代初)

19世纪末，资本主义的发展逐渐对住宿业产生了影响。商业活动在全球范围内频繁地进行，旅游活动也在迅速发展。随着旅行和旅游市场的规模扩大和需求层次的变化，简陋的客栈和豪华的饭店都难以满足当时日益增加的旅游者，尤其是以商贸为主的旅游者的要求，商业饭店便应运而生了。

这个时期的饭店在经营管理上表现出新的特点：一是不再一味追求豪华，经营方向开始以顾客为中心，讲求饭店的实用性、舒适性和服务质量；二是实现低价格，注意削减投资额，节约管理费用；三是饭店管理规范化，饭店业成了一个重要的产业部门，饭店管理正式成为管理学的一个重要的独立分支。

4. 现代新型饭店时期(20世纪50年代以后)

20世纪中叶以后，伴随着交通运输技术的发展，汽车成为人们中短程外出时的主要出行方式，飞机则成为人们远程旅行的主要交通工具，这些情况推动了旅游市场规模的扩大以及大众旅游局面的形成，特别是绝大多数现代旅游活动的参加者都属消遣型旅游者，住宿市场需求随之呈现多样化的发展趋势。这一时期，虽然饭店依然在住宿业中扮演主力角色，但一些新型的住宿接待设施，如汽车旅馆、家庭旅馆、度假村、度假营地以及各种自助式的住宿接待设施也在世界各地涌现，并形成竞争。为了巩固地位，饭店不再仅仅是为外出的人提供商业性住宿接待服务的场所，其功能的拓展和服务项目的增多使其日益成为当地社会的重要社交中心。饭店设施的设计、建造、装修、经营和管理日益成为专业化的活动，饭店的数量增多，规模也有了新的发展和扩大。饭店成为当今住宿业中的最具代表性的中坚力量。

现代新型饭店呈现以下特点：第一，对象接待更加大众化。第二次世界大战后，饭店业的接待对象已不再局限于商务旅游者，日益增加的消遣旅游者成为饭店业的一大客源市场。第二，饭店服务多功能化。为了适应现代旅游者的需要，饭店经营向多功能个性化方向发展。除了基本的食、宿功能以外，饭店还为客人提供问讯服务、外币兑换服务、洗衣服务、房餐服务、托婴服务、健身服务、保安服务等。此外，有的饭店还为客人提供游泳池、高尔夫球场、会议室、展览厅等服务设施。同时，饭店不仅为外来旅游者服务，也成为当地政治、经济、社会文化活动的重要场所。第三，饭店类型多样化。为了满足不同客源市场的需要，这一时期的饭店业开始多样化发展，如会议饭店、公寓式饭店、度假性饭店、汽车旅馆等各种特色饭店的出现。第四，饭店经营管理集团化。随着酒店竞争的不断加剧，饭店日益走上联营化的道路，连锁饭店的规模越来越大。

从对住宿业发展历程的简述中，可以得到结论，在当今的饭店业中，很多的饭店已不再仅提供住宿接待设施，而是已经发展成为一种以提供全方位的服务为特点的专业化和现代化的综合服务接待企业。

5.3.2 饭店的分类

饭店类型很多，目前，饭店类型的划分没有统一的标准，可根据不同的依据来划分。

(1) 根据饭店的主要业务或主要接待对象的访问目的，可将饭店分为商务饭店、会议型饭店、度假型饭店等，这是当前较为普遍的分类方法。

① 商务饭店也称暂住型饭店。此类饭店多位于城区，靠近商业中心，以接待商务旅行者为主。商务型饭店不但讲求外观，内部设施也必须富丽堂皇，不仅客房、餐厅要有较高水平，各类服务设施，特别是商务所需的设备设施亦须一应俱全，如国际直拨电话、电传、传真、洽谈室、会议室、商务中心、秘书服务等。

② 会议型饭店的主要接待对象是各种会议团体。会议型饭店一般设在大都市和政治、经济中心，或交通方便的游览胜地，要求每一楼面均设置一个或多个会议厅或大的多功能厅，可根据需要用作会议厅或宴会厅，有的饭店还设展览厅。会议型饭店除应具备相应的住宿和餐饮设施外，还必须配备会议设备，如投影仪、录放像设备、扩音设备、先进的通讯、视听设备，接待国际会议的饭店还要求具备同声传译装置。会议型饭店一般都配备工作人员帮助会议组织者协调和组织会议各项事务，要求饭店具有高效率的接待人员。

③ 度假型饭店传统上以接待游乐、度假的宾客为主。此类饭店多位于海滨、山区、

温泉、海岛、森林等地,开辟各种娱乐体育项目如滑雪、骑马、狩猎、垂钓、划船、潜水、冲浪、高尔夫球、网球等活动来吸引游客。因此,这类活动的质量往往是一个度假型饭店成功的关键。疗养型饭店亦属此类。

(2) 根据饭店的坐落地点,可将饭店分为城市饭店、度假地饭店、海滨饭店等。

(3) 根据不同交通工具或交通设施的关系,可将饭店划分为汽车饭店、铁路饭店、机场饭店、港口饭店等。

(4) 根据饭店的规模,可将饭店划分为大型饭店(客房500间以上)、中型饭店(客房300~600间)、小型饭店(客房300间以下),这是以客房数量进行划分。

(5) 根据饭店企业的经济类型,可将饭店划分为国有饭店、民营饭店、外资饭店、合资饭店。

(6) 根据饭店的档次或等级,可将饭店划分为高档饭店、中档饭店、低档饭店。

(7) 根据饭店的经营管理方式,可将饭店划分为独立饭店和连锁饭店。

5.3.3 饭店的等级及其评定工作

1. 饭店等级的划分与评定相关知识

由于各国国情不同,现今世界各地对酒店的评级都是独立的评级制度,有的国家实行的是由政府部门制定的饭店等级标准,比如中国、土耳其、意大利、英国等;有的国家实行的是由行业协会制定的饭店等级标准,比如奥地利、瑞士、法国、德国等诸多欧盟国家;还有第三方组织评审、权威媒体评审等。

目前饭店行业内比较公认的第三方组织评审标准是全球权威酒店信息统计机构STR Global的《术语汇编》中提出的奢华(luxury)酒店、超高端(upper upscale)酒店、高端(upscale)酒店、中端偏上(upper mid-scale)酒店、中端(mid-scale)酒店和经济型(economy/budget)酒店6个等级。北美洲的美国、加拿大、墨西哥和加勒比海地区采用美国汽车协会制定的AAA钻石评级系统。该系统从服务、设施和装修三方面考量,将酒店分为5个等级。AAA钻石评级系统非常注重饭店的服务,经常会有"mystery guest"考察酒店的服务。欧洲的瑞士、瑞典、德国、荷兰、拉脱维亚、立陶宛、匈牙利、爱沙尼亚、捷克、奥地利和卢森堡采用欧洲酒店星级联盟(European HotelStars Union)制定的酒店评级系统。该评级系统是以德国标准为蓝本,从饭店的建筑/客房、家具/设备、服务、娱乐设施、室内会议设施等方面进行考量,共270项指标,其中服务方面占了67个指标。法国的酒店评级系统的制定机构是国家旅游局,以客房大小及数量、客房设施设备等为评价指标,将酒店划分成5个等级,并于2011年增设了比五星级更高等级的宫殿级。法国的酒店评级系统的一个显著特点是,采用的指标都是可以量化的。英国的酒店评级系统也是国家旅游局制定的，从服务、设施两方面考量，将酒店划分为1~5星。

国际上，在评定一个饭店的等级时，一般从其硬件(设施设备)、软件(服务和管理)以及顾客满意程度等多方面综合考核与评定，主要关注饭店的建筑、客房面积、设施设备条件、管理水平、服务项目和服务质量等，具体包括以下几方面内容：①设施、设备的技术品质和健全程度；②服务项目设置的完善程度和提供服务的水平与质量；③顾客的满意率和满意程度；④社会印象。

同时，饭店星级评定工作应遵循一定的实施原则，以便更好、更准确地进行星级评定工作，一般包括以下几方面内容：①参评饭店必须有一年以上的营业历史；②饭店等级的高低不受规模大小的限制；③评定后的等级并非永久不变，根据饭店日后的实际表现，其等级可升可降。

2. 我国饭店的等级划分及评定

我国的饭店星级评定工作始于1988年，主要由各级旅游饭店星级评定机构负责。现行的工作是依据国家标准化委员会于2010年10月18日颁布的《旅游饭店星级的划分与评定》(GB/T 14308—2010)。该标准从酒店的建筑、装饰、设施设备、管理、服务5个方面，将饭店由低到高分为一星级、二星级、三星级、四星级和五星级(含白金五星级)，以星号(★)作为标识。2007年8月16日，北京中国大饭店、上海波特曼丽思卡尔顿酒店、广州花园酒店三家饭店成为我国首批"白金五星级饭店"。

2010年，国家旅游局(现为文化和旅游部门)对新的评定标准进行了修订，主要表现在以下几个方面。

(1) 更加注重饭店核心产品，弱化配套设施。

(2) 一星级、二星级、三星级饭店是有限服务饭店，评定星级时应对饭店住宿产品进行重点评价；四星级和五星级(含白金五星级)饭店是完全服务饭店，评定星级时应对饭店产品进行全面评价。

(3) 突出绿色环保的要求，倡导绿色设计、清洁生产、节能减排、绿色消费的理念。

(4) 强化安全管理要求，星级饭店应增强突发事件应急处置能力，将应急预案列入各星级的必备条件。评定星级后，如饭店营运中发生重大安全责任事故，所属星级将被立即取消，相应星级标志不能继续使用。

(5) 增加例外条款，引导特色经营。对于以住宿为主营业务，建筑与装修风格独特，拥有独特客户群体，管理和服务特色鲜明，且业内知名度较高旅游饭店的星级评定，可参照五星级的要求。

(6) 饭店开业一年后可申请评定星级，经相应星级评定机构评定后，星级标志有效期由原来的5年更改为3年。3年期满后应进行重新评定。

(7) 评定星级时不应因为某一区域所有权或经营权的分离，或因为建筑物的分隔而区别对待，饭店内所有区域应达到同一星级的质量标准和管理要求。

为了便于国际来访者在选择饭店时进行比较，不采用星号标定饭店等级的国家在将本国饭店与国际上的饭店进行对比时，也往往附带说明本国饭店大致相当于国际上的几星级饭店。例如，中国饭店协会发布的《2018中国酒店连锁发展与投资报告》中，将STR Global的等级标准与《旅游饭店星级的划分与评定》(GB/T 14308—2010)的等级标准大致进行了对应，高端以上为五星级，高端和中端偏上为四星级，中端为三星级，经济型为二星级及以下。

5.3.4 饭店在旅游业中的地位和作用

饭店是旅游业三大支柱之一，是旅游综合接待能力的重要构成因素，其发展水平一定程度上体现了旅游业发展水平，在旅游业中有着重要的地位和作用。

1. 饭店是向旅游者提供服务的基地

旅游者外出到异地旅游时，需要一定的设施和服务以解决食宿等问题，饭店是满足这些需求的场所。旅游者将饭店当作临时的家，饭店应尽可能满足客人的各方面要求，提供综合性的服务。现代人对旅游消费的要求日益提高，对饭店业的服务也提出了更高的要求。旅游者不仅需要饭店提供良好的休息场所，也希望得到必要的物质供应和娱乐服务，甚至希望得到比家里更舒适的享受。

2. 饭店是创造旅游收入的重要渠道

饭店收入是旅游收入的重要组成部分。在旅游者的消费构成中，吃和住两项消费在旅游总消费中占有较大比例。另外，饭店为客人提供综合性的服务和齐全的设施设备以及各种商品，引导和扩大了旅游者的购买行为，使得饭店所创造的旅游收入在旅游业中所占的比例日益增大。

3. 饭店是就业机会的重要提供者

饭店业是服务性行业，需要大量的服务人员，不仅能提供大量直接就业机会，还能为与之相关的行业提供更多的间接就业机会。因此，饭店的兴旺发展，有助于解决当地就业问题，有利于人才的利用，有利于社会的安定。

4. 饭店是人们社交的重要场所

饭店是一个地区或城市对外交往、洽谈业务、举行会议、开展文娱活动及社交活动的重要场所，是当地的社交中心。饭店的功能不断扩大，不仅仅满足纯粹旅游者的要求，还能满足商务客人和当地居民的要求。饭店为各方面的公众提供了商务、会议、娱乐、休憩、疗养、康乐的多样化公共空间，成为社会交往的重要场所。

5. 饭店发展水平影响着当地旅游形象

许多饭店在建筑、造型、服务等方面具有独特的风格，本身就是一种旅游吸引物，可以促进旅游业的发展。另外，饭店的发展水平标志着当地旅游业的发展水平，不仅影响着旅游者的旅游经历，同时还影响旅游者对一个城市、一个地区乃至一个国家的总体印象及评价。

5.3.5 现代饭店的发展趋势

1. 服务多样化

随着社会发展，顾客需求呈现多元化发展趋势，要求饭店服务多样化。除了完成基本的食宿功能以外，还必须根据旅游者的需要增加其他服务功能，包括购物、娱乐、通信、会议以及康乐服务等功能。依据2010年10月18日颁布的《旅游饭店星级的划分与评定》(GB/T 14308—2010)规定，三星级饭店是有限服务饭店，要求至少提供11项服务，四星级饭店和五星级饭店是完全服务饭店，要求提供综合服务，四星级饭店在前厅、客房、餐厅吧室、厨房、会议、康乐、公共区域等方面提供至少66项服务，5星级饭店则至少提供69项服务。未来随着顾客需求的不断提高，服务形式的多样化将是必然的发展趋势。

2. 设备设施现代化

服务形式的多元化，必然要求设备设施现代化，这是现代社会发展的必然结果，也是现代饭店竞争的现实要求。信息技术、录音、会议、通信等现代化设施将进一步提高现代住宿业的服务质量和水平。阿里巴巴、腾讯、携程等互联网科技公司利用自有人工智能技术、大数据等技术优势，跨界智慧酒店领域，提升酒店服务能力和运营效率。例如，2019年11月8日，腾讯与香格里拉集团签署了战略协议，双方将以高端"智慧酒店"为起点，逐步推动集团层面的深入合作。香格里拉利用腾讯先进的云技术、大数据、人工智能技术以及社交和支付工具，通过"智慧酒店"解决方案对酒店传统的服务和运营模式进行数字化和智能化升级，为客人带来更加便捷和个性化的体验。

2021年12月，锦江酒店集团旗下的锦江都城酒店与云迹科技合作，联合举办"锦江都城数智化新范式，领潮住客住中体验"新升级活动，这是锦江都城酒店为住客和投资人服务赋能数字化、建设智慧酒店的成果之一。现代化设施设备的智慧酒店作为技术进步的产物是酒店行业提升竞争力的源泉之一，且有望成为未来新趋势。

3. 集团化经营

在全球饭店业规模不断扩大的同时，饭店业中的集中化程度也明显发展，所谓集中化程度就是指饭店企业的平均规模。企业平均规模越大，集中化程度也就越高，而集中化程度越高，则意味着竞争者数目越少，企业要了解其竞争对手也就越容易。衡量集中化程度的指标是集中率，通常用一个产业或行业中一批最大的企业所占有的市场份额表示。在饭店业中，人们则通常以大型饭店公司所拥有的客房数或床位数在饭店业中所占的比率来表示。饭店业的集中化以及由此而带来的集团化经营这一发展趋势的出现正是全球饭店业激烈竞争的必然产物。

《HOTELS》是国际酒店与餐厅协会会刊，是全球酒店业最关注的杂志之一。《HOTELS》杂志的年度排名，是业内最权威的酒店排名体系。2021年8月，《HOTELS》杂志公布2020年"全球酒店225"排行榜(HOTELS 225)。2021年入选榜单的酒店集团的客房数量门槛为7 000间，相较于前些年的4 000间提高了标准，因此榜单名称也从往年的"325强"改为了目前的"225强"，其中包括200家酒店集团和25家酒店营销集团(Consortia)。据估算，这些名单中的饭店集团大约占据了全球饭店业国际客源市场的90%。根据这个榜单：万豪集团的霸主地位依然稳固，凭借超过142万间客房，排名全球第一；锦江集团以超过113万间客房，排名世界第二；希尔顿集团客房数量突破了100万间，回到第三名；洲际、温德姆和雅高分别排在第四位、第五位和第六位。2020年全球酒店集团前20位的排名情况见表5-1所示。

表5-1 世界排名前20位的饭店连锁公司

排名	酒店名称	总部所在地	房间数	酒店数
1	万豪国际	美国	1 423 044	7642
2	锦江国际集团	中国上海	1 132 911	10 695
3	希尔顿	美国	1 019 287	6478
4	洲际酒店集团	美国	886 036	5964
5	温德姆酒店集团	美国	795 909	8941
6	雅高酒店集团	法国	753 000	5100
7/8	华住酒店集团	中国上海	652 162	6789
9	精选国际酒店集团	美国	599 977	7147
10	北京首旅如家酒店集团	中国北京	432 453	4895
11	贝斯特韦斯特国际酒店集团	美国	363 989	4033
12	格林酒店集团	中国上海	315 335	4340
13	东呈国际集团	中国广州	254 774	3025
14	尚美生活集团	中国青岛	250 000	5000
15	凯悦酒店集团	美国	238 435	982
16	爱姆布瑞吉	美国	219 310	1550
17	G6 Hospitality	美国	118 205	1385
18	开元酒店集团	中国杭州	109 365	598

(续表)

排名	酒店名称	总部所在地	房间数	酒店数
19	APA Group	日本	102 159	662
20	韦斯特蒙特酒店集团	美国	86 459	736

注：榜单将华住以其曾用英文名China Lodging Group和现用英文名Huazhu Group分别排列了第七和第八的名次，而这两个名次所对应的酒店数量和客房数量一样。

资料来源：迈点网.《HOTELS》2020年度全球酒店集团榜单[EB/OL]. (2013-08-21)[2022-2-12]. https://www.meadin.com/yj/231670.html.

综观世界饭店集团的发展现状，基本上可将饭店集团划分为饭店连锁集团(Hotel Chains)和饭店合作集团(Hotel Consortia)两大类。

1) 饭店连锁集团

饭店连锁集团是一种由某一饭店公司的品牌为纽带，将若干成员饭店统一于该公司品牌旗下，开展联号经营的紧密型饭店集团。饭店连锁集团一般以直接或间接形式控制两个以上的饭店，本集团下的各成员饭店以相同的店名、店徽，相同的经营程序，同样的服务标准和管理风格进行联合经营。进入我国市场的国际饭店连锁集团有假日、洲际、万豪、雅高、希尔顿、香格里拉等。在现代饭店业中，饭店连锁集团的规模经济在经营上占有明显的优势，例如资本优势、技术经济优势、市场营销优势、集中采购优势、分散风险优势和管理效率优势。

2) 饭店合作集团

面对饭店连锁集团的快速扩张，越来越多的独立饭店经营者都认识到，单靠自己的力量无法与饭店连锁集团对抗，独立饭店的生存受到威胁，很多独立经营的单体饭店开始谋求在某些方面联合行动，以借助集体力量同饭店连锁集团相抗衡，饭店合作集团便由此而产生。

饭店合作集团是若干独立经营的饭店为了获得通过联合行动所能带来的规模经济，而自愿建立起来的一种饭店合作组织。该组织是以共同利益为纽带，内部不存在统辖关系的松散型联合组织。这种组织通常设立一个中央机构负责该组织合作领域内的有关工作，所需活动经费通过征收会员费及认捐的形式，由加盟组织的成员饭店共同分担。根据成员饭店间的主要合作领域，饭店合作集团可以分为营销合作集团、物资采购合作集团、员工培训合作集团以及预订系统合作组织。在不同类型的饭店合作集团中，饭店采购合作集团所占的比例最大，其中以贝斯特韦斯特国际酒店集团(Best Western，原最佳西方酒店)为典型代表，在2020年度全球酒店集团前20强的排名中位列第11位，拥有饭店4 033家。营销合作集团是出现最早的饭店合作集团，其中以"世界一流酒店组织"为典型代表。世界一流酒店组织是世界性的一流酒店和订房组织，1928年在瑞士成立，该组织力图将世界上最佳旅馆吸收为成员，促进世界各地一流酒店提高和保持其卓越地位、一流服务和优良传统；每年召开一次年会，交流经验，相互学习，相互促进；组织成员之间相互介绍客人。我国广州白天鹅宾馆于1986年7月1日被接收为该组织成员,是国内第一个加入该组织的酒店。北京贵宾楼饭店、东莞长安国际酒店、广州星河湾酒店、上海花园饭店、上海璞丽酒店等酒店也是该组织的成员。

5.4 旅游交通

5.4.1 旅游交通的界定

1. 旅游交通的含义

国际旅游研究中并不存在普遍意义上的"旅游交通",在旅游文献中通常都称为"交通运输"或"客运交通"。在我国的旅游研究中,"旅游交通"的使用是约定俗成的惯用表述。无论是"客运交通"还是"旅游交通",都是指旅游者利用某种交通手段和途径,实现从一个地点抵达另外一个地点的空间转移过程。也就是说,旅游交通既是旅游者抵达旅游目的地的手段,也是在旅游目的地之内进行活动往来的手段。

2. 旅游交通的特点

旅游交通与国民经济交通运输业既有共同的特性,也有自身的一些独特特性,其特点主要表现在以下几个方面。

1) 游览性

旅游交通一般只在旅游客源地与目的地之间进行直达运输,在若干旅游目的地之间进行环状运输,使旅游者在最短的时间内到达旅游目的地。旅游交通线路特别是公路和水路一般连接若干旅游景区,或经过风景特色浓郁的地区,旅游车船多带有宽大玻璃窗和可调节座椅,以便让旅游者在旅行过程中领略沿途美景。旅游交通工具富有特色,如具有传奇色彩的东方列车、具有民族特色的羊皮筏、具有地方风格的滑竿、具有探险精神的热气球等。这些交通工具本身对旅游者有着极大的吸引力,能够满足旅游者求新、求奇、求异的心理需要。

2) 区域性

旅游交通线路根据旅游者的流向、流量、流时(旅行时间)和流程(旅行距离)等因素,集中分布在旅游客源地与目的地之间,分布于目的地内各旅游集散、居留、餐饮、游览、购物、娱乐等场所之间，具有明显的区域性。旅游者首先从各旅游客源地集中流向旅游目的地的口岸城市和中心旅游城市，然后向其他热点旅游城市和旅游区分流，之后才向其他温、冷旅游城市和旅游区延伸。外部旅游交通是指旅游客源地与目的地之间的交通。外部旅游交通决定着旅游者可以进出旅游目的地的总量。内部旅游交通决定着旅游交通能否保持热、温、冷线旅游客运量的相对均衡，保证旅游者在旅游目的地内正常流动和分流。只有外部、内部交通有机结合，构成便利的旅游交通体系，才能保证旅游者"进得来、散得开、出得去"，推动旅游业持久稳定地发展。

3) 舒适性

与一般社会交通相比，旅游交通更注重舒适性。例如，旅游列车在车厢设施、服务质量和项目、乘客定员等方面，都优于一般旅客列车。旅游车船公司所使用的交通工具，也是以带空调、音响的豪华型车船为主。当今世界豪华旅游交通工具当首推巨型远洋游船，它们一般在7万吨级左右，拥有星级客房、风味餐厅、购物中心和各类娱乐、健身设施，被誉为"海上浮动胜地"。

5.4.2 旅游交通的任务与作用

1. 旅游交通的任务

旅游交通的任务是满足旅游者空间移动的需求，解决旅游者在旅游目的地与惯常居住地之间的往返，以及在旅游目的地内不同活动地点间的往来问题。更重要的是，旅游交通不仅解决不同地点的空间距离问题，也要解决时间距离问题。

空间距离是指旅游者从一地到达另一地的距离，时间距离是指旅游者从一地到另一地所需的时间。两者有着密切的关系，在一定条件下，空间距离与时间距离是成正比例的，即距离越长，所需时间越多；反之，距离越短，所需时间越少。对绝大多数旅游者来说，希望以尽量少的时间，来实现更大距离的移动。旅游交通的发展程度和先进程度主要是由从一地到另一地的空间距离和时间距离的关系上来表现的。因此，旅游交通从动态上看，是空间距离和时间距离的组合；同时，更大的空间距离和更少的时间距离是旅游交通发展的趋势。

2. 旅游交通的作用

旅游交通解决了人们外出旅游的时空矛盾，它在旅游业发展中起着重要的作用，主要表现在以下几个方面。

(1) 旅游交通是旅游者完成旅游活动的先决条件。从需求方面看，旅游者外出旅游时，首先要解决从居住地到目的地及其景点、酒店等场所的空间转移问题，通过采用适当的方式抵达旅游地点。有了旅游交通,旅游者才能"进得来、散得开、出得去",旅游者的旅游活动才能得以顺利进行。同时,不同旅行所耗费的时间,也是需要考虑和解决的问题。因为旅游者的闲暇时间总是有限的,如果克服空间距离所占用的时间超过一定的限度,旅游者则会改变对旅游目的地的选择,甚至会取消旅游计划。

(2) 旅游交通是发展旅游业的命脉。从供给方面来看,旅游业是依赖旅游者来访而生存和发展的产业,只有旅游者能够光临,旅游业的各类设施和服务才能真正发挥作用,才能实现它们的使用价值;只有在旅游者能够大量地、经常地前来访问的情况下,该地的旅游业才会有扩大的可能。没有交通工具的不断改进和完善,没有交通线路开辟,旅游业就难以生存和发展。旅游交通运输的现代化不仅提高了运载能力,加快了旅行的速度,节省了旅途时间和费用,还扩大了旅游者的空间活动范围,进而直接影响着旅游业的规模、形式和内容。可以说,旅游交通就是旅游业的"生命线"。

(3) 旅游交通是旅游收入和旅游创汇的重要来源。旅游交通作为旅游业的重要组成部分之一,本身也是旅游收入和创汇的重要来源。旅游交通消费是基础性旅游消费,是旅游者在旅游消费中必需的、基本的、稳定的支出,因而也是目的地旅游收入的稳定来源。据统计,旅游者总花销的20%~40%是用于旅游交通方面。就国内旅游而言,在任何国家的国内旅游收入中,旅游交通收入都占有相当的比重。例如美国国内旅游收入中,旅游交通收入约占40%。

(4) 旅游交通演化为某些旅游项目或旅游项目的载体。例如长江三峡游、漓江风光游、英国老式蒸汽火车线路游、瑞士的冰河列车游,都是这方面的典型。如果没有这些交通运输服务,这些旅游项目就失去了存在的基础。

5.4.3 主要旅行方式

人们在外出旅游时所采用的旅行方式主要有搭乘汽车、飞机、火车和轮船,也包括景区景点内的特殊交通方式,如缆车、畜力交通运输工具、人力交通运输工具等。这些旅行方式相互配合、相互补充,为旅游活动的开展提供了便利条件。

1. 汽车旅行

公路交通比水上交通和铁路交通方式起步晚。1885年,德国人卡尔·本茨发明了用内燃机作引力的汽车,标志着现代公路交通方式的诞生。汽车的快速发展是在第二次世界大战后。20世纪60年代以前,乘坐大型客车是人们外出旅游的主要交通方式,但60年代以后,经济发达国家的私家汽车逐渐进入更多的家庭,成为人们的主要交通工具。

汽车旅行包括自驾车、搭乘城际公共汽车、包乘旅行大客车。汽车是人们中短程旅行使用最多的交通工具,它在旅游交通中发挥非常大的作用,主要有以下几个原因:部分旅游目的地只有公路可通行,特别是旅游区内各景点之间只有公路相连接;私家车的普及;

公路建设及高速公路网的发展；汽车旅行具有自由、便利、灵活的优点，能深入到旅游点内部，可以随时停留，任意选择旅游点。

随着社会经济的发展，很多国家居民的私家车拥有率不断升高，自驾车旅游迅速增多，并逐渐普及。人们普遍喜欢以自驾车的方式开展中短程旅游，特别是一日游和短期度假游。在有国际公路的情况下，人们在前往邻国旅游时，也愿意选用自驾车旅游方式。例如，在西欧不少国家之间、美国与加拿大之间以及美国与墨西哥之间的跨国旅游活动中，自驾车旅游都占有很大的比重。

自驾车旅游最早出现于20世纪的美国，是早年流行于发达国家的旅游形式。最初人们把周末开车出游叫sunday-drive，后来变成了drive-travel。我国自驾车旅游在20世纪90年代逐渐兴起。一般认为，自驾车旅游是专门指旅游者自己驾驶汽车开展的旅游活动，包括自驾车观光、体验房车度假等。自驾车旅游虽然对于旅游者来说有很多优点，但也容易造成或加重旅游接待地区的交通拥挤和环境污染。此外，对于很多旅游度假地或景区景点来说，不可能无止境地增建或扩建道路以及停车场地。

在包乘旅行大客车方面，因为汽车公共客运服务的价格比较低廉，且旅游公司组织包价汽车游会派车接送参团游客，免除游客在出游过程中的行李安排以及转车换乘等问题，所以包价汽车游不仅受老年市场所欢迎，消费层次较低的旅游者也很喜欢。

汽车旅行交通方式也存在缺点，主要包括以下几个：①安全性能差，运载量少；②人均能源消耗大，排出的废气造成环境污染；③不适于长时间、远距离的旅行，因为长时间坐汽车会令人疲惫和感觉不适，一般以1~1.5小时的汽车旅行距离为最佳。

2. 航空旅行

20世纪60年代以来，大中型高速宽体客机得到广泛使用，机票的价格也不断下调，航空旅行逐渐取代了火车旅行，成为远程旅行的主要方式。航空业的发展也推动了旅游业向现代化、国际化、大众化方向发展，从而确立了航空业在旅游交通中的地位。一个国家或地区航空交通的发展状况，成为衡量当地国际旅游发展水平的标准之一。

航空客运提供的服务主要分为定期航班服务和包机服务两种。定期航班服务是指在既定的国内和国际运营航线上按既定的航班时刻表提供客运服务。定期航班服务的最大特点是航班时间固定，乘客能够预知抵达目的地的时间。因此，定期航班服务受到那些不愿在旅途上浪费时间的消遣旅游者的欢迎，也受到注重效率、追求服务品质的商务旅游者的青睐。

包机服务是一种不定期的航空包乘服务。随着大众旅游的兴起，很多国家的旅游批发经营商在组织包价旅游，特别是组织国际包价旅游时，都利用包机作为主要的旅行方式。因为与定期航班业务相比，包机业务具有两点优势：一是票价低；二是灵活性较强，不必按固定的时间和航线飞行。在我国"黄金周"旅游旺季，许多旅行社开展包机旅游业务。

与其他旅行方式相比，航空旅行的主要优势有以下几个。

(1) 快捷。截至2021年，世界各国民航普遍使用的大中型客机的速度已达到900多千米/

时，如空客A320正常巡航速度为828千米/时，A340-200正常巡航速度为896千米/时，空客A380正常巡航速度达到875千米/时；波音系列客机的速度达到900千米/时，如747-800正常巡航速度为917千米/时，波音777正常巡航速度为905千米/时。飞机时速是汽车、火车时速的数倍，大大缩短了旅游者的旅途时间。

(2) 舒适。现代大型喷气式客机的客舱宽敞高大，舱内休息、娱乐、通信设备齐全，且噪音小，飞行平稳，乘客可轻松地完成旅途。

(3) 安全。在常规交通方式中，航空旅行的安全系数在长距离旅行中最高。据国际统计资料显示，在600英里(966千米)以上的旅行中，航空死亡风险率为0.55人，是汽车死亡风险率的1/23(汽车的死亡风险率为12.55人)。现代先进的飞机都配备了完善的自动导航和驾驶系统，可自动驾驶、盲降，安全系数大为提高。

(4) 灵活。航空交通不受地面任何障碍的限制，可以直接飞行，飞行班次可根据旅游淡旺季的实际需要进行调整。

航空旅行也有一定的局限性，主要表现为以下几点：有些人对乘坐飞机旅行怀有恐惧心理；容易受天气条件制约和限制；有很多地点都不在航空运输的服务范围之内；由于选址要求，机场通常都是建于距离城市市区较远的地点，人们抵离机场所需的时间可能会超过旅途飞行的时间；能耗/噪声大，影响机场周围的环境质量。

3. 铁路旅行

在现代交通运输体系中，铁路交通是发展较早的一种交通运输，从1825年9月27日，由"铁路之父"——英国斯蒂芬森负责建造的世界上第一条铁路诞生，至今已有190余年的历史，它对近现代旅游业的发展起着重要的作用。虽然，自20世纪50年代起，在北美和欧洲，飞机和汽车取代了火车在客运交通中的地位，但是，在中国、印度和俄罗斯等国家，铁路在客运交通中仍扮演着重要的角色。

铁路旅行具备很多优点，例如运输能力大、载客多、票价低、安全性高、远距离连续行驶能力强、车内活动自由、途中可沿途观赏风景、受季节和天气变化的影响小、能源消耗少、环保性强等。目前，各国大都形成了国内铁路交通运输网络，并且随着世界经济体系的建立和发展，会有越来越多的国家之间建设跨国铁路运输网，开展国际之间的铁路交通运输。如欧亚大陆桥建成后，游客可以从我国的连云港直达欧洲北海之畔的荷兰阿姆斯特丹。如今，铁路运输的发展被很多国家重新重视，特别是高速铁路和高速列车成了铁路运输发展的重点。1985年，联合国欧洲经济委员会在日内瓦签署的国际铁路干线协议规定：新建客运列车专用型高速铁路时速为350公里以上，新建客货运列车混用型高速铁路时速为250公里。当今世界上拥有最先进的高铁技术的国家是德国、中国、法国、日本，其中德国的ICE城际特快列车、法国的TGV列车、中国的CRH列车和日本的新干线都是世界知名的高速列车。法国的TGV列车于2007年创下时速574.8公里的有轨列车试验速度的世界纪录。2010年12月3日，中国"和谐号"CRH380A在京沪高铁先导段创下时速486.1公里的世界铁路运营试验最高速，并于2011年投入运营，以时速350千米创下世界高铁运营最高速。2017年，中国的"复兴号"CR400新型动车组实现最高时速400千米、标准时速350千米，并下降了10%的总能耗。

与飞机、汽车相比较，铁路旅行也有其局限性，主要是灵活性较差，只能在铁轨上运行，远程运行较飞机慢得多；线路建设投资大、周期长等。

4. 水路旅行

在1825年铁路交通出现之前和20世纪60年代的喷气飞机普遍飞行之前，水上交通方式一直是人们远程旅行的主要交通方式。1807年，美国人罗伯特·富尔顿把蒸汽机应用于内河船"克莱蒙特"号，标志着现代水路交通方式的开始。

水路交通方式的主要优点有以下几个：运载能力大，安全性能好，乘坐较舒适，运输价格较低廉，还可结合旅行进行观赏沿岸景色及在海上观日出。但水路交通方式也存在行驶速度慢、灵活性较差和受河道、海道吃水深度限制等缺点。

水路客运业务主要包括远洋定期班轮服务、短程海上渡轮服务以及内河客运服务。

远洋定期班轮服务随着航空业的发展而衰落，已经被海上巡游取代。海上巡游从邮轮旅游开始发展起来，并已成一种新型的海上旅游度假项目。邮轮度假游为高端旅游产品，最大特点是舒适和悠闲。邮轮上提供了多种娱乐设施及相关服务，服务品质高，但价格昂贵、耗时较长。因此，参加邮轮度假的游客需要有较高的消费能力和拥有较长的闲暇时间。一般邮轮度假的游客先乘飞机到邮轮公司的母港，登船巡游度假。在巡游过程中，可在不同的地点登岸旅游，并可随时回船休息，免除了每到一地上下搬运行李和寻找下榻旅馆的麻烦，因而邮轮常被称为"漂浮的度假村"或"漂移的旅馆"。从整个世界看，最为活跃的海上巡游区域为美洲的加勒比海、欧洲的地中海和东南亚海域。这些区域气候温暖，可登岸游览的旅游地较多，而且这些旅游地相距不远，是极为理想的邮轮度假活动区域。全球著名的游轮公司有皇家加勒比邮轮、歌诗达邮轮、公主邮轮、地中海邮轮、嘉年华邮轮、荷美邮轮、诺唯真邮轮等。

短程海上渡轮服务兴起于20世纪60年代，渡轮(Ferry)又称渡海小轮，是一种水上运输交通工具，目前海上渡轮服务较发达的地区是希腊海、爱尔兰海、地中海等区域，该地区的各国政府非常支持短程海上渡轮的发展，例如，2020年欧盟委员会批准开辟塞浦路斯至希腊的渡轮航线，并为此提供600万欧元的国家援助。除此之外，在亚洲的新加坡、印度尼西亚、菲律宾、日本、韩国、北非的突尼斯、大洋洲的新西兰、北美洲的加拿大也都有短程海上渡轮的航线，世界领先渡轮网站aferry提供了全球的渡轮航线的预订服务，世界著名的渡轮公司有斯特诺线渡轮、欧洲渡轮、蓝星渡轮、DFDS渡轮等。

目前，很多国家的内河客运业务已向游船服务业务发展，成为该国重要的旅游项目。例如我国的长江三峡、北美的密西西比河、南美的亚马孙河、欧洲的多瑙河等，都是重要的内河航运河道，都开展了游船服务。我国各旅游城市先后开发的水上游船旅游项目也各具特色，如广州的珠江夜游、南京秦淮河夜游等，深受本地和外地游客的欢迎。

5. 搭乘缆车

缆车是利用钢绳牵引，实现人员或货物输送目的设备的统称。根据我国专业命名规则，车辆和钢绳架空运行的缆车设备，定义为架空索道，例如黄山的云谷索道、玉屏索道等；而车辆和钢绳在地面沿轨道行走的缆车设备定义为地面缆车，如芝加哥市区里运行的地面缆车已经成为了芝加哥市的著名景观。缆车对自然地形的适应性比较强，爬坡能力强；搭乘缆车的同时，游客能产生紧张和刺激感，增添旅游的乐趣。

6. 搭乘畜力交通运输工具

畜力交通运输主要是指以马、牛、驴、骆驼为动力的运输方式。这种运输方式反映了一定地区的民族特色，可以满足人们求新、求奇的心理；同时可以体现人与自然和谐共生的思想，符合人们亲近自然、回归自然的现代需求。

7. 搭乘人力交通运输工具

人力交通运输主要指自行车、三轮车、手划船等为动力的运输方式。这种运输方式将"旅"与"游"有机融合，旅游者可以在旅行的过程中了解风土人情、欣赏自然风光。

5.4.4 影响旅游者选择旅行方式的因素

一般旅游者主要关注旅游交通的安全、便捷、高效、舒适、经济等方面，但不同的旅游者选择旅行方式时对各方面的关注程度不同，选择的旅行方式存在较大的差异。影响人们选择旅行方式的因素很多，较为直接的影响因素主要有以下几方面。

1. 旅行的价格

因公差旅型的旅游者可以报销差旅费用，此类型的旅游者对旅行价格不敏感，旅行价格的波动不会影响其旅行方式的选择。除了差旅型旅游者之外，其他各类型旅游者对价格都比较敏感，他们通常会有自己的旅行预算，为了在一定预算之内使旅游活动更为充分有效，通常会对不同旅行方式的价格进行比较，即使在选定了旅行方式之后还会对不同的运输企业进行价格比较。价格成为旅游者选择旅行方式的重要考虑因素。

2. 旅行的目的

消遣型旅游者外出旅行的目的是消遣度假，旅行的时间和旅行方式不受限制，比较自由，但对价格较敏感，选择旅行方式时主要考虑的是安全、经济和高效，只要时间条件允许，尽量选择价格比较低廉的旅行方式。

差旅型旅游者外出旅行的目的是办理公务，完成工作任务，不能任意更改旅行目的地，也不能随便选择出发的时间，但对价格不敏感，他们更关心旅行安全、便利、快捷和舒适，一般选择航空、高速铁路和小汽车旅行，很少乘坐长途公共汽车和轮船。

因私事务型旅游者出行的目的地无法更改，但出行的具体时间有一定的选择余地，所以他们选择旅行方式的标准一般是安全、高效和价廉。

3. 旅行的距离

人们外出旅游的时间有限，为了更有效地利用有限的旅游时间，通常希望在尽可能短的时间内到达旅游目的地，减少旅行途中花费的时间。因此，对于长距离旅行，人们通常选择航空的旅行方式；而对于中短程旅行，人们更倾向于选择铁路或汽车作为旅行方式。

4. 个人偏好与经验

具有相同条件的人在有多种旅行方式可供选择时，会选择不同的旅行方式，这主要是因为个人的旅行偏好或经验不同。人们对某种旅行方式的偏好主要受其个性心理的影响，例如自我中心型的人不愿冒险，不愿乘飞机前往旅游目的地，而多中心型的人喜欢乘飞机前往旅游目的地。此外，旅行经验也影响着旅游者选择某种旅行方式。例如很多人喜欢乘火车旅行，是因为他们的旅行经验使他们深信乘火车旅行最安全。

5. 其他因素

除上述因素外，还有一些其他因素也会影响旅游者对旅行方式的选择，如天气、旅伴、旅游目的地的地理状况等。所有这些因素相互联系、相互影响，共同作用于旅游者，使其做出最终的选择。

5.4.5 我国旅游交通的发展现状

近些年来，我国大规模地投资建设铁路运输、公路运输和航空运输项目，加上各省市为解决辖区内风景区旅游人数剧增而带来的旅游瓶颈问题，纷纷加大了新建或改建旅游交通线路的力度，这些都极大地改善了我国旅游交通紧张落后的尴尬局面，也提升了我国旅游业在国际中的形象。目前，我国在公路运输、航空运输和铁路运输方面发展现状主要表现在以下方面。

1. 公路运输

(1) 公路建设。在公路建设方面，截至2020年，全国公路总里程519.81万千米，高速公路通车里程16.10万千米(里程规模稳居世界第一)、国道37.07万千米、省道38.27万千米。农村公路里程438.23万千米，其中县道里程66.14万千米、乡道里程123.85万千米、村道里程248.24万千米。2020年末全国四级及以上等级公路里程494.45万千米，占公路总里程比重为95.1%,；二级及以上等级公路里程70.24万千米，占公路总里程比重为13.5%。根据《国家公路网规划(2013—2030年)》中规定，未来我国公路网总规模约580万千米，其中国家公路约40万千米，占总规模的7%，省级公路占9%，乡村公路占84%。

(2) 私家汽车及租赁市场。截至2021年9月，全国机动车保有量达3.90亿辆，其中汽车2.97亿辆。截至2021年9月，76个城市汽车保有量超过100万辆，其中，汽车保有量超过200万辆城市34个；超过300万辆城市18个，依次是北京、成都、重庆、苏州、上海、郑州、西安、武汉、深圳、东莞、天津、杭州、青岛、广州、石家庄、宁波、佛山、临沂。北京汽车保有量超过600万辆，成都、重庆汽车保有量超过500万辆，苏州、上海、郑州、西安汽车保有量超过400万辆。

(3) 中国自驾车旅游进入新阶段。首先，在政策支持方面，国家出台专项政策。例如，2016年9月《关于加快推进2016年自驾车房车露营地建设的通知》；2016年11月《关于促进自驾车旅居车旅游发展的若干意见》。其次，在行业发展方面，各类标准相继出台，管理体系基本建立。例如，2015年10月公布了《休闲露营地建设与服务标准》；2015年7月《自驾游管理服务规范》正式发布；2016年23个省建立自驾游省级协会，自驾游协会体系已建立；2019年9月，公布了两个旅游行业标准《自驾车旅居车营地质量等级划分》和《自驾游目的地等级划分》。最后，在市场发展方面，大众化自驾旅游市场已经形成。

2. 航空运输

进入新千年后，我国民用航空旅客运输量的增长很快。航空运输在我国综合交通运输体系中的地位大幅提高，成为国民远程外出的主要旅行方式。2000年初，我国民航业的年旅客运输量为8000万人次，2005年增至1.38亿人次，2011年增至2.9亿人次，2016年上升至4.88亿人次，2019年上升至6.6亿人次，2020年受新冠肺炎疫情的影响，2020年的旅客运输量是4.2亿人次，已连续15年稳居世界第二。

新中国成立初期，中国民航只有7条国内航线，国内通航8个城市。截至2020年年底，我国共有定期航班航线5581条。定期航班国内通航城市237个，国际定期航班通航62个国家的153个城市。今后，我国国内航线布局的重点将放在西部交通不便地区以及中部地区的一些旅游城市，并且将继续扩大以北京、上海、广州等城市为中心的航线网络布局，增加省会、自治区首府城市及旅游城市之间的航班密度。

民用机场仍将是我国航空基础设施建设工作中的重点。截至2020年，我国民航航班使用的境内机场已达到241个。预计到21世纪中叶，一些重要城市将建设第二机场，全国三分之二的机场都能起降中型以上的飞机，并形成若干个设施先进、服务一流、功能完善、高度现代化大型枢纽航空港。

目前，我国共有运输航空公司64家，国内六大上市航空公司有中国国航、南航、东航、海航、吉祥、春秋。2020年，全国民航航班正常率为88.52%，相比欧美国家，我国民航可使用的空域小，航路航线较为单一，以较小的可用空域承担了较为繁重的航班实际运行量，因此，我国民航业仍面临空域环境亟待优化、机场运行效率有待提升等问题。

3. 铁路运输

目前，我国绝大多数国内客人和行程不足千公里的入境客人都选择铁路旅行。我国铁路运输方面，已经形成以北京为中心的全国铁路网，路网规模不断扩大，铁路营业里程不断延长。截至2021年12月30日，中国铁路运营总里程突破15万公里，稳居世界第二，其中高速铁路运营里程突破4万公里，稳居世界第一。中国高铁在引进、吸收、消化、再创新的道路上完成了历史性的突破，"四横四纵"高速铁路网提前铺画建成，"八横八纵"高速铁路也正逐渐加密成型，同时高速列车控制技术、高铁客站建设技术、高铁运营管理技术、高铁系统集成技术等都达到了世界一流水平。2017年投入运营的复兴号CR400新型动车组以最高时速400千米、标准时速350千米成为世界速度最快的商业运营高铁。

根据2019年统计数据显示，中国铁路网对20万以上人口城市的覆盖率由2012年的94%扩大到2019年的98%，高铁网对50万人口以上城市的覆盖率由2012年的28%扩大到2019年的86%。在长三角、京津冀、珠三角地区，现代化的高铁站运营密集时段，2分钟左右就有一趟高铁列车到发。高铁不仅拉近了城市间距离，而且还深刻影响着老百姓的生活方式。有无数城市、县城甚至乡村的百姓都迎来了"高铁时代""两小时经济圈""半小时生活圈"，中国的旅游业也迎来了高铁旅游时代。

根据《中长期铁路网规划》，到2025年，铁路网规模达到17.5万千米左右，其中高速铁路3.8万千米左右，网络覆盖进一步扩大，路网结构更加优化；展望到2030年，基本实现内外互联互通、区际多路畅通、省会高铁连通、地市快速通达、县域基本覆盖。在21世纪前半叶，我国将集中力量建设一批对国民经济全局有重要影响，并在铁路网上起骨干作用的干线，还要建设一批区域性的线路，建成布局合理、干支协调、四通八达的铁路网，使得全国各省、自治区、直辖市都有铁路线与北京贯通，并在幅员辽阔的西部地区形成合理的路网布局；同时，进一步提高铁路路网的开放度，使全国各边境地区都有铁路线贯通全国，并实现与邻国铁路的连接。

尽管我国在客运交通方面取得了巨大成就，然而，随着我国旅游行业进入壁垒的逐渐取消，旅游人数的迅猛增长，而旅游交通作为旅游业的重要支柱，已成为我国旅游业发展的薄弱环节，主要表现在以下几方面。

(1) 旅游交通发展状况不平衡。我国发达地区的旅游交通发展较快，基础设施条件较好，而相对落后的地区旅游交通发展缓慢。

(2) 交通运输业的垄断经营影响了其运作效率。目前，我国对于交通设施的建设投入巨大，但对于交通运输业的运作效率仍然不够重视，与国际市场存在很大的差距。受交通基础设施规模和质量的制约以及客运班次数量的影响，运力不足，旅行难现象在很多地区和线路上依然存在，很多旅游目的地的可进入性仍较低。

(3) 我国旅游交通的服务质量相对落后。与其他旅游服务部门相比，旅游交通业的服务质量还很落后。一方面，由于垄断经营、供需矛盾以及从业人员整体素质不高，旅游交通的服务态度相对较差，特别是表现在旅客候乘期间；另一方面，由于长期以来我国道路规划设计不尽合理，路况较差，以及交通安全教育的不足，造成了我国旅游交通道路安全状况较差，事故频发。

(4) 景区内旅游交通建设不尽理想。当前很多景区内的旅游交通建设趋向两个极端：要么不重视景区内交通的规划建设，造成了游客对景区的人为破坏；要么，在景区内大量兴建公路、索道等交通设施，而不充分考虑景区内的生态环境和原始风貌，造成了景区内原始风貌的极大破坏，影响了景区旅游业的可持续发展。

5.5 旅游景区

旅游资源本身不属于旅游业，只有被旅游业所利用的部分才构成旅游业组成之一，而这部分经过转化后称为旅游景区。旅游景区属于旅游业范畴，是旅游业的核心要素，是旅游消费的吸引中心，是旅游产业面的辐射中心。

5.5.1 旅游景区定义

在旅游活动中，不论是在中国还是在其他国家，任何一个旅游景区所接待的游人并不都是来自他乡的旅游者。特别是地处大城市或人口密集区的旅游景区，在其所接待的游客中，很大一部分人是当地的居民，而不是外地来访的游客。因此，从广义上讲，任何一个可供公众参观游览或开展消遣活动的场所，都可被看作旅游景区。这种场所的地域概念可以很小，例如仅为一处名人故居、一所学校、一个博物馆等；同时，这种场所的地域概念也可以很大，如我国武夷山国家级风景名胜区、美国科罗拉多的大峡谷等。

广义的旅游景区的概念范围过于宽泛，将吸引人们前去观光旅行的各类吸引物包含在内。但是，无论是在旅游研究中，还是在旅游景区的经营实践中，人们所称的旅游景区是狭义的概念，即指那些由某一组织或企业对其行使管理的封闭式的旅游景区，其突出特征是有明确的界线同外界相隔，并设有固定的出入口，对来访游人的出入行驶有效控制。所谓有明确的界线，是指该景区通过围墙、栅栏、或借助某种天然条件，与外界隔离开来。因此，规范的旅游景区的概念可以理解为"专供来访公众参观、游乐和增长知识，而设立和管理的长久性消遣活动场所"。

我国《旅游区(点)质量等级的划分与评定》(GB/T17775—2003)中规定旅游区(点)的含义："旅游景区是指具有参观游览、休闲度假、康乐健身等功能，具备相应旅游服务设施并提供相应旅游服务的独立管理区，该管理区应有统一的经营管理机构和明确的地域范围。"

综上所述，一个经营性的旅游景区应当具有以下条件。

(1) 具有统一的管理机构，即每个旅游景区，只有一个管理主体，对景区内的资源开发、经营服务等进行统一的管理。它是旅游景区经营的主体，服务的供方，它可以是政府机构，或是具有部分政府职能的事业单位，也可以是独立法人的企业。

(2) 旅游景区有固定的经营服务场所，空间或地域范围确定，常表现为景区的门票范围。

旅游景区具有多种旅游功能，包括观光性的参观游览、度假性的休闲康乐、专项性的教育等。旅游功能是旅游景区吸引力的主要体现，不同类型的景区具有独特的旅游功能，旅游景区的主体功能取决于景区的旅游资源类别。

(3) 旅游景区必须具有必要的旅游设施，提供相应的旅游服务。资源、设施与服务构成旅游景区产品，也是景区旅游功能的载体。

(4) 旅游景区是一个独立的单位，包括空间场所的独立和职能的独立。也就是说，旅游景区要有专门的人、财、物、场所为景区经营服务。

5.5.2 旅游景区的特点

1. 功能专用性

旅游景区是指定用来供游人开展参观、游览或开展某类消遣活动的场所。这种功能专用性是出于商业性目的，或是出于政府有关部门的公益性目的，但不管出于哪一种目的，旅游景区的参观游览的根本功能是不可改变的，如果发生改变，就不再属于旅游经营行业意义上的旅游景区。例如，工厂、学校、社区和部队军营也都可供旅游者参观游览，但他们不属于旅游景区，因为它们的功能并不是专供旅游者参观游览，还有其他功能。换言之，只有那些专供游人参观、游览或开展其他休闲活动的场所才可称为旅游景区。

2. 场所的长久性

旅游景区必须有长期固定的场址，并利用这一场址发挥其固有功能。这里对长久性的强调，主要是将旅游景区与那些没有固定场址的旅游吸引物区别开来。例如，某时某地临时举办的展览、娱乐活动、流动演出及民间盛会等，由于这类暂时性的旅游吸引物有不同的组织管理方式和营销方式，而且没有长期固定的专用场址，它们不属于旅游景区。

3. 管理的可控性

旅游景区必须有人行使管理，能够对游人的出入行使有效的控制，否则，这一场所便不属于旅游景区，而只能看作一般意义上的开放式公众活动区域。旅游景区并非仅限于对来访游人收费准入的旅游景区，同时也包括那些有人行使管理，但实行免费参观的旅游景区。后者多见于政府部门和社会团体出于社会公益目的而兴办和管理的各种参观和游览场所。

需要说明的是，目前世界上绝大多数旅游景区都实行购票入内的做法。对于纯商业性的旅游景区，旨在通过门票收费去补偿其全部运营成本并获取利润。对于由政府部门和社会团体兴办的旅游景区，旨在通过门票收费去补偿其流动费用，有些仅仅是补充有关方面的费用。总之，从世界各国的情况看，旅游景区管理的发展趋势仍是实行收费准入，而不是完全免费使用。

5.5.3 旅游景区的类型

旅游景区的类型很多，人们对其划分方法也不尽相同。一般而言，旅游景区的类型划分有以下几种情况。

1. 按照旅游景区所依赖的吸引要素的成因分类

按照旅游景区所依赖的吸引因素的形成原因，旅游景区可分为自然旅游景区和人造(或人文)旅游景区。前者所依赖的吸引因素属于大自然的赋予；后者所依赖的吸引因素或为人类历史遗产或为现代的人造产物。

2. 按照旅游景区设立性质分类

按照旅游景区的设立性质，旅游景区可分为纯商业性的旅游景区和公益性的旅游景区。纯商业性的旅游景区指投资者完全出于营利目的而设立和经营的旅游景区，因而这类旅游景区属企业性质，例如各类主题公园。公益性的旅游景区指政府部门和社会团体出于社会公益目的而设立和经营管理的旅游景区，例如各类博物馆。这类旅游景区中虽然也有不少景区采用收费准入的管理方法，但收费的目的并不是营利，更不是借以回收其建设投资，而是补充景区的维护费用。

3. 按照旅游景区展示内容的复杂程度分类

按照旅游景区展示内容的复杂程度，旅游景区可分为单一型旅游景区和集合型旅游景区。前者指形式单一、仅开展某一类活动内容的旅游景区，如某一历史建筑、某一人类遗址、某一名人故居等。集合型旅游景区为形式多样、可提供多项活动内容的旅游景区，如综合性游乐场或多主题的公园。

4. 按照旅游景区的内容分类

按照旅游景区内容对旅游景区进行分类，是旅游实践中较为常见的分类方法。按照旅游景区的内容，旅游景区可分为以下几种。

(1) 古代遗迹。古代遗迹是指经过挖掘出土，并加以保护和管理的历史古迹，如古墓葬、古城防建筑等。我国西安的秦俑坑、北京周口店的猿人遗址等都属于这种类型的旅游景区。

(2) 历史建筑。历史建筑是指以历史上遗留下来的各种建筑物为主要游览内容而设立和管理的旅游景区，包括历史上遗留下来的宫殿、名人故居、寺院寺庙、传统民居等。

(3) 自然风景名胜区。凡是具有观赏、文化或科学价值，自然景观、人文景观比较集中，环境优美，具有一定规模和范围，可供人们游览、休息或进行科学、文化活动的地区，都可划为风景名胜区。风景名胜区应当满足以下几个条件。

第一，具有较高的文化价值和观赏价值，能吸引游客。文化价值包括的范围较广，凡人类活动的文化遗存大多具有一定文化价值。观赏价值则指景观外表所能带给游客的美的享受。

第二，自然景观、人文景观比较集中，环境优美。在一个风景名胜区内应有多处自然或人文景观，并且距离不太远，其整体才能构成风景名胜区。

第三，具有一定的空间和范围，风景名胜区要达到一定的规模。

第四，可供人们游览、休息或进行科学文化活动。如黄山风景区即可供人们休息游览，又具有地质考察等科学价值。

(4) 自然保护区。自然保护区指对有代表性的自然生态系统、珍稀濒危野生动植物物种的天然集中分布、有特殊意义的自然遗迹等保护对象所在的陆地、陆地水体或海域，依法划出一定面积予以特殊保护和管理的区域。自然保护区通常环境优美，动植物资源丰富，保持了较好的自然生态平衡，如我国的长白山、神农架、西双版纳等。

(5) 旅游度假区。为适应现代旅游休闲度假的需求，在环境质量好，旅游度假资源丰富、交通便捷的地方，建立的以度假休闲产品为主的综合性景区，如苏州太湖旅游度假区、大连金石滩旅游度假区等。

(6) 主题公园。这类旅游景点多为以某些中心主题为基调或活动内容，而兴建和管理的大型人造游览和娱乐园区。我国著名的主题公园有世界之窗、欢乐谷、方特欢乐世界、宋城、长隆水上乐园等。同时，主题公园也包括以观赏野生动物为主要活动内容的动物园、观鸟园、水族馆等，例如我国的广州长隆动物园、大连圣亚海洋世界。

(7) 博物馆。博物馆指以特定收藏品或特定场址为展示内容的场馆，主要可分为两大类：一类是以特定藏品为展示内容的博物馆，例如历史博物馆、军事博物馆等；另一类是以特定场址为展示内容的博物馆，如我国的故宫博物院、英国的铁桥堡博物馆等。

(8) 美术馆。美术馆多数都是以收藏和展览历史或传统美术作品为主的场馆。

以上按内容所列举的景区类型只是一种基本划分，具体到某一景区，各种类型可能会出现重叠。如自然风景区内也有著名的人文景观，现代人造主题公园也可借用原有的历史建筑。

5.5.4 我国旅游景区质量等级划分与评定

我国于1999年出台了关于旅游景区质量等级的国家标准——《旅游区(点)质量等级的划分与评定》，并于2003年和2004年进行了修订，更名为《旅游景区质量等级的划分与评定》。同时，2012年颁布了《旅游景区质量等级管理办法》。考虑到旅游景区供需两方面形势的新变化，我国在2017年对2004版的《旅游景区质量等级的划分与评定》再次进行修订。

依据《旅游景区质量等级管理办法》的规定，凡在我国境内正式开业一年以上的旅游景区，均可申请质量等级。旅游景区质量等级划分为5个等级，从低到高依次为1A、2A、3A、4A、5A。我国自从2007年66家景区被批准为全国首批5A景区以来，5A级景区的数量逐年稳步增长，截至2021年8月，我国共有5A级景区已达到306家。

根据旅游景区质量等级的划分条件确定旅游景区质量等级，按照"服务质量与环境质量评分细则""景观质量评分细则"评价得分，并结合"游客意见评分细则"的评价得分进行综合评定。对于初步评定的AAAAA、AAAA、AAA级旅游景区采取分级公示、征求社会意见的方法，然后确定旅游景区质量等级。

我国旅游景区质量等级评定工作按国家和地方两级进行，3A级及以下等级旅游景区由全国旅游景区质量等级评定委员会授权各省级旅游景区质量等级评定委员会负责评定，省级旅游景区评定委员会可向条件成熟的地市级旅游景区评定委员会再行授权。4A级旅游景区由省级旅游景区质量等级评定委员会推荐，全国旅游景区质量等级评定委员会组织评定。5A级旅游景区从4A级旅游景区中产生。被公告为4A级三年以上的旅游景区可申报5A级旅游景区。5A级旅游景区由省级旅游景区质量等级评定委员会推荐，全国旅游景区质量等级评定委员会组织评定。

5.5.5 旅游景区在旅游业中的地位

旅游景区对旅游者的来访起着一种激发或吸引的作用，人们对景区及其游览服务的需求，也就成了来访该地的根本性需求。而人们对交通运输及住宿产品的需求，大都属于派生性需求，交通运输及住宿产品的供给对旅游者的来访活动实际上起着一种支持或后援作用。所以，旅游景区是旅游系统中最重要的组成部分，决定了一个旅游目的地的竞争力。

1. 旅游景区是旅游业发展的基础

旅游业是由涉及吃、住、行、游、购、娱等多要素的众多部门组成的综合性产业，其中旅游景区是最重要的组成部分，是诱导游客产生旅游动机并做出购买决策的主要因素。旅游景区是旅游者尤其是以观光、游览、度假为目的的旅游者出游的主要吸引物。在此基础上，派生出交通运输、饮食、住宿、购物等多种需求。因此，旅游景区是旅游业发展的基础。

2. 旅游景区是旅游业创收的重要来源

传统旅游景区的收入来源主要是门票收入,同旅游业的三大支柱——旅行社、以饭店为代表的住宿业、交通运输业相比,其总体收入相对较低,然而目前的旅游景区在不断改进服务的同时也丰富了旅游活动的内容,并不断推出新的景区产品,完善了旅游服务设施和旅游目的地建设,景区收入来源更加多样化,旅游景区将成为旅游业的重要创收点。

3. 旅游景区质量优劣直接影响旅游效果

旅游景区本身的质量直接影响旅游者外出旅游的动机,优秀旅游景区以及较好的配套基础设施,能够吸引大量的游客。若景区质量差,游客的旅游感受和体验效果就差。质量好、可进入性强的旅游景区对旅游活动产生激发或吸引的作用,而景区服务水平低、环境恶劣等会阻碍旅游行为的持续发生,给旅游宣传与旅游创收带来不利影响。

5.5.6 旅游景区成功经营的关键因素

旅游景区决定着一个旅游目的地的竞争力。旅游景区若要长期经营成功,除了要做好内部的管理工作外,还要受很多因素的影响,尤其要关注以下4个方面的变化与影响。

1. 顾客需求层次的变化

我们发现,某些曾非常受欢迎的旅游景区,虽然其环境质量和内部管理水平并没有下降,但游客日减。造成这一结果的重要原因便是,经营者忽视了游客需求发生的变化。随着人们的消费水平不断提高,人们对国内旅游景区的开发水准和服务水平要求不断更新,需求层次不断提高,从而导致人们对旅游景区的质量越来越挑剔。经营者必须随时关注需求层次变化,及时更新景区的服务设施,提高景区服务质量,以迎合并满足旅游者的需求。

2. 竞争状况的发展

导致一个旅游景区由成功走向失利的另一重要原因是竞争加剧。旅游景区的竞争突出表现在两方面:一方面表现为地处同一地区内的各景区之间的竞争。由于大多数同一地区的各景区面对相同的客源市场,同一地区内景区数量的增加,就意味着其他景区必须提供更好的服务和设施,才有可能维持游客接待量不减现状;另一方面表现为同周边相邻地区景区的竞争。由于越来越多地区大力发展旅游业,从而使旅游景区的供给不断增加,并在一定的距离内构成对周边地区旅游景区的竞争。旅游景区经营者必须要随时关注竞争状况的发展,以便确定相应的经营对策。

3. 新型应用技术的发展

一些新型应用技术的出现为景区的建设和改造带来了新的机会。例如,目前声、光、电、激光等现代化技术以及塑料和碳纤维等新型材料都已应用于旅游景区的建设和更新改造中，电脑模拟技术也为旅游景区创造出逼真的动感和视听效果。因此经营者应不时地引入和利用这些新技术，不断地更新改造旅游景点，以适应旅游需求的变化和竞争的增加。

4. 宏观政策的变化

同其他行业一样，旅游景区的经营也需要关注与旅游业发展相关的法律法规和经济政策。例如我国《旅游区(点)质量等级的划分与评定》的修订，对旅游景区的经营与管理提出了新的标准与要求，如果景区经营者无视这些标准，很可能会带来负面的宣传效应，从而影响景区的发展。因此，经营者应关注国家宏观政策倾向，及时预测与分析这些政策对旅游景区经营的影响，并采取应对措施。

本章小结

旅游业是以旅游资源为依托，以旅游设施为条件，为旅游者提供服务的综合性产业。根据目前国内外关于旅游业的研究现状，本章首先概括性地阐述了旅游业的定义、性质与特点以及构成，并分别介绍了旅游业中的主要经营部门，如旅行社、饭店、旅游交通和旅游景点等各部门的定义、基本业务和在旅游业中的地位作用，以及发展状况和行业趋势。随着经济的不断发展和科技的不断进步，旅游业作为旅游供给将会出现新的变化，旅游业中的各经营部门也会随着旅游需求和旅游活动实践的变化，而出现新的发展趋势。因此，关于旅游业的研究应该更有时效性、应用性和创新性。

关键词或概念

旅游业(the tourism industry)

直接旅游企业(direct tourist firms)

间接旅游企业(indirect tourist firms)

旅行社行业(the travel trade)

旅游批发商(tour wholesaler)

旅游经营商(rour operator)

旅游零售商(tourism retailer)

旅行代理商(travel agent)

包价旅游(package tour)

团体旅游(group travel)

散客旅游(independent travel)

住宿业(lodging industry)

饭店业(the hotel industry)

饭店集团(hotel groups)

饭店连锁集团(hotel chains)
饭店合作集团(hotel consortia)
规模经济(economy of scale)
旅行方式(mode of travel)
航空业(the airline industry)
航空旅行(air travel)
定期航班(scheduled flight)
包机(charter)
游船旅游(cruising)
旅游景区(tourist attraction)
主题公园(theme park)

思考题

1. 名词解释：旅游业、旅行社、包价旅游、旅游批发经营商、旅游零售商、旅游景区。
2. 旅游业有哪些基本特点？
3. 比较欧美国家旅行社分类与我国旅行社分类的不同。
4. 简述我国旅行社的基本业务。
5. 影响我国旅行社行业未来发展趋势的因素有哪些？简述我国旅行社的发展趋势。
6. 简要说明饭店等级评定标准所涉及的内容及评定工作的主要原则。
7. 简述人们外出旅游时主要的旅行方式。各自有哪些特点？
9. 影响人们选择旅行方式的主要因素有哪些？
10. 在对旅游景区进行分类方面，常用的依据有哪些？
11. 影响旅游景区实现长期成功经营的关键因素主要有哪些？

案例分析

高铁旅游专列与时代发展同频共振

【新华网2021年3月30日】春意盎然，第39届中国洛阳牡丹文化节将至。为增强洛阳、西安两地交流合作，4月1日起，洛阳至西安，每日开行G2007/G2012次"牡丹号"高铁旅游列车。

旅游专列由来已久，在经过多年的探索之后，一批批各具特色的旅游文化品牌陆续登场，丰富了百姓生活，繁荣了旅游市场，活跃了经济发展，在旅游旺季加开旅游专列已成为家喻户晓的民生工程。目前正值春暖花开的季节，开行春季旅游列车正当其时，与现阶段的发展思路一脉相承，与新时代的发展同频共振。在第39届中国洛阳牡丹文化节到来之际，"牡丹号"高铁旅游列车的推出恰到好处，完全迎合了百姓的生活需求，值得广泛推广。

随着社会经济发展，列车不再是简单的交通工具，更多的是一种文化品位。可以肯定的是，旅游专列的本质目的就是为旅游服务，让旅客出行体验更美好，让旅游不再只是享受目的地的风景，而是一路旅途、一路风景、一路精彩。近年来，为打造优质旅游品牌列车，铁路部门下足了功夫，做足了探索。在内蒙古大草原上，"呼伦贝尔号"旅游专列推出文化沙龙车、风味餐车、购物列车等多种车型，让旅游、观光、休闲有机融为一体。在四川成都，"熊猫专列"的开行，将绿皮车改造成星际酒店，打造出特色鲜明、服务优质的高端旅游专列，将沿线省份旅游景点无缝衔接起来，让旅客感受到别具匠心的旅行体验。

诚然，当前铁路部门已在市场化道路上走过了一段路程，一些以市场需求为导向的运输服务日益凸显，运输品牌更加丰富，公益属性、商业价值逐渐深入人心。此次"牡丹号"高铁旅游列车也正是沿着市场化的运营模式而产生的。随着人们物质生活日益丰富，精神生活有了更多的需求，那么旅游自然成为追求精神生活丰富的最佳方式。回想高铁还未开通的时候，在短暂的假期里，只能在家门口附近走走。时至今日，"八纵八横"高铁网加速完善，1小时生活圈、3小时生活圈就在眼前，随到随走已成为常态，而来往于洛阳和西安之间的高铁旅游专列也有效满足了人们短期跨省游的梦想。毫无疑问，这一运输模式已与时代的发展节奏相吻合。

众所周知，春季是外出踏青、赏花的最佳季节。为抓住这一机遇，铁路部门主动调整，开行了诸如"牡丹号"的高铁旅游列车，在赢得良好口碑的同时，也有效落实了"春运不足春游补"政策，一举两得。

总体来说，旅游和高铁的融合发展既是市场经济下的产物，也是新时代百姓生活的客观需要，同时也是弘扬中国悠久历史文化的有力抓手。有了良好的基础，今后的发展更不能放慢脚步。要深知，实现高铁旅游的高质量发展，既需要与旅游市场无缝衔接，还需要相关政策拓宽渠道，同时还要提升服务品质，进而从根本上提高旅客的满意指数。如此一来，高铁旅游专列与时代发展同频共振的局面才会经久不衰。

根据以上案例，请回答下列问题。

1. 谈谈"高铁+旅游"效益的具体体现。
2. 思考"高铁时代"我国旅游专列的发展策略。

第6章 旅游组织

本章导读

随着旅游活动规模的扩大，加之人们认识到旅游业的发展所带来的各种影响，世界各国或地区的政府都在关注本国或本地区旅游业的健康发展。由于旅游业的综合性特点，决定了旅游市场存在市场失灵的现象，为了管理和引导旅游业的发展，世界和各国成立了不同的旅游组织，以便更好地贯彻和实施各种旅游政策。本章主要介绍国家旅游组织和国际旅游组织的各自职能及概况。

学习目标

- 理解国家旅游组织的概念及其设立形式，了解国家旅游组织的职能。
- 了解我国旅游行政组织，掌握我国主要的旅游行业组织。
- 理解国际旅游组织的概念及类别，掌握几种全球性、地区性国际旅游组织的概况。

6.1 国家旅游组织

为了管理和引导旅游业的发展，贯彻和组织本国旅游政策的实施，所有国家都设立了全国性的旅游行政管理组织，旅游学术界一般将其统称为国家旅游组织。

6.1.1 国家旅游组织的定义

按照世界旅游组织所做的解释，国家旅游组织泛指一个国家中为中央政府所承认，代表国家政府负责管理全国性旅游事务的机构。就一般情况而言，一个国家中的最高旅游行政管理机构通常便是该国的国家旅游组织。

6.1.2 国家旅游组织设立的形式

根据国家旅游组织的定义，在任何一个国家中，凡是为中央政府所认可，负责对全国旅游行政事务行使管理的机构或实体，皆可作为该国的国家旅游组织。这意味着，国家旅游组织的设置形式可以是政府机构，也可能不是政府机构。综观世界各国的情况，国家旅游组织的设立形式有以下三类。

1. 由国家政府直接设立，并在编制上作为国家政府的一个部门

以这类形式设立的国家旅游组织包括以下几种情况。

(1) 单设为旅游部或相当于部级的旅游局，例如泰国、菲律宾、埃及等都设立了国家旅游局。

(2) 设为一个混成部，例如中国的文化和旅游部、意大利的旅游与娱乐部、葡萄牙的商务与旅游部、斯里兰卡的旅游与民航部。

(3) 设为某一行政部的下辖机构，例如日本在运输省下设国际观光局、韩国在交通部下设旅游管理局、匈牙利在商业部下设旅游局等。

2. 经国家政府承认，代表国家政府执行全国旅游行政工作的半官方组织

以这种形式设立的国家旅游组织多见于欧洲国家。有关国家旅游事务的重大政策是由该国政府中的某个职能部制定，但是该职能部并不承担具体的旅游行政管理工作，因而这些国家往往会在政府部门之外另设一个法定组织执行全国性的旅游行政事务。英国、爱尔兰、瑞典、挪威、丹麦和芬兰等国的国家旅游局都属于这种法定组织。该组织在编制上并非政府机构，其工作人员的身份也不是公务员。但是该组织的主要负责人需要由国家政府任命，并且该组织的工作经费至少有半数来自国家政府的拨款。此外，加拿大旅游委员会以及澳大利亚旅游局也都是这种法定组织。

加拿大旅游委员会是旅游业企业和协会、省和地方政府与加拿大政府之间合作关系的体现，是由公私合作而最早建立起来的组织之一。加拿大旅游委员会的职责是促进和维持加拿大旅游的有序发展。该委员会的旅游规划是世界上较好的、较全面的旅游规划，成为其他许多国家努力效仿的范本。

澳大利亚旅游局成立于2004年7月1日，是将澳大利亚旅游委员会、澳大利亚国内旅游推广机构和旅游预测理事会合并在一起组成的，以便集中利用这些组织的技能与知识。该组织下设两个新的业务机构——澳大利亚节庆盛世旅游中心、澳大利亚旅游研究中心。

3. 经国家政府承认，代表国家政府行使旅游行政管理职能的民间组织

这种形式的国家旅游组织是由民间自发成立，且有着广泛影响力的全国性旅游协会。国家政府同意由该组织代行旅游行政职权后，会向其提供一定的财政拨款。该组织扮演国家旅游组织的角色，但其主要领导成员并非由政府指定，而是由该组织的会员选举产生的。德国和新加坡的国家旅游组织都是由这种民间组织兼任。

6.1.3 国家旅游组织的基本职能

世界各国的国家旅游组织在设置形式和权力地位等方面多有差异，但都是代表本国政府开展工作，负责组织国家旅游政策的实施，引导本国旅游业的方向发展。因此，各国国家旅游组织的职能基本相同，所不同的只是对有关职能的重视程度。就大多数国家的情况而言，国家旅游组织的基本职能一般包括以下几项。

(1) 组织国家旅游政策的实施。

(2) 海外市场推销宣传，包括在主要客源地区设置旅游办事处。

(3) 确定国家重点支持的旅游开发地区，并负责国家财政资助的旅游开发项目的审批及开发工作的监督与控制。

(4) 就推进旅游业发展方面的有关配合问题，同其他相关政府部门进行协调。

(5) 在与旅游相关的外交事务中代表本国政府。

(6) 旅游调研与统计，特别是分析和预测未来的市场需求。

(7) 支持和参与旅游业人力资源的开发，即组织旅游教育与培训。

6.2 我国的旅游组织

我国的旅游组织基本上可以分作两大类：一类是旅游行政组织；一类是旅游行业组织。

6.2.1 旅游行政组织

随着旅游活动规模的扩大以及旅游业在推动经济发展中所扮演的角色日渐重要，世界各国政府乃至旅游目的地的地方政府都对旅游和旅游业的发展给予了越来越多的关注，世界各国都在不同层次上设有旅游行政组织。同世界大多数国家情况一致，我国对旅游行政组织设置分两个层次，即国家层次的旅游行政组织、地方层次的旅游行政组织。

1. 国家层次的旅游行政组织

1) 国家层次的旅游行政组织的产生与发展历程

在国家层次上，中华人民共和国文化和旅游部是中国最高的旅游行政主管机构，对外代表中国的国家旅游组织，对内负责统一管理全国旅游业的发展工作。

现今的中华人民共和国文化和旅游部是2018年3月13日第十三届全国人民代表大会第一次会议审议通过的国务院机构改革方案提出组建的，其目的是增强和彰显文化自信，统筹文化事业、文化产业发展和旅游资源开发，提高国家文化软实力和中华文化影响力，推动文化事业、文化产业和旅游业融合发展,将文化部、国家旅游局的职责整合,不再保留文化部、国家旅游局。

1964年,我国成立中国旅行游览事业管理局。当时该机构的职能十分有限,只是负责对外国自费旅行者的旅游管理工作;领导各有关地区的国际旅行社和直属的服务机构的业务;组织我国公民出国旅行;负责有关旅游的对外联络工作等。因此,此时该组织就是职责范围扩大的"中国国际旅行社"。改革开放后,旅游业性质由政治性接待部门转化为经济性产业,旅游行政机构的职能也开始发生变化。1978年,国务院批准将中国旅行游览事业管理局改为中国旅行游览事业管理总局,与国旅总社正式分开,直属国务院,由此确立了该总局为我国国家旅游行政机构和国家旅游组织的地位。1982年,中国旅行游览事业管理总局更名为中华人民共和国国家旅游局。2018年,中华人民共和国国家旅游局和中华人民共和国文化部合并,组建文化和旅游部更名为中华人民共和国文化和旅游部(以下简称"文化和旅游部")。

2) 中华人民共和国文化和旅游部的主要职责

作为国务院的职能部门和全国旅游工作的主管机构,目前中华人民共和国文化和旅游部的主要职责包括以下几项。

(1) 贯彻落实党的文化工作方针政策,研究拟订文化和旅游政策措施,起草文化和旅游法律法规草案。

(2) 统筹规划文化事业、文化产业和旅游业发展,拟订发展规划并组织实施,推进文化和旅游融合发展,推进文化和旅游体制机制改革。

(3) 管理全国性重大文化活动,指导国家重点文化设施建设,组织国家旅游整体形象推广,促进文化产业和旅游产业对外合作和国际市场推广,制定旅游市场开发战略并组织实施,指导、推进全域旅游。

(4) 指导、管理文艺事业,指导艺术创作生产,扶持体现社会主义核心价值观、具有导向性代表性示范性的文艺作品,推动各门类艺术、各艺术品种发展。

(5) 负责公共文化事业发展,推进国家公共文化服务体系建设和旅游公共服务建设,深入实施文化惠民工程,统筹推进基本公共文化服务标准化、均等化。

(6) 指导、推进文化和旅游科技创新发展,推进文化和旅游行业信息化、标准化建设。

(7) 负责非物质文化遗产保护,推动非物质文化遗产的保护、传承、普及、弘扬和振兴。

(8) 统筹规划文化产业和旅游产业,组织实施文化和旅游资源普查、挖掘、保护和利用工作,促进文化产业和旅游产业发展。

(9) 指导文化和旅游市场发展,对文化和旅游市场经营进行行业监管,推进文化和旅游行业信用体系建设,依法规范文化和旅游市场。

(10) 指导全国文化市场综合执法,组织查处全国性、跨区域文化、文物、出版、广播电视、电影、旅游等市场的违法行为,督查督办大案要案,维护市场秩序。

(11) 指导、管理文化和旅游对外及对港澳台交流、合作和宣传、推广工作,指导驻外及驻港澳台文化和旅游机构工作，代表国家签订中外文化和旅游合作协定，组织大型文化和旅游对外及对港澳台交流活动，推动中华文化走出去。

(12) 管理国家文物局。

(13) 完成党中央、国务院交办的其他任务。

2. 地方层次的旅游行政组织

在我国(内地)，各省、自治区和直辖市均设有旅游行政管理机构，虽然这些旅游行政管理机构所使用的名称不尽相同，有的称为文化与旅游厅，有的称为旅游管理委员会，但其任务都是负责统管本省、自治区和直辖市的旅游业发展和旅游行政事务。

省级以下的地方层次上，很多市、区、县也设立了旅游行政管理机构，负责其行政区域范围内旅游业的发展与管理工作。

6.2.2 旅游行业组织

在我国，旅游行业组织是指由有关的社团组织和企事业单位在平等自愿的基础上组成的各种行业协会。就其组织性质而言，它们属于非营利性的社会组织，具有独立的社团法人资格。

1. 旅游行业组织的宗旨与职能

我国旅游行业组织的基本宗旨是代表和维护本行业的共同利益以及本组织会员的合法权益，在政府有关业务主管部门的指导下，为本行业以及本组织的会员服务，在政府与本组织会员之间发挥桥梁和纽带作用，以促进我国旅游业持续、快速、健康地发展。在开展工作方面，旅游行业组织的职能通常包括以下几项。

(1) 向有关的旅游行政主管部门反映本组织会员单位中带有普遍性的问题和合理要求，向会员单位宣传政府的有关政策、法律、法规，并协助贯彻执行。

(2) 协调本组织会员间的相互关系，发挥行业自律作用，制定本行业的自律公约，并督促会员共同遵守。

(3) 组织有关本行业发展问题的研讨和经验交流，推动和督促会员单位提高服务质量和管理水平。

(4) 开展调查研究，向本组织会员提供国内外有关本行业的信息、资料和咨询服务。

(5) 根据本行业发展情况的需要，为本组织会员开展业务培训活动。

(6) 加强与旅游行业内外有关组织、社团的联系与合作，以民间组织身份对外开展国际交流与合作。

总之，行业组织的管理职能不同于政府旅游管理机构的职能，它不带有任何行政指令性和法规性，其有效性取决于行业组织本身的权威性和凝聚力。

2. 全国性旅游行业组织的类型

目前，我国全国性的旅游行业组织主要有中国旅游协会、中国旅行社协会、中国旅游饭店业协会和中国旅游车船协会。中国旅游协会是带有总会性质的综合性旅游行业组织，其他协会的工作开展都接受该协会的指导。

(1) 中国旅游协会(China Tourism Association, CTA)。中国旅游协会是由中国旅游行业的有关社团组织和企事业单位在平等自愿基础上组成的全国综合性旅游行业协会，具有独立的社团法人资格。它是1986年1月经国务院批准成立的第一个旅游全行业组织，是我国最具有代表性的全国性旅游行业组织，1999年3月经民政部核准登记。中国旅游协会接受国家旅游局(现为文化和旅游部)的领导、民政部的业务指导和监督管理。2016年12月，国家旅游局已正式致函中国旅游协会，告知经民政部审核，该会已完成脱钩，开始依法独立运行。

在组织结构方面，该协会为团体会员，凡在旅游行业内具有一定影响的社会团体和企事业单位，以及与旅游业相关的其他行业组织等，均可申请入会。中国旅游协会最高权力机构是会员代表大会，会员代表大会每4年召开一次会议。会员代表大会的执行机构是理事会，理事会由会员代表大会选举产生。理事会每届任期4年，每年召开一次会议。

该协会的宗旨是遵照国家的宪法、法律、法规和有关政策，代表和维护全行业的共同利益和会员的合法权益，在政府和会员之间发挥桥梁和纽带作用，促进中国旅游业的持续、快速、健康发展。

该协会的主要任务有以下几项。①对旅游发展战略、旅游管理体制、国内外旅游市场的发展态势等进行调研，向国家旅游行政主管部门提出意见和建议；②向业务主管部门反映会员的愿望和要求，向会员宣传政府的有关政策、法律、法规并协助贯彻执行；③组织会员订立行规行约并监督遵守，维护旅游市场秩序；④协助业务主管部门建立旅游信息网络，搞好质量管理工作，并接受委托，开展规划咨询、职工培训，组织技术交流，举办展览、抽样调查、安全检查，以及对旅游专业协会进行业务指导；⑤开展对外交流与合作；⑥编辑出版有关资料、刊物，传播旅游信息和研究成果；⑦承办业务主管部门委托的其他工作。

(2) 中国旅行社协会(China Association of Travel Services, CATS)。中国旅行社协会成立于1997年10月，是由中国境内的旅行社、各地区性旅行社协会或其他同类协会等单位，按照平等自愿的原则结成的全国旅行社行业的专业性协会，已经中华人民共和国民政部正式登记注册的全国性社团组织，具有独立的社团法人资格。该协会接受民政部的监督管理和中国旅游协会的业务指导。

(3) 中国旅游饭店业协会。中国旅游饭店业协会成立于1986年2月25日，是由经营接待国内外旅游者的饭店及其主管部门和相关部门组成的行业性组织。该协会旨在研究改善旅游饭店的经营管理，帮助提高服务质量和经济效益，促进旅游饭店业的发展。该协会面向基层，为会员饭店服务。中国旅游饭店业协会的主要任务是维护旅游饭店的合法权益；研究交流旅游饭店管理经验；举办专业讲座，提高旅游饭店管理人员的业务水平；开展饭店经营管理方面的咨询服务；组织与国外饭店业之间经验交流与合作；向旅游饭店的行政管理部门提出建议及出版有关旅游饭店经营管理的刊物。该协会于1994年正式加入国际饭店与餐馆协会(IH&RA)，成为其国家级协会会员。

(4) 中国旅游车船协会。中国旅游车船协会是由全国各旅游汽车和游船企业自愿组成的联合组织。该协会的宗旨有以下几项：加强对旅游车船行业的理论研究和经验交流；组织旅游车船行业在信息、人才、物资诸方面的协作；促进我国旅游车船事业的改革与发展，更好地为旅游事业服务。

6.3 国际旅游组织

6.3.1 国际旅游组织的概念及分类

1. 国际旅游组织的概念

根据世界各地的旅游研究文献，职能或工作内容与国际旅游事务有牵连的国际性非营利组织，皆可纳入国际旅游组织范畴。所以，国际旅游组织的概念有狭义和广义之分。狭义的国际旅游组织是指成员来自多个国家并为多国利益工作和服务的全面性国际旅游组织，如世界旅游组织(World Tourism Organization，UNWTO)。广义的国际旅游组织除了包括狭义的国际旅游组织，还包括那些其工作范围部分地涉及国际旅游事务的国际组织，如联合国(United Nations，UN)，以及专门涉及某一旅游行业的国际性旅游同业组织，如国际航空运输协会(International Air Transport Association，IATA)。

2. 国际旅游组织的分类

人们对国际旅游组织的分类，常因所用依据或标准的不同而有差异。比较常见的分类依据包括以下几种。

根据该组织的主要成员类别，国际旅游组织可分为以个人为主要成员的国际性旅游组织、以企业为成员的国际性旅游组织、以机构或社会团体为成员的国际性旅游组织、以国家政府代表为成员的国际性旅游组织。

根据该组织的性质，国际旅游组织可分为政府间组织、非政府间组织(即民间组织)。

根据该组织工作涉及的地域范围，国际旅游组织可分为全球性组织、地区性组织。

根据该组织的职能范围或工作领域，国际旅游组织可分为其工作领域部分涉及旅游事务的一般性国际组织、全面涉及旅游事务的专职性国际旅游组织以及专门涉及某一旅游行业领域的国际同业组织。

6.3.2 我国加盟的部分国际旅游组织

随着我国国际旅游规模的不断增大，我国对世界旅游事务的参与越来越广泛。同时，我国国际旅游地位不断提升，越来越多的国际旅游组织与我国的交流和合作不断加强。在这一过程中，我国很多旅游组织或企业成为众多国际旅游组织的成员。下面主要介绍影响力较大的国际旅游组织。

1. 世界旅游组织

世界旅游组织是当今世界上唯一全面涉及国际旅游事务的全球性政府间机构，同时也是当今旅游领域中最具有知名度且最具影响力的国际性组织。世界旅游组织的英文为World Tourism Organization，为了避免理解上的混淆，人们开始将"UNWTO"用做世界旅游组织的英文缩称，意指作为联合国特别代理机构的世界旅游组织。世界旅游组织的前身可以追溯到1898年设立的旅游协会国际联盟，1919年改称国际旅游同盟。国际旅游同盟于1925年5月4日至9日在荷兰海牙召开了国际官方旅游协会大会，由此揭开了旅游国际化的序幕。1975年1月2日，联合国世界旅游组织(UNWTO)正式署名，总部设在西班牙马德里。次年，世界旅游组织成为联合国开发计划署在旅游方面的一个执行机构，并依此身份在全球展开旅游事业的各项工作。

世界旅游组织的基本宗旨是，促进和发展旅游事业，为经济的发展、国家间的相互了解、和平与繁荣、尊重人权和不分种族、性别、语言及宗教信仰的人类基本自由做贡献。

世界旅游组织的组织机构包括全体大会、执行委员会、秘书处及地区委员会。全体大会是世界旅游组织的最高权力机构，每两年召开一次，讨论有关旅游进展、计划和研究等重大问题。在全体大会休会期间执行委员会行使全体大会的职权。执行委员会每年至少召开两次会议，其日常工作由世界旅游组织秘书处负责。执行委员会下设几个分管有关事务的从属机构：计划和协调委员会、预算和财务委员会、促进委员会、环境委员会以及同"国际航空运输协会"协调工作的联合工作组。世界旅游组织全体大会下设有非洲、美洲、欧洲、中东、亚太地区5个地区性委员会。

世界旅游组织目前有将近500个成员，其中分为三类：第一类是正式成员，这类成员皆为代表主权国家，通常为这些主权国家的国家旅游组织，目前有155个成员。第二类联系成员，这类成员皆为未独立领地的旅游代表机构。也就是说，这类成员都是那些尚未获得独立的殖民地的旅游代表机构，目前有7个。第三类是附属成员，这类成员皆为与旅游有关的国际官方和民间组织，以及商业组织和协会。也就是说，这类成员多为与旅游业有关的国际团体，其中既有政府间机构，也有非政府间团体，这类成员已达到400多个。

世界旅游组织不隶属于联合国，它是联合国的特别代理机构，同联合国及其一系列专门机构签订了很多有效的协议。

我国于1983年加入世界旅游组织，成为该组织的第106个正式成员，并在该组织1999年召开的全体大会上被评选为该组织执行委员会的成员。

2. 世界旅行和旅游理事会

世界旅行和旅游理事会是一个全球性的非政府间组织。该组织成立于1990年，是全球商界领袖的旅游论坛，成员由全球上百家著名企业的总裁、董事长、首席执行官组成，这些企业涉及住宿业、游船业、娱乐业、交通运输业以及其他与旅行相关的服务行业。世界旅行和旅游理事会总部设在英国伦敦，领导机构是由19个成员组织的执行委员会，其每年召开两次执行委员会会议。世界旅行和旅游理事会的使命是：促进人们认识旅游的经济贡献和社会贡献，并通过发展与世界各国政府的合作，帮助各国政府制定相应的政策，以挖掘旅游业创造就业和增加经济收益的潜力。它是全世界唯一代表私营力量的旅游组织。

3. 太平洋亚洲旅游协会

太平洋亚洲旅游协会是一个地区性的非政府间国际组织。该组织于1951年1月在美国檀香山成立，原名为"太平洋地区旅游协会"，1986年4月在马来西亚召开的第35届会议上改用现名。在我国，人们通常将太平洋亚洲旅游协会简称为亚太旅游协会，我国在1993年加入该协会。该组织的宗旨是发展、促进和便利世界其他地区的游客前来太平洋地区各国旅游以及本地区各国居民在本地内开展国际旅游活动。

太平洋亚洲旅游协会行政总部设在美国加州的奥克兰，此外有两个办事机构：一个设于澳大利亚的悉尼，一个设于摩纳哥。太平洋亚洲旅游协会同时也是世界旅游组织的附属成员，并与很多其他民间国际旅游组织保持工作联系。

本章小结

本章梳理了国家旅游组织的概念，明确了国家旅游组织是最高的旅游行政管理机构，并重点说明国家旅游组织的职能；同时从旅游行政组织和旅游行业组织两方面介绍了我国旅游组织的现状，目前我国旅游组织能结合实际指导我国旅游业的发展。世界旅游组织有很多，其中对我国较有影响的是世界旅游组织、世界旅游理事会和太平洋亚洲旅游协会。

关键词或概念

国家旅游组织(National Tourism Organization，NTO；National Tourism Administration，NTA)

国际旅游组织(International Tourism Organization，ITO)

世界旅游组织(World Tourism Organization，UNWTO)

世界旅行和旅游理事会(World Travel and Tourism Council，WTTC)

太平洋亚洲旅游协会(Pacific Asia Travel Association，PATA)

简答题

1. 名词解释：国家旅游组织、国际旅游组织
2. 国家旅游组织的基本职能包括哪些？
3. 简述我国旅游行政组织的设置情况。
4. 简述我国旅游行业组织的目前状况。
5. 试介绍世界旅游组织和太平洋亚洲旅游协会。

第7章 旅游流

> **本章导读**
>
> 作为旅游活动的主体，旅游者是开展旅游活动的首要条件，是旅游学的首要研究对象，而在一个或大或小的区域上，由于旅游需求的近似性而引起的旅游者集体性空间移动现象，便形成了旅游流。本章主要介绍旅游流的概念及特征，旅游流形成的机理与运动模式规律，旅游流的运动方向。

> **学习目标**
>
> - 了解旅游流的概念及特征。
> - 掌握旅游流的形成条件。

7.1 旅游流的概念及特征

7.1.1 旅游流的概念

狭义的旅游流是在旅游目的地与客源地之间空间作用力的作用下，旅游者集体性空间移位现象。当旅游者从自己的居住地出发，到不同的地方去观光游览、娱乐消遣，便形成了具有一定流向、流量、时间特性的游客群体，即旅游客流，简称旅游流。广义的旅游流以旅游客流为主体，指包含信息流、资金流、物质流、文化流等在内的复杂巨系统广义的旅游流结构，如图7-1所示。

在旅游流体系中，旅游信息流是其他旅游流产生的先决条件，在信息流的引导下，才能产生旅游客流等其他形式的旅游流；旅游客流是旅游流体系的主体和基础；资金流、物质流、文化流等是伴随旅游客流产生的辅助流。

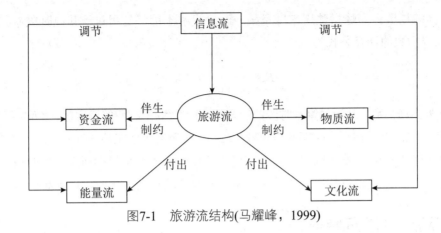

图7-1 旅游流结构(马耀峰,1999)

7.1.2 旅游流的特征

1. 旅游流的时间特征

旅游流的时间特征是就旅游流产生和消散过程中的持续时间而言的,具体表现为持续时间的长短和在时间公布上是否具有波动性两个方面。

作为一种地理现象,旅游流往往表现出较强的节律性或波动性,其原因有以下两点。首先,自然地理环境本身具有节律性。节律性是自然界一种独特的时间循环,导致自然地理现象在时间上重复出现,其具体形式有周期性节律和旋回性节律两种。周期性节律是按严格不变的一定时间间隔重复出现的现象,如昼夜更替、季节更替;旋回性节律指地理现象重复出现的时间间隔长度不定,如地质旋回、气候旋回等。旅游作为一种地理现象必然受自然地理环境节律性变化的影响,而在时间分布上具有节律性。其次,社会经济环境本身具有波动性。社会经济环境随着时间变化而波动,并导致旅游流的波动。如经济发展具有周期性,在经济复苏与繁荣阶段,旅游需求增加、旅游流量变大;在经济衰退与停滞阶段,旅游需求减少,旅游流量变小。社会环境的变化导致闲暇时间的变化与社会习俗的变化等都将影响旅游流,使之表现出波动性。

旅游流的时间特征可由季节性强度指数和高峰指数来衡量。

(1) 季节性强度指数。旅游流的时间分布一般具有季节性,因此可用季节性强度指数来衡量。季节性强度指数的计算公式为

$$R = \sqrt{\sum_{i=1}^{12}(x_i - 8.33)^2 / 12}$$

式中,R为季节性强度指数,x_i为各月游客量占全年的比重。R值越大,旅游流的时间变动越大,旅游淡旺季差异越大;R值越小,旅游流的时间分配越均匀;R值趋近于零时,则旅游无淡旺季之分。

(2) 高峰指数。高峰指数用来度量某一时段旅游流量,是相对于其他时段旅游流量而言的。高峰指数的计算公式为

$$P_n = \frac{V_1 - V_n}{(n-1)V_n} \times 100$$

式中,P_n为高峰指数,V_1为最繁忙时段的游客数,V_n为第n个时段的游客数,n为参照时段(1=最旺时段)。当游客量在所有时期都相同时,$P_n=0$;当游客集中在某一时期时,P_n值增大。

高峰指数P_n的数值不仅取决于高峰程度,还依赖于游客总量和所选定的时段。该指数主要用于对不同旅游地进行比较或用于考察某一设施随时间变化而出现的高峰趋势。

2. 旅游流的空间特征

旅游流的空间特征是指旅游流的空间分布,具体可表现在旅游流的起源地、流向、流量等方面。

旅游流的影响因素较多,有客源地因素、目的地因素及两地之间的关系因素等。由于影响因素较多且复杂,加上多个客源地与多个目的地之间的相互干扰,旅游流的空间分布呈现非均衡性。旅游流的空间分布具有如下几个特征。

(1) 旅游流的产生地和目的地多为发达国家和地区。旅游作为一种社会经济现象,其发达程度取决于社会经济发展水平。社会经济发达,则产生的旅游需求旺盛,同时提供的旅游接待能力较大,旅游供给充足。

(2) 近距离的旅游流量多于远距离的旅游流量。统计表明,在全世界国际旅游中,近距离的出国旅游,特别是前往邻国的国际旅游,一直占绝大比例。以旅游人数计算,这种近距离出国旅游人次约占全世界国际旅游人次总数的80%。形成这种状况的原因主要是距离衰减原理在起支配作用。具体而言,近距离的旅游费用少,有支付能力的人数多,时间短,生活习俗相近,旅游阻力小。

(3) 在地域流动上,具有非平衡性(或不对称性)。

7.2 旅游流的形成条件

旅游流的形成涉及多种因素,可概括为以下几个方面。

7.2.1 客源地方面的因素

客源地方面的因素决定了旅游需求水平。客源地对旅游需求水平的影响包括以下几项。

1. 自然条件

客源地的自然环境对旅游流流向、时间、流量等有一定的影响。如旅游者对旅游目的地的选择受居住地自然环境的影响。每个人都生活在一个特定的自然环境中，并形成一定的审美情趣，如瑞典人和芬兰人对森林情有独钟，倾心于林间小屋的宁静氛围，而北欧人纷纷涌向地中海寻找阳光地带。尤其是在客源地自然环境比较恶劣、环境质量恶化的情况下，摆脱严重污染的环境这一动机明显影响旅游流的流向、流量。

2. 经济条件

经济发展水平对旅游流的产生起决定性的作用。世界经济统计表明，当一个国家或地区人均国内生产总值为800~1 000美元时，居民将普遍产生国内旅游动机；为4 000~10 000美元时，居民将产生国际旅游动机；超过10 000美元时，居民将产生洲际旅游动机。

3. 社会因素

客源地的生活发展状况影响着闲暇时间长短与分布、人们的消费意识与社会文化，这些对旅游流的形成有相当大的影响。

4. 人口因素

客源地的人口规模、人口构成、增长速度、教育程度与城乡分布，对旅游流的性质、规模等必然有一定的影响，表现较为明显的就是城市地区产生的旅游流明显强于乡村地区。造成这种状况的主要原因有两点：一是城市居民的工作性质和生活环境不同于乡村，城市居民的身体和精神承受巨大的压力；二是城市居民收入一般高于乡村，交通便利。

7.2.2 目的地方面的因素

目的地方面的因素决定了旅游供给水平，决定了旅游吸引力的大小。目的地方面的因素主要包括以下几项。

1. 旅游资源条件

旅游资源主要指对旅游者具有吸引力的自然存在和历史文化遗产以及直接用于旅游目的地的人工创造物，它可以是有具体形态的物质实体，如风景、文物，也可以是不具有具体物质形态的文化因素，如民情风俗等。旅游资源内容广泛，在具体研究某个区域或某个问题时，可以有灵活的界定，以便于技术操作。显然，旅游资源是旅游活动的主要诱因，其质量的高低和规模的大小，直接影响旅游吸引力的大小。如果没有旅游资源，旅游者便不会被吸引前来访问，旅游业也就无法生存。目的地拥有的旅游资源越丰富、越有特色，对旅游者的吸引力就越强。

2. 旅游接待条件

旅游接待条件指旅游地接待旅游者的诸多因素，具体包括旅游设施条件、旅游服务水平、社会治安状态等。旅游设施通常多指商业性的旅游服务设施，主要包括交通运输设施、食宿接待设施、游览娱乐设施、旅游购物设施等。这些设施的规模代表着旅游地的接待能力。旅游服务水平的高低，对旅游地的吸引力会产生很大影响。

3. 通货膨胀程度

目的地的通货膨胀意味着旅游产品价格的上升，尤其是目的地通货膨胀程度高于客源地或其他目的地的情况下，对旅游流的影响尤为突出。

7.2.3 双方相关因素

双方相关因素对旅游流将产生广泛而深刻的影响，具体包括以下几项。

1. 距离

距离衰减理论认为旅游地与客源地的空间相互作用一般随距离的增加而降低，距离因素往往是旅游的阻碍因素。这里，距离的含义有以下几种。

(1) 空间距离。空间距离指客源地与目的地之间的实际距离，多用千米表示。一般而言，空间距离越大，旅游信息流越少，目的地与客源地相互作用的机会就越少。

(2) 经济距离。经济距离指客源地与目的地之间的旅途时间和经济费用。旅途时间越长，费用越多，客源地与目的地的空间作用就越弱。

(3) 文化距离与宗教心理距离。文化距离与宗教心理距离主要指目的地与客源地之间文化差异、民族隔阂或宗教冲突。若文化距离与宗教心理距离过大，居民旅游的可能性就会降低。

2. 目的地与客源地间政治、经济、文化与历史方面的联系

目的地与客源地间经济、文化与历史等方面的联系越密切，旅游流量就越大。尤其是经济联系所引发的商务客流，在旅游流中占有较大的比重。客源地与目的地间若存在着悠久的历史文化渊源，则彼此间的旅游流量较大。因为旅游者的需求不同，无论是"同质文化"还是"异质文化"，都具有吸引力，从旅游个性类型的分布状况来看，中间型的人占比重较大，所以从数量上看，同质文化环境更适合广大旅游者，尤以"同质"而又有一定差异的文化最具吸引力。

3. 其他因素

其他因素如大型体育比赛、博览会、宗教朝圣地、文化创意园和旅游新业态对旅游流

的产生有明显的影响。

本章小结

本章依据目前旅游学领域的研究状况,对旅游流概念、旅游流的特征、旅游流的空间分布以及旅游流的形成条件做了阐述。随着旅游业的发展变化,文旅融合新业态的产生,旅游流的空间格局发生新的变化。研究旅游流的变化趋势对于更好地研究旅游流产生的机理及运动规律,对旅游业高质量发展具有重要的现实指导意义。

关键词或概念

旅游流(tourist flow)

客源地(tourist generating region)

目的地(destination)

流向(flow direction)

流量(rate of flow)

时间特征(time characteristics)

空间特征(spatial characteristics)

思考题

1. 名词解释:旅游流、季节性强度指数、高峰指数。
2. 旅游流的形成条件是什么?
3. 旅游流的时间特征是什么?
4. 旅游流的空间特征是什么?
5. 旅游流之间的关系是什么?

第8章 旅游影响

本章导读

旅游是一个涉及经济、环境及社会各方面的复杂社会现象，旅游活动的影响涉及诸多的社会层面。随着社会的发展，大众化旅游不断普及，旅游业正逐渐成为影响国民经济、社会文化和环境发展变化的重要力量，由此产生的旅游影响问题愈来愈不可忽视，成为旅游学研究的重要领域。

对于旅游影响，人们思考更多的是，旅游活动的展开是如何影响目的地的社会系统的。但是作为跨区域行为，旅游活动产生的影响常常不仅仅局限于目的地社会，它对客源地社会的影响也同样客观存在。在实践中，旅游活动的大规模进行，它的影响已经深入整个社会的每一个角落，旅游影响具有较强的综合性，不可能截然分开。因此，在本章中，基于分析的需要，我们分别从经济、社会文化和环境三个方面讨论旅游活动对目的地社会产生的积极和消极影响。

学习目标

- 本章重点要求学生理解旅游影响的概念，了解旅游影响的类型，理解旅游影响评价的原则。
- 理解旅游经济影响的影响因素，掌握旅游经济影响的表现，掌握旅游乘数理论。
- 掌握旅游社会文化影响的表现，了解旅游社会文化效应的影响因素。
- 理解环境与旅游的关系，掌握旅游环境影响的表现，了解旅游环境影响的影响因素。

8.1 旅游影响的概念与类型

当旅游处于偶然性活动的发展水平时，对于社会整体来说，旅游活动并不能产生大的影响。但旅游发展进入大众时代时，旅游产生的影响已成为不可忽视的问题，因为旅游者的行为与旅游服务企业的行为已经成为影响人类社会的文化发展趋向、改变经济体的内部产业结构和左右地区环境演化方向的重要因素。

8.1.1 旅游影响的概念

旅游影响，又称旅游效应，是指由旅游活动所引发的各种利害影响。它既包括对作为旅游活动主体的旅游者的影响，也包括对其他相关的利益者的影响。后者便是旅游活动的外部影响，是根源于旅游作为一种社会经济活动所具有的外部性特征而产生的效应，是旅游影响研究关注的重点。

8.1.2 旅游影响的类型

为了认识旅游影响的结构特征，可以按照不同的标准对旅游影响进行分类。

1. 按照旅游影响的内容划分

按照旅游影响的内容划分，旅游影响可以分为经济影响、社会文化影响和环境影响。

旅游经济影响是指旅游活动对国民经济的影响，例如增加外汇收入，促进经济发展，调整产业结构，增加就业机会，改变投资环境等。尽管这些影响对一个国家或地区的意义是不同的，但其影响的强度很突出，例如泰国、冰岛、马尔代夫等国家都将旅游产业作为本国经济发展的支柱。

旅游社会文化影响是指旅游活动对旅游目的地社会结构、价值观念、生活方式、习俗民风和文化特征等方面的影响。旅游活动是一种以不同地域、不同民族、不同社会以及具有不同文化传统的人群之间的相互接触交流为其根本特征的活动，这种交流会对旅游目的地的社会文化产生影响，同时旅游目的地的社会文化也对旅游者产生影响，并通过旅游者将这些影响带到客源地的各个领域。当游客与当地居民在经济地位上有明显差距时，游客对旅游目的地的社会文化影响程度将提高，给当地文化的多样性的保护带来了挑战。

旅游环境影响是指旅游活动对环境产生的影响。所谓环境既包括目的地自然环境，也包括经人工创造的社会生活环境(人文环境)。旅游和环境之间的关系是相互依存的。旅游活动的开展能加大对自然或人文环境的保护，但也能给旅游地带来嘈杂的人流或遍地垃圾，从而改变原始环境的风貌。现代旅游依赖于良好的环境，因此，环境的破坏意味着旅游前景的黯淡。

2. 按照旅游影响的社会价值的性质划分

按照旅游影响的社会价值的性质划分，旅游影响可以分为积极影响和消极影响。

积极影响，也叫正影响，是指旅游活动对社会所产生的有价值的影响，例如旅游活动增加国家的外汇收入。

消极影响，也叫负影响，是指旅游活动对社会产生的不利的影响，例如旅游活动造成了旅游目的地的环境污染。旅游目的地所能承受的旅游压力是有限的，因此在同一旅游目的地会产生旅游影响社会价值属性的交叉现象。例如，旅游活动可能创造就业机会，但工作时间的增加会对家庭生活和社会行为产生负面的影响；旅游开发可能导致环境破坏，但也可能获得治理污染的资金。因此，在积极影响和消极影响之间，很难对这种复杂而不规范的旅游影响的社会价值的性质进行测度和评价。

3. 按照旅游影响的表现形式来划分

按照旅游影响的表现形式来划分，旅游影响可以分为显性影响和隐性影响。

旅游的显性影响是指那些外在化的、具有明显的物质形态的影响形式。例如，直接由于旅游业发展而增加的就业机会、在旅游区发生的交通堵塞现象、大量出现的旅游服务设施、地皮价格上涨以及环境的直接污染和破坏等，都属于这一类影响。

旅游的隐性影响是指因旅游活动而产生的但却无法观察到其直观的物质形态的影响。这种影响需要很长时间才能显露出来，例如旅游目的地居民的生活方式和价值观念受到旅游者潜移默化的影响，从而改变了当地的社会结构。

对于显性影响，地方政府及旅游管理部门一般能很快引起重视并迅速做出决策；但对于隐性影响，由于其演变得相对缓慢和本身的无形性，地方政府及旅游管理部门对其的相关预防和管理会有所忽视。

4. 按照旅游影响产生的时间划分

按照旅游影响产生的时间划分，旅游影响可分为即时影响和滞后影响。

即时影响是指伴随旅游活动的发生而立刻相应发生的影响。例如，旅游者对旅游区的污染，尤其是丢弃的各种废物会立刻造成旅游区视觉上的污染；旅游者的大量流入会立刻造成交通、景区的拥挤不堪；旅游者的到来向当地经济注入货币收入等。

滞后影响一般是指旅游即时影响从量变到质变过程的结果，也指一些单纯性的暂时不发生而在以后暴露出来的某些影响。例如，局部环境污染的发展，最终导致旅游目的地整个生态系统的破坏；旅游者的行为在旅游目的地引起的示范影响，在一定程度上改变了当地居民的价值观和生活方式。

5. 按照旅游影响的作用来源划分

按照旅游影响的作用来源，旅游影响可分为旅游者活动影响和旅游产业活动影响。

旅游者活动影响是指来自旅游者的直接影响，是旅游影响最直观的表现形式。例如，旅游者在旅游目的地的消费行为对当地居民产生示范影响，旅游者的大量聚集导致的旅游地拥挤现象。

旅游产业活动影响是由旅游企业的生产经营活动造成的影响，是大众化旅游的必然结果。一般来说，旅游者活动影响与旅游产业活动影响存在着依存关系，但旅游产业活动影响相对于旅游者活动影响而言,规模更大,力度更大。在研究旅游影响时,并不需要对旅游者活动影响与旅游产业活动影响加以区别。

8.2 旅游的经济影响

旅游消费行为本身就是一种经济活动,旅游业通常被认为是国民经济的重要收入来源。人们非常关注旅游给旅游目的地带来的经济效益和对国民经济的促进作用,但是作为一种经济活动,旅游也必然会对旅游目的地的经济产生负面影响。因此在研究旅游对经济的积极影响的同时,也应正视旅游活动给旅游目的地带来的经济代价,也就是要权衡旅游的经济效益与旅游的经济代价之间的关系,找出最佳的"利益—代价"解决方案,这对政府部门的决策者和旅游行业的管理者是一种巨大挑战。

8.2.1 旅游对目的地经济发展的积极影响

1. 增加外汇收入,平衡国际收支

就旅游目的地而言,接待入境旅游者可以增加该国的外汇收入,提高该国的支付能力,从而有助于平衡该国的国际收支。一个国家拥有外汇的多少,是衡量这个国家经济实力强弱和国际支付能力大小的重要标志。要想在激烈的国际经济竞争中站稳脚跟,就必须开辟创汇的途径。

一般而言,一个国家获得外汇收入的途径有三条:一是对外贸易的外汇收入,指物质商品出口所带来的外汇收入;二是非贸易外汇收入,也称无形贸易外汇收入,指国家间有关保险、运输、旅游、利息、居民汇款、外交人员费用等方面带来的外汇收入;三是资本往来收入,指对外投资和贷款方面外汇收入。旅游外汇收入是非贸易外汇收入的重要组成部分,所以,接待国际入境旅游的创汇意义与出口物质商品的创汇意义是一致的,因此接待国际入境旅游也是一种出口,通常称为旅游出口。

但旅游出口收入的模式与物质商品出口收入的模式不同。向外国出口物质商品时,商品的流动方向与国外支付商品款项的流动方向是相反的。出口商品向国外流动,而支付款项向国内流动。而在旅游出口中,旅游者的流动方向与支付旅游消费的款项的流动方向是同向的。例如,日本旅游者进入美国旅游,也就是美国向日本进行旅游出口,日本游客到美国购买旅游感受和体验,支付旅游消费的资金从日本带到美国。因此,当这些旅游消费资金流入美国时,美国发生了旅游出口,获得了国际旅游收入,美国外汇增加。

由于旅游出口是一种就地出口,即旅游者必须要来旅游产品的生产地点进行消费,所

以它较其他类型的出口贸易创汇具有不可比拟的优势。具体表现为以下几点。

(1) 换汇率高。旅游出口是一种无形贸易，旅游接待国在国内提供劳务服务就可以赚取外汇，旅游者必须到旅游产品的生产地点进行消费，所以可以节省掉商品外贸过程中所必不可少的运输费用、仓储费用、保险费用、有关税金等各项开支以及与外贸进口有关的各种繁杂手续，而且不存在外贸出口商品运输过程中的损耗问题。因此，旅游产品的换汇成本低于外贸商品的换汇成本。

(2) 换汇周期短，结算及时。外贸出口从发货到结算支付在时间上是分离的，两者往往要间隔很长时间，有的甚至会长达好几年，这不利于国民经济的发展。而旅游出口是现汇贸易，买方往往采用预付或现付的方式结算。因此，旅游创汇的资金收入可以及时投入周转使用，有利于旅游接待国的资金周转。

(3) 免受进口关税壁垒的影响。在传统的商品出口中，进口国出于保护本国产业的目的，会对进口商品采取种种限制政策。例如，对进口商品实行配额限制，超过一定数额，便会提高进口商品的关税，这就是所谓的关税壁垒。而旅游出口具有就地出口的特征，对进口国的国际旅游客源国不存在类似的关税壁垒问题。

因为旅游产品出口创汇具有上述优点，所以通过发展旅游业可以赚取外汇、弥补贸易逆差和平衡国际收支。国际收支是指一个国家或地区在一定时期(通常为1年)与其他国家或地区经济往来的全部外汇收入和支出。当收入大于支出时，国际收支表现为顺差；反之，国际收支表现为逆差。对于发展中国家而言，由于经济技术滞后，物质商品出口量有限，但为了发展本国经济，又必须进口外国的先进技术和设备，国际收支出现逆差。因此，通过旅游创汇来弥补贸易逆差是不少发展中国家优先发展国际入境旅游的动机所在。

当然，对于国际贸易顺差巨大的国家来说，通过鼓励国民出国旅游，也可以起到平衡国际收支和减小国际贸易摩擦的作用。例如，20世纪80年代日本提出的"出国旅游倍增计划"，2005年我国将旅游发展政策中的"适度发展出境旅游"调整为"规范发展出境旅游"，都是通过出国旅游来平衡国际收支的例子。

2. 加速货币回笼，增进市场的稳定

任何一个实行货币制的国家或地区都需要有计划地投放货币和回笼货币，从而保证社会经济的正常运行。如果在商品投放量不变或增加不大的情况下，社会上流通的货币量大量增加，会出现通货膨胀，产生货币贬值的可能。

因此，国家投放货币后都要设法将其回笼。目前，回笼货币的方式主要有4种，分别是财政回笼，即通过征税回笼货币；信用回笼，即通过吸收存款、回收贷款、发放国债等方式来回笼货币；商品回笼，即通过销售商品来回笼货币；服务回笼，即通过各种服务行业提供服务产品来回笼货币。在国家的物质商品生产能力有限，一时难以扩大国家的物质商品投放量的情况下，转移人们的购买取向、鼓励人们多消费服务性产品，则成为必要的货币回笼渠道。旅游产品主要是服务产品，无须消耗过多的物资，同时旅游服务满足了人们追求享受和发展的需求，并且其消费水平较高，可以回收大量的货币。因此，积极发展

国内旅游,不仅能够满足广大国内消费者对旅游的需求,同时也是加速货币回笼,增进市场稳定的一种手段。

3. 促进关联产业的发展

旅游业是一个跨部门、跨行业的交叉产业,具有高度的产业关联性。旅游业是一个"后向联系"较强的产业,"后向联系"是指一个产业部门同向它提供投入产品和服务的上游部门之间的联系。旅游业的发展一方面有赖于目的地的很多其他产业和部门的配合和支持,另一方面可带动和促进其他经济部门或产业的发展。这是因为,在旅游目的地,旅游者需要多种多样的产品和服务,包括住宿、餐饮、娱乐、交通运输、纪念品等,和其他产业相比,旅游业在当地经济中是很多"后向联系"产业的购买者市场。因此,旅游业的"后向联系"产业部门涵盖的范围很广泛,其中主要的产业部门包括农牧渔业、交通运输业、娱乐业、建筑业和制造业。旅游业的发展必然会导致其"后向联系"产业部门的同步发展。例如,旅游业需要交通工具制造业提供交通工具产品;旅游业需要建筑业提供的房屋产品;旅游业为了满足旅游者饮食的需要而采购粮食产品。因此,旅游业的发展在促进目的地地区经济整合、经济的多样化及经济整体发展方面起着非常重要的作用。从这个意义上,旅游业的发展可以成为国民经济中一个新增长点,在一个较长的时期内,旅游业对国民经济的发展能起到明显的拉动作用。

4. 平衡地区经济发展,缩小地区差别

世界各国都十分关注地区差异问题,并通过不同方式和渠道提出许多解决此问题的对策及措施,而开展旅游活动,发展旅游业是解决此问题最为有效的途径。

一方面,不论是国际旅游还是国内旅游,旅游活动都可以被当作一种重新分配财富的有效手段,即可以将财富从经济发达的国家或地区转移到经济欠发达的国家或地区,从而平衡地区经济发展,缩小地区差别。国际旅游可将客源国的物质财富转移到接待国,国内旅游则可把国内财富从一个地区转移到另一个地区,起到将国内财富在地区间进行再分配的作用。

就一般情况而言,从发达国家或地区流向不发达国家或地区的旅游者居多,这些旅游者在目的地的消费构成了当地的旅游收入,这是一种外来的"经济注入",这些收入在旅游目的地的经济体系中运转,可以刺激和带动该地区的经济发展,从而缩小与发达地区的差距。

另一方面,经济发达的国家或地区在经济欠发达的国家或地区投资旅游项目或兴建旅游相关设施,就意味着发达国家或地区在一定程度上支持着经济欠发达的国家或地区的经济建设和发展。虽然某些区域经济发展比较落后,但拥有某些特色的自然和文化旅游资源,如果有效地开发利用这些资源,发展旅游业,就可以使该地区摆脱经济困境。例如,那些大自然赋予的美丽海滨在未开发为旅游度假地之前,显示不出任何经济价值,但是一

旦这个地区开发为旅游度假胜地，就会在目的地地区的经济体系中发挥巨大的作用。墨西哥的坎昆在1970年以前只是一个玛雅人的小村落，3S型旅游的开发使之在10年后变成一个世界著名的旅游度假胜地，可见，旅游业促进了该地区经济的发展。

旅游扶贫是近年来比较热门的一个话题。2013年，国家首次提出精准扶贫，旅游扶贫是国家精准扶贫计划中一项十分重要的内容，是精准扶贫的新引擎。因为旅游业从业门槛低，收益可观，既符合"大众创业，万众创新的需求"，又符合乡村振兴的时代主题。2016年12月，国务院发布《"十三五"脱贫攻坚规则》，指出在产业发展脱贫的规划中，要因地制宜发展乡村旅游、大力发展休闲农业、积极发展特色文化旅游。

在我国，贫困地区大多在山区、半山区、荒漠化地区和少数民族聚居区。交通不便、产业基础薄弱是造成这些地区贫困的重要原因，但同时，这些地区保存了比较原生态的地形地貌、人文景观和特色鲜明的风土人情。因此，我国旅游资源蕴藏丰富的地区与贫困地区有很大的重合性，这种资源分布的特点就在"发展旅游业"与"扶贫"之间建立了有机联系。当经济发达地区的居民被这些经济欠发达地区的旅游资源吸引而到此旅游消费时，这些旅游者在旅游目的地的旅游消费就刺激了当地经济的发展，这种刺激由于受到旅游业的连带作用，将对当地的整个社会经济发展产生极大的促进作用。现在越来越多的贫困地区通过发展旅游业走上了脱贫致富的道路。例如，四川省凉山州冕宁县彝海镇彝海村坐落在红军长征途中"彝海结盟"地的彝海之滨，曾受各种条件制约，生活并不富裕。近年来，当地以增加村民就业、提高村民收入为目标，借助红色旅游资源，推动旅游产业扶贫，全村110多户贫困户已经全部脱贫。

2016年，原国家旅游局设立国家乡村旅游扶贫工程观测中心，对全国153个乡村旅游扶贫观测点实施观测，旨在通过建立旅游扶贫监测指标体系，为旅游助力精准扶贫提供第一手数据。三年间，原观测中心更名为全国乡村旅游监测中心，153个扶贫观测点变更为101个"扶贫监测点"。国家乡村旅游监测中心数据显示，2019年101个扶贫监测点通过乡村旅游脱贫人数为4796人，占脱贫人数的30.4%，通过乡村旅游，使得监测点贫困人口人均增收1123元。乡村旅游已成为我国农民就业增收、农村经济发展、贫困人口脱贫的重要力量。

5. 改善投资环境，扩大国际合作

旅游业除了能为经济合作提供必要的物质条件外，还能促进各国和各地区人民之间的信息交流，从而进行投资。同时旅游业本身就是一个引入外资较多的行业，也是投资者乐于投资的行业。"旅游搭台，经贸唱戏"是招商引资、开发经济合作的流行方式。近几年来，我国先后引进世界知名旅游集团的投资，如美国迪士尼集团、美国环球影城娱乐集团、英国默林集团以及各大国际知名的酒店集团。

旅游业的发展可以从多个方面改善投资环境，吸引外资，加深国际经济交流和合作，一是旅游业提供开展经济合作的必要物资条件。发展旅游业必定会加快通信、交通、电力等基础设施和饭店、公寓、写字楼、娱乐场所等旅游设施的建设，这为外商投资、经商、

谈判、考察等提供了吃、住、行等多方面的良好条件。二是旅游业提供了开展经济合作的信息条件。因为国际旅游业是对外开放的一个"窗口",一方面,发展国际旅游业能加深各国人民之间的了解,并从中获得各种经济信息,为投资公司到旅游目的地投资和发展经济合作提供了决策依据;另一方面,旅游者当中有大量的科学家、学者、企业家,他们带来了许多最新的科技信息和技术,开拓了当地政府和企业吸引外来投资的视野。

6. 有助于增加政府税收,增加旅游目的地的经济收入

随着旅游业的发展,政府的税收增加了。政府主要从三方面获得旅游业的税收:第一,旅游者缴纳的相关税收,如海关税、签证费、机场建设税等;第二,旅游企业的增值税、所得税等;第三,旅游从业人员的个人所得税。同时,旅游业的发展带动了旅游目的地相关行业的发展,政府也从这些行业获得更多的税收。

无论是国际旅游还是国内旅游,旅游者的消费都使旅游目的地的经济总量增加,都是新的"经济注入"。就国际旅游而言,入境旅游者在我国境内的消费增加了我国的外汇收入,增加了我国的经济财富的总量。就国内旅游而言,虽然旅游活动未能直接增加国家财富的总量,但增加了旅游目的地的旅游收入。

7. 扩大就业机会

就业问题是国民经济中一个重要的问题,它不仅关系到劳动者的生存和发展,还影响到社会的稳定。因此,解决劳动力就业问题一直都是国家政府工作的重心之一。解决就业问题的途径主要有以下几种:一是降低劳动力价格,实行低工资;二是发展制造业,扩大生产队伍,增加就业岗位;三是通过发展第三产业来增加就业机会。产业发展实践证明,因为第三产业具有投资规模较小、资本周转期较短和对就业人员要求不高的特征,已成为各国解决就业问题普遍采用的方式。

旅游业作为第三产业的重要组成部分,在提供就业机会方面具有重要意义。旅游业提供的就业机会有两种:一种是直接就业机会,是指旅游者在旅游消费过程中直接产生的就业机会,主要涉及旅行社、住宿接待业、旅游景区、旅游车船公司和其他旅游企事业单位;另一种是间接就业机会,是指那些与旅游活动不直接相关,但由旅游业的发展引起其他行业的发展而产生的就业机会,如建筑业、渔业、制造业、食品加工业等。此外,旅游目的地居民将旅游业收入用于自身消费也可诱发产生一些工作机会。由于旅游行业的发展具有季节性的特征,还可以为需要暂时性就业和季节性就业的人们提供就业机会。

与其他行业相比,旅游业在解决就业方面有以下几个优势。

(1) 旅游业的就业容量大,可挖掘潜力大。旅游业作为劳动密集型的服务产业,因而需要大量的劳动力。全世界旅游行业每24秒钟就创造一个新的就业机会,同时旅游业每增加1个直接就业机会,社会就能增加5~7个间接就业岗位。旅游业直接、间接关联的产业有100多个,旅游业成为世界上最大的就业创造者。据中国旅游研究院发布的《2019年旅游市场基本情况》显示,旅游业直接就业人员为2825万人,旅游业直接和间接就业人员为

7987万人，占全国就业总人口的10.31%。

(2) 就业方式灵活、包容性强。旅游产业涉及领域广泛，劳动力的需求也多样化，根据行业门类和岗位层次的不同，不同层次的劳动力都可以找到自己的合适岗位。旅游产业既需要一些高学历、高知识的管理、规划等人才，也需要提供简单技能的普通劳动力。而且，旅游业对简单劳动力需求量往往比较大，可以解决再就业人员、农村人口和弱势群体的就业问题。另外，由于一些旅游业运营的季节性很强，相关岗位会有一些阶段性和流动性，使得一些岗位的弹性很大，能够以更灵活的就业形式吸纳更多的劳动力。

8.2.2 旅游对目的地经济发展的消极影响

虽然旅游的发展对国民经济有很大的促进作用，但不能片面强调旅游对于经济的积极影响，还应该看到旅游发展过程中有可能造成的消极影响，只有这样，才能量力而行，实现旅游可持续发展。旅游对旅游目的地经济产生的消极影响包括以下几个方面。

1. 引发物价上涨，导致通货膨胀

旅游者将货币注入目的地经济，在增加了目的地收入的同时，也会引发目的地的物价上涨，对当地经济产生影响。

(1) 旅游者的大量涌入，改变了供求关系，刺激了物价上涨。大量旅游者进入目的地后，打破了当地消费品和服务产品的供需平衡，在目的地商品供给能力有限的条件下，就会引起一些消费品和服务产品价格的上涨，最终引发基本生活用品价格的全面上涨，导致通货膨胀。

(2) 旅游者的消费心理和消费能力，带动了物价上涨。旅游者表现出的消费能力往往高于目的地的居民，表现出明显的高端消费倾向，因而他们能够出高价购买吃、住、行以及旅游纪念品为代表的各种物质商品，带动了旅游目的地的物价上涨。

(3) 旅游的开发使得土地的需求加剧，导致当地地价的迅速上升。在旅游开发初期，宾馆、度假村、娱乐场所等的建设成本只占全部投资的1%。但在当地旅游业发展起来之后，新建这些设施的地皮投资占全部投资的20%。这种地价的上涨，直接影响了当地的房价和住房建设，当地居民不得不为购房、租房增加开支，影响了当地居民的生活质量和住房质量。

2. 有可能导致产业结构发生不利变化

旅游业被认为是一种效益高的行业，普遍受到政府部门的重视，因此容易引起行业配置上倾斜，引起产业结构失衡。例如，以农业为生计的国家和地区，旅游业的引入会导致农业基础的削弱。由于从事旅游服务的工资所得高于务农收入，大量农村劳动力离开耕种的土地，到旅游业中寻求就业机会，农村劳动力的流失造成了农业产出下降；同时，旅游

发展所必需的饭店、旅馆等住宿接待设施的建设占用了大量的耕地,也必将影响农业生产的规模。然而,旅游的发展又对农业产品的需求增多,这种农业产业结构失衡的后果必然是引起农产品的价格上涨,影响到农业经济的稳定和发展。

经济的多样化是实现经济稳定的基础,当某一经济部门出现衰退时,其他经济部门可能会兴旺,这就会减小整体经济发生萧条的可能性。但是旅游的过度发展没有带来经济的多样化,反而会与其他行业争夺资源,"吞噬"其他经济部门,导致产业结构向单一化方向发展,形成了新的单一"生计"产业,可能影响国民经济的健康发展。

3. 过重依赖旅游业会影响国民经济的稳定

旅游业在国民经济各行业中不是关系国民生计的行业,一个国家或地区不宜过分依赖旅游业来发展自己的经济。一个国家或地区对旅游业的过度依赖,将导致经济发展偏离良性循环轨道,主要表现为以下几点。

首先,旅游的发展具有季节性的特点,加大了供需之间的矛盾。例如我国大连、青岛等海滨地区,夏季游客云集,冬季游人稀少。虽然需求方面的这种季节性波动有时可通过旅游业的营销努力减小,但不可能完全消除。因而,旅游接待国或地区在把旅游业作为基础产业的情况下,淡季时不可避免地会出现劳动力和生产资料闲置或严重的失业问题,从而会给接待国或地区带来严重的经济问题和社会稳定问题。

其次,旅游的发展受制于旅游需求,而旅游需求在很大程度上取决于客源地居民的收入水平、闲暇时间和有关旅游的潮流,这些都是旅游接待国或地区所不能控制的。如果客源地出现经济不景气或者客源地居民对某些旅游地的兴趣爱好发生转移的情况,客源地居民外出旅游的需求势必下降,接待地区很难保住或扩大市场,从而使接待地经济发展受到影响。

最后,旅游的发展具有脆弱性的特点,不仅受到旅游业自身激烈竞争的影响,还受到多种外在因素的影响。例如,自然因素中的地震、海啸、水灾、异常恶劣天气;健康因素中的流行性疾病;经济因素中的世界性经济危机、主要客源国经济危机、外汇汇率变化、能源危机等;政治因素中的国家关系的恶化、国内政治动乱、政府的政策变化与战争等,都会导致旅游业的强烈波动。一旦这些非旅游业所能控制的因素发生不利变化,旅游需求将大幅度下降,旅游业乃至整个经济都将严重受挫。2020年,新冠肺炎疫情席卷全球,旅游业遭受了前所未有的重大损失。世界旅游组织指出,2020年全球国际游客人数下降70%,国际游客减少7亿人次,全球旅游业收入减少7300亿美元,国际旅游业的直接和间接经济损失约为2.4万亿美元;2021年全球国际游客总人次比2019年减少70%至75%,与2020年情况大致相同。经历了30多年的增长之后,全球旅游业陷入停滞状态。

面对危机时,国家和国家之间存在着巨大差异。经济发达国家在支持旅游业方面有更好的准备,通过一揽子金融计划,支持旅游行业以及从业人员,试图保住人们的工作岗位,但是发展中国家则遭受到很大打击。例如,我国疫情期间,从跨境旅游转向境内旅游,以降低行业损失,但是对以旅游业为经济支柱的国家来说,这并不可行,比如国内生产总值的一半多来自旅游业的斐济受新冠疫情影响最为严重，其经济复原的唯一途径是旅游业复苏。

鉴于上述原因，一个国家或地区如果全部依靠旅游业发展自己的经济，一旦这些非旅游所能控制的因素以及社会环境发生突变，就会导致旅游需求下降，旅游业及相关产业就会在相当长的时间内一蹶不振，从而将会对国民经济产生致命的影响。因此，任何一个国家的旅游业的发展都应适应经济发展的需要，不能盲目开发。

总之，要全面正确认识旅游发展的经济影响，就必须辩证地看待其影响的积极表现和消极表现，从而在旅游发展的实践中，加强宏观调控和总体规划，扬长避短，保证旅游业和旅游经济持续健康的发展。

8.2.3 旅游促进经济发展的理论依据

1. 旅游乘数理论

旅游的发展对旅游目的地地区经济的推动作用可以用旅游乘数理论来解释。

1) 旅游乘数的概念

"乘数"是经济学中的一个概念，也叫倍数，指某一经济投入量的变动导致了经济总量相应变动的一种倍数关系。也就是说，由于国民经济各部门的相互联系，任何部门最终需求的变化都会自发地引起整个经济中产出水平、收入水平、就业水平等方面的变动。后者的变化量与引起这种变化的最终需求变化量之比即是乘数。

"乘数"的概念起源于19世纪80年代，当时的一些经济学家已经开始意识到某个行业的发展变化可能导致其他行业的发展和变化，从而在整个经济活动中造成一种"倍增"影响。1931年，英国经济学家卡恩在《国内投资与失业的关系》一文中，首先提出经济资源投入的就业乘数概念。1936年，经济学家约翰·梅纳德·凯恩斯在研究收入与消费的关系中进一步完善了乘数理论。凯恩斯提出了再循环理论，即旅游者的消费产生了旅游收入，而旅游收入又导致了一连串的消费，这就导致了"消费—收入—消费"循环的连续发生。也就是说，人们将部分旅游收入再次用于消费，使其再一次注入旅游目的地的经济系统中。这样，旅游者的初始消费支出经过分配和再分配的多次循环周转，给旅游目的地国和地区的经济发展带来增值效益和促进作用。

世界著名的旅游学者，英国萨里大学的阿切尔教授及其他学者在近30年的旅游研究中，逐步完善和发展了旅游的乘数理论，使之成为各国学者和官方机构分析旅游对于经济影响的有力工具。本节中的旅游乘数就是用以测定旅游者的单位消费对旅游目的地经济影响程度的系数。

2) 旅游乘数的作用过程

对于旅游目的地来说，来访游客在逗留期间的旅游消费可作为外来资金，直接注入该国和地区的整个经济体系。旅游乘数作用的过程就是这一注入资金通过在旅游目的地经济体系内的分配和再分配的多次循环周转，从而刺激经济活动扩张，提升该国和地区经济发展水平的过程。按照注入资金分配和再分配的先后次序，可以将旅游乘数作用过程分为直接影响、间接影响和诱导影响三个阶段。旅游收入在旅游目的地经济中的流转过程如图8-1所示。

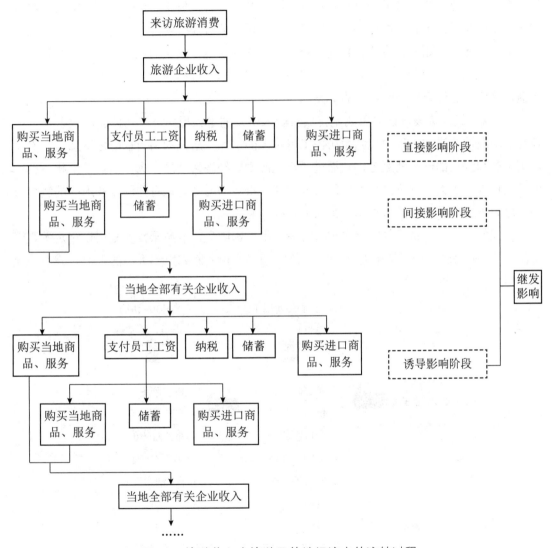

图8-1 旅游收入在旅游目的地经济中的流转过程

(1) 直接影响阶段。来访游客在旅游目的地的旅游消费首先会成为该国和地区旅游企业的营业收入，这些资金通常会有多种流向。旅游企业出于未来营业的需要，将其中一部分资金用于采购物资和补充库存，用于维修自己的设施和设备，用于向政府缴纳各种税金和支付员工工资，以及用于向其他部门支付有关费用。这些分配对经济系统中旅游企业在产出、收入、就业等方面产生直接影响。但是，旅游企业在聘有外国雇员或外国公司参与经营管理，或欠有外方债务的情况下，需要向对方支付有关的款项。因此，在旅游企业使用营业收入的过程中，有些资金漏损到国外，即意味着这部分资金不会对接待国或地区的经济产生任何刺激作用。

(2) 间接影响阶段。第一轮漏损后的初始旅游收入的余额经过进一步分配，仍将留在目的地的经济体系之内。旅游企业会将其中部分资金用于从本国其他经济部门有关企业购买继续营业所需要的产品和服务，从而扩大这些相关企业的营业量。为了满足营业量扩大的需要，这些相关企业就需要增添雇员以扩大生产，同时也要将一部分新增加的营业收入用于补充原材料、维修生产设备、缴纳税金、支付其他营业费用等，从而启动了下一轮的经济活动。随着初始旅游收入在目的地经济中的渐次渗透，该目的地的经济产出总量、就业机会和家庭收入便会增加，相关部门在不断的经济运转过程中间接从旅游收入中获得了效益，这便是旅游乘数的间接影响阶段。

(3) 诱导影响阶段。诱导影响是指旅游收入引发的连锁反应。在初始旅游收入在目的地经济中渐次渗透的过程中，随着居民工资收入的增加，居民的消费也随之增加，会购买本国生产和提供的商品和服务，从而进一步刺激本国经济活动的扩大。这也使得相关企业的营业量得以扩大，并再次导致居民收入和就业机会的增加。据有些国家和地区的测算表明，旅游乘数诱导影响的增收作用相当于间接影响的3倍。

上述间接影响和诱导影响有时被合称为"继发影响"。旅游乘数就是用以测定游客消费(即目的地旅游收入)所带来的全部经济影响(直接影响+继发影响)大小的系数。旅游乘数的作用过程如图8-2所示。

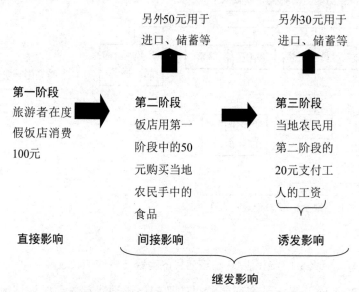

图8-2 旅游乘数的作用过程

2. 旅游乘数的类型

旅游消费会为销售额、产出、就业、收入等经济各方面带来变化，因此，可以将旅游乘数分为以下4种。

(1) 销售乘数。销售乘数又称为交易乘数。销售乘数用以测定单位旅游消费对目的地经济活动水平的影响。顾名思义，这一乘数表示的是单位旅游消费额同由其所带来的目的地全部有关企业营业额增长量之间的比例关系。

(2) 产出乘数。产出乘数测定的是单位旅游消费同由其所带来的目的地国全部有关企业经济产出水平增长程度之间的比例。它同销售乘数相似，但产出乘数既考虑企业营业总额的增长情况，也考虑库存情况的变化，即产出乘数关注的是实际生产水平的变化。

(3) 就业乘数。就业乘数是某一特定数量的旅游消费所带来的直接旅游就业人数与继发性就业人数之和同直接旅游就业人数之比。如表8-1所示，就牙买加而言，旅游消费的增加所产生的每个直接就业岗位还可以进一步在其整体经济体系中创造出4.61个新就业机会。旅游就业乘数的大小取决于旅游目的地的经济基础，因此，旅游就业乘数的大小因旅游目的地的不同而不同。旅游目的地的旅游经济越发达，其旅游就业乘数就越大。

表8-1　一些旅游目的地的标准旅游就业乘数

国家或地区	就业乘数	国家或地区	就业乘数
牙买加	4.61	所罗门群岛	2.58
毛里求斯	3.76	马耳他	1.99
百慕大群岛	3.02	西萨摩亚	1.96
直布罗陀	2.62	帕劳群岛	1.67

资料来源：克里斯·库珀.旅游学：原理与实践[M].张俐俐，译.高等教育出版社，2004.

(4) 收入乘数。收入乘数指的是在一个特定时间内，单位旅游消费在目的地引起的总的积累性收入效果的倍数。它表示为单位旅游消费同由其所带来的目的地净收入或家庭居民收入变化量之间的比例。旅游的收入乘数是在分析旅游的经济影响中较常见的一个乘数，其提供的信息不再局限于企业的产出和营业额，还反映了国民收入水平。

3. 影响旅游乘数效应的因素

虽然旅游乘数的类型有所不同，但决定乘数效应大小的因素基本上是相同的。这些因素主要包括以下两项。

(1) 漏损量。游客在目的地国的全部旅游消费(即目的地国的直接旅游收入)并非都进入该国的经济体系之中。在真正进入该国经济体系之前，便已有一部分资金漏损出自国外，不会对接待国的经济产生任何刺激作用，例如旅游企业支付外方人员的工资、支付外国贷款利息，以及外商独资旅游企业的大部分收入等。这种在进入该国经济之前的漏损一般称为直接漏损。另外，用于储蓄的部分和购买进口商品和服务的支出额也视为漏损。需要说明的是，这里的储蓄指从游客的旅游消费所带来的增加收入中节余下来的部分，它不但不用于消费，而且在规定的期间内(通常为一年)不贷放给其他用款人。

综合上述情况，构成"漏损"的部分包括以下几项：①用于储蓄的部分；②用于购买进口商品和服务的费用；③用于支付外方员工工资及各种福利的金额；④合资或合作外方分享的利润；⑤用于偿还外债的金额。

根据凯恩斯提出的乘数基本模型，旅游乘数的计算是用旅游消费额除以其溢出当地旅游体系的漏损量，计算公式为

$$旅游乘数=(1-L)/(1-c+m)$$

式中 L 为直接漏损，c 为边际消费倾向(即在所增加的收入中用于消费的比例)，m 为边际进口倾向(即在所增加的收入中用于购买进口商品和服务的比例)。

显然，无论是直接漏损还是储蓄部分和用于购买进口商品和服务的部分，都不会起到刺激当地经济发展的作用。所以，在上述模型中，漏损量越大，旅游乘数的值也就越小。换言之，在所得收入中储蓄量及用于进口和其他对外支付的数量越大，旅游乘数影响也就越低。

(2) 旅游目的地的经济规模和产业结构。如果目的地的经济规模大，产业结构合理，生产门类齐全，当地经济上自给的程度很高，无论是在数量上还是在质量上都能够满足国内企业、居民及外来旅游者对各种物质商品和服务的需求，那么将减少其对进口商品和服务的购买，游客的旅游消费所带来的收入更多地留在目的地国和地区的经济体系内。因此，一个国家或地区的自给程度越高，旅游乘数影响越大。反之，如果接待国和地区经济落后，产业结构不合理，生产门类不全甚至单一化，不能满足人们对有关商品和服务的需要，势必会大量进口各种商品和服务，因而旅游乘数影响必然很低。

总之，旅游乘数的作用是用来测定目的地国和地区旅游业目前的经济绩效及旅游业的发展变化对当地经济产生的近期影响，可为旅游政策和旅游发展规划的制定和决策提供有价值的参考依据。

8.2.4 影响旅游经济效应的因素

旅游业对地区经济发展的影响是十分显著的，这些影响又会因为旅游目的地情况的不同而呈现差异。总的来说，影响旅游经济效应的因素有以下几个方面。

1. 旅游目的地的经济水平

旅游目的地的经济水平影响着其满足旅游者的旅游消费的能力。一方面，经济水平较高的地区可以承担因旅游业发展需要而投入的大量基础设施建设费用，为旅游者的游览和出行带来很大方便。这种良好的环境会吸引很多旅游者前来，从而加强旅游对经济的影响。另一方面，经济水平高意味着商品种类齐全，劳务服务多样，居民的商业意识较强，这也会大大满足旅游者对商品和服务的需求，增加旅游目的地的吸引力。

2. 旅游资源和设施的吸引力

旅游资源和设施的吸引力是影响旅游企业开发和宣传力度以及旅游者数量的主要因素。无论是自然旅游资源还是人文旅游资源，其欣赏、娱乐价值越高，就越可能吸引更多的旅游企业对其进行开发和宣传，从而改善资源的基础设施环境，突出资源特色，以吸引大批旅游者到来。同样，旅游娱乐设施的娱乐性会影响旅游地对旅游者的吸引力。而旅游辅助设施，如饭店等辅助设施的质量也会影响到旅游者的消费预期，更高档次的饭店会带来更多的旅游者消费。

3. 旅游设施的所有权归属

旅游目的地对区域内的旅游设施的占有程度会影响旅游经济效应。如果区域内的旅游设施，如饭店、餐馆等大都属于外来投资者，那么旅游收入中的一大部分会流出目的地而形成经济漏损，这对目的地的旅游经济发展是不利的。

4. 非本土旅游从业人员比例

旅游收入的分配当中有一项是人员工资的支付，这一项也是容易造成经济漏损的支出项目之一。漏损额的大小取决于企业雇员是否是本地人员，本地人员越多，则漏损越小；反之，会造成资金的外流，从而减弱旅游经济影响。

5. 政府投入

政府在旅游业发展中的地位是十分重要的，表现在政府对旅游基础设施的提供方面，因为目的地旅游业的发展是以一定的基础设施为条件的。旅游企业一般只关注旅游娱乐设施和辅助设施的投资，而道路交通、垃圾处理站、公共卫生、医疗设施等基础设施都需要由政府来提供。这种投资的多少将影响目的地可进入程度的高低，从而影响旅游业对经济发展的促进作用。

6. 政府与产业政策影响

政府对旅游业的影响还表现在政策制定方面。支持旅游业发展的政策会提供良好的法制环境和投资环境，能充分保障旅游投资企业的利益，并给予投资企业适当优惠，吸引企业投资或增加旅游产品的供给。

7. 旅游者的类型

旅游者作为旅游需求的主要方面对旅游经济效应有很大影响。旅游者数量越多、消费水平越高，对目的地的经济影响就越大。例如，购物型旅游者追求的是购物带来的满足感，在消费过程中对价格不太敏感，这类旅游者较容易增加目的地旅游商品的销售收入。

8.3 旅游社会文化影响

外来旅游者通过与旅游目的地居民的直接或间接交往，对目的地的社会价值和文化价值产生影响，同时旅游目的地的社会文化也对旅游者本身产生影响，并通过旅游者将这些影响带到旅游客源地的社会文化生活中的各个领域。因此，本节从积极和消极两方面探讨旅游活动的社会文化影响。

8.3.1 旅游社会文化的积极影响

1. 促进不同文化之间的交流，增进相互理解

旅游活动的本质是旅游者和旅游目的地人们之间的社会交往活动，可以促进不同文化的广泛交流，而且这种交流的促进作用往往会收到其他交往所达不到的效果。究其原因，主要有以下三个方面：一是旅游交往的广泛性。由于旅游者可以是任何阶层、任何职业、任何年龄，也可以具有各种不同的信仰，这种交流具有充分的广泛性。二是旅游活动的大众性。旅游者与目的地居民的交流是抛弃了各自本来的官职、职业等社会身份的交流，这种交流无须条条框框的约束，人们可以毫无顾忌地接触和交往，从而实现社会文化的各个层次、各个环节的交融。三是旅游交流方式的多样性。旅游交流没有固定的形式，具有不同文化背景的人们可以采取任何能够让对方理解的方式来表达自己的感受，而这种交流的效果往往是正式的交往活动所不能达到的。因此，旅游活动被看作促进跨文化交流的强劲力量。

国际旅游的发展大大促进了国际交流，增进了各国人民之间的友谊。由于旅游者和目的地居民之间的交流是不同国度、不同民族、不同信仰和不同生活方式的人群之间的交流，这对消除误解，加深国际友好关系，促进国际事务的施行和国际问题的圆满解决有很大的积极作用。因此，旅游素有"民间外交"之称。旅游活动这种民间外交形式虽属个人行为，却在一定程度上反映出全体人民的态度倾向，可作为官方外交的先导和补充，起到官方外交不易起到的积极作用。1980年9月，世界旅游组织在《马尼拉宣言》中对此曾做出总结：旅游在国际关系与寻求和平方面，在促进各国人民之间的相互认识和了解中，是一个积极的现实因素。

旅游也是目的地对外树立形象的有效手段。因为旅游者在目的地目睹了该地区的情况，这种所见所闻的可信度超过了各种媒体的宣传力度，所以旅游活动可以改变人们心目中对某一民族或某一文化群体固有的刻板印象，重新树立其形象。

2. 有助于提高国民素质

首先，旅游对旅游者个人的影响很大。旅游者出于追求身心放松和休闲娱乐的目的进

行旅游活动。一方面，旅游者可以摆脱繁重的工作压力，放松紧张的情绪，投入到形式多样的娱乐活动当中去，这有助于旅游者恢复体力、焕发精神，有利于他的身心健康；另一方面，旅游者与不同的文化和群体的交流使其突破惯常环境对思维的束缚。通过游览不仅可以开阔眼界，增长知识，增加阅历，还可以了解不同群体的生活习俗和特色，强化了其对不同社会阶层的理解，也使其留下了美好的回忆。

其次，旅游者的到来给当地居民的思想文化带来冲击，潜移默化的旅游影响可以促进目的地居民科学、文化素质的提高，使其价值观和行为方式发生演变，逐步建立与商品经济相适应的思维方式和工作方式，在总体上更趋于开放化、国际化和现代化。例如，目的地居民学习了不同的语言和文化，高素质旅游者的言谈举止也为当地居民树立了良好的榜样。

3. 促进社会的稳定和生活环境的改善

保持原有的社会模式是保护传统及传统生活方式的最佳办法。旅游业的发展能够有利于保持一个社会的完整性，减缓居民从传统的农村向城市流动的进程，也可以稳定尚未"现代化"的社会结构和社会生活体系。例如，我国的云南泸沽湖的摩梭人的生活方式和社会结构保持得非常完整。

为了适应旅游发展的时代需要，吸引游客前来访问，旅游目的地需要不断改进自身的文化面貌，增加文化设施，优化文化环境，同时还要加强社会治安环境的治理。因此，著名的旅游目的地的社会生活软环境都能够被来自发达国家的旅游者所接受。尽管软环境的建设是出于发展旅游的原因，但客观上也使目的地居民获得较高水准的生活质量和良好的生活环境。

4. 有助于促进民族文化的保护和发展

体验和了解不同的民族文化是旅游者的主要旅游动机之一，有创造力的民族文化是旅游吸引物的重要组成部分，是旅游业持续发展的基础。因此，旅游目的地为适应旅游者的需求和当地旅游业持续发展的长远目标，就会重新开发那些几乎被遗忘的传统风俗习惯和民间文化活动，具体表现有以下几点：传统的民族手工艺品因市场需求的扩大重新得到发展；传统的音乐、舞蹈、戏剧等非物质文化受到重视；长期破损的古迹和历史建筑得到恢复和维修。这些不完整和濒危的民族文化重新获得了生机与活力，成为独特的文化旅游资源，不仅吸引旅游者，还加深了当地民众对民族文化的了解，对民族文化艺术的保护起了一定的促进作用。例如，云南丽江濒临失传的纳西族传统古乐和舞蹈在旅游业的影响下，得到复苏和影响下；贵州省少数民族的传统婚庆活动、服饰习惯和民族音乐舞蹈在村寨旅游的影响下，得到保留和发展。

旅游者对民族文化表现出来的高度兴趣与热情为旅游地民族文化的发掘、保护提供了社会基础。在旅游交往中，旅游者仰慕旅游目的地的艺术、工艺、传统习俗，这种行为使目的地居民开始重新审视和定位自己的民族文化特色，唤起对本民族文化的认同感和自豪感，进而引起他们对本民族文化保护和发展的强烈关注。此外，旅游业的发展丰富了目的地的收入来源，使民族文化保护有了充足的资金，使传统文化得到了社会各界更多的支持。

5. 有助于推动科学技术的交流和发展

旅游业的发展与科学技术水平是密切相关的。科学技术水平越高，旅游活动所依赖的基础设施、娱乐设施、娱乐方式就会更加便利，旅游者得到的利益也就越多。反之，旅游活动也推动科学技术的交流和发展。一方面，旅游活动的发展以及旅游活动形式的多样性不断地对科学技术提出了新的要求，促进交通运输工具、通信以及旅游服务设施设备等的发展，从而推动了相关领域科学技术的发展。另一方面，除了以科学考察为目的的旅游之外，现代商务旅游、专业会议旅游、修学旅游等活动，客观上起到了进行科学研究和技术传播与交流的作用，使得旅游交流的广度和深度不断有新的发展。

8.3.2 旅游社会文化的消极影响

目的地在发展旅游过程中会受到外来文化中消极因素的影响，使其传统文化遭受破坏，并影响目的地社会的发展。旅游社会文化的消极影响主要表现在传统文化的商品化、旅游者不良的"示范影响"、旅游目的地的"文化涵化"现象、干扰当地居民的正常生活等方面。

1. 传统文化的商品化

旅游活动中的传统文化"商品化"解释为，为了满足旅游市场的潜在需要或者实际需要，旅游目的地的传统文化逐渐转变成可以销售的商品。从经济的角度，商品化可能会被当作对旅游目的地的积极影响因素。但是，当文化成为金钱交易的商品时，就难以保持其原有的模样了。如果人们只重视从文化艺术和文化表演的复制过程中获取金钱价值，而忘记这些文化艺术的固有品质和含义，传统文化的商品化就会对旅游目的地产生消极影响。

旅游活动中的传统文化包括民族节日、宗教仪式、民间习俗等，它们原本都是在规定的时间和地点，按照规定的程序、内容和形式举行，以体现其特定的意义和价值。然而，随着旅游的发展，旅游目的地为了迎合旅游者的需要，这些传统的文化被不正当地商品化，它们不再按照传统规定的时间和地点举行，随时被搬上舞台，向旅游者演示，并在程序、内容和形式上进行压缩删改，并且表演的节奏明显加快，从而失去了传统文化的价值和意义。此外，为了满足旅游者对纪念品的需要，当地大量生产工艺品，很多粗制滥造的产品充斥于市，这些产品实际上已不能表现传统的风格和制造工艺，不能代表传统工艺和地方特色，当旅游者误将其买入并发现时，就会损害旅游地的形象。

表面上看，传统文化的商品化是对传统文化的挖掘和发展，其实不然，因为这些被商品化的传统文化只是赝品而已，是对传统文化外壳即表现形式的复制，而根本不具有传统文化的内涵。

对于少数民族来说，"商品化"的传统文化在愉悦旅游者的同时，却给他们的自尊心带来了严重的伤害，民族情感的创伤又有可能引发对旅游者的强烈的排外心理，乃至对抗心理。因此，传统文化的商品化是个非常严重的问题，必须引起重视。

2. 旅游者不良的"示范影响"

旅游者的"示范影响"指的是在旅游过程中，旅游者会不自觉地将其思想意识、价值标准、道德观念与生活方式带到旅游目的地，从而对该地区的居民，尤其是旅游从业人员产生长期的潜移默化的影响。旅游者的"示范影响"对旅游目的地的社会文化可以产生正面和负面的双重影响。旅游目的地的居民可以通过旅游者看到自己的不足，能够激励旅游目的地居民更努力地工作，追求更美好的生活。但是示范影响的负面影响也会使旅游目的地的社会文化付出巨大的代价，可能导致的结果有如下几个方面。

(1) 崇洋媚外思想的泛滥，在生活方式、生活标准上不切实际地追求西化。国际旅游者大部分来源于经济发达国家，而许多旅游目的地属于经济欠发达的发展中国家或地区。受旅游者"奢侈"生活方式的诱导，旅游目的地居民会过高地评价西方资本主义国家的同时，贬低本国，认为外国的一切都好，从而产生自卑感并盲目滋生崇洋媚外思想，甚至抛弃传统的道德观念和生活方式而模仿旅游者。这对整个社会的腐蚀作用是不容忽视的。

(2) 生活态度消极，人生价值观动摇。来自不同社会制度的国家或地区的旅游者会自觉不自觉地通过交往将自己的信仰及政治主张灌输给接待地居民。而一些缺乏分析能力的居民便会在听信这些只言片语的错误论点后，逐渐对自己以往受过的教育，以及所持有的价值观产生怀疑和动摇，有的甚至对自己的国家、社会制度、民族文化、工作环境、生活方式等许多方面产生不满。

(3) 传统道德观念缺失，社会犯罪增多。道德是社会文化的组成部分之一，它伴随着人类文明的发展而不断变化。历史上很多客观原因造成的各地文明的差异也促成道德标准上的区别。我们不能简单地用自己所在地的道德规范去衡量所有外来者行为的好坏。但不合国情的外国伦理意识也确实给旅游地的社会带来相当多的麻烦。旅游者的言谈举止常常会冲击旅游地居民固有的道德观念。一些人开始对传统道德中的真假、善恶、美丑、是非等道德标准的合理性产生疑问。在对旅游者进行模仿"学习"的同时，由于只注重外来事物的表面现象，把外界那些庸俗、低级、难登大雅之堂的行为误认为时髦、进步、开放，从而引发拜金和享乐主义盛行。

3. 旅游目的地的"文化涵化"现象

"文化涵化"现象是两种文化相互接触时，不论时间长短，都会产生相互借鉴的过程。但是这种借鉴并不是对称的，它受到社会与经济背景及人口差异性质的影响，其趋势是强势文化涵化弱势文化、新潮时尚文化涵化传统文化、发达国家的文化涵化发展中国家的文化，例如"可口可乐""麦当劳"风云当今世界，渗透到世界几乎每一个角落。

在旅游活动中，旅游者和旅游目的地居民是在相互作用和相互影响的，但是实际上，旅游者带给目的地社会的影响比他们接受目的地社会影响的程度要大得多。这主要是因为旅游者与当地人的接触是短暂的，接触的范围也十分有限，他们与当地人的接触是一种相对肤浅的经历。而对于当地居民来说，他们同旅游者的接触是长期的，接触的是持续不断前来访问的旅游者群体。所以，旅游者所带来的思想和文化对当地社会的影响是一种潜移默化的长期影响，会冲淡当地文化的特色，损耗其文化价值和民族特色。如果不积极采取措施对当地文化特色加以保护，文化渗透造成的文化变异将是无法修复的。

4. 干扰旅游目的地居民的正常生活

大量旅游者的到来可能会使旅游目的地居民的正常生活受到严重干扰，这主要表现在以下几个方面。

(1) 在旅游目的地接待容量有限的情况下，大量旅游者的涌入势必使当地居民的生活空间相对缩小，造成交通堵塞，导致当地居民出行困难。同时，超负荷的交通流量也增加了道路通行压力，增加了交通事故的潜在危险性。更为严重的是，旅游业的迅速发展，在一定程度上会限制旅游目的地居民的传统生活空间，迫使长期生活在那里的居民搬离。例如，当意大利威尼斯的旅游业飞速发展时，当地生活物品价格飞涨，超过了人们的承受能力，当地大量居民只好外迁。拯救威尼斯基金会主席约翰·朱利斯洛维奇说："自由旅游不应该侵犯别人的自由，不应该以牺牲别人的传统文化和生活方式为代价，而应合情合理地规划它未来的发展。"

(2) 在旅游目的地物资供应能力有限的情况下，目的地为了不影响该地区的旅游形象，总是会优先供应外来旅游者，使当地居民的供应量减少或质量降低，使其生活质量下降，给当地居民的正常生活带来不便。

(3) 旅游者同当地居民争夺有限资源的情况，以及某些旅游者对当地居民的不尊重，都会激发当地居民的不满和怨恨，甚至产生对旅游活动的抵制，从而引起当地居民和旅游者之间关系的紧张。

8.3.3 影响旅游社会文化效应的因素

1. 旅游者的动机

旅游者出于对目的地文化的向往的动机进行旅游活动，这就会促使旅游企业对当地的传统文化进行开发和利用，从而利于传统文化的发扬和保护，并且出于这种旅游动机的旅游者也会担负起保护传统文化的责任。但是，若旅游者对当地文化资源提出不切实际的要求，就会诱使企业急功近利，导致对社会文化资源的破坏。

2. 目的地居民与旅游者的素质水平

目的地居民和旅游者的素质水平对文化交流的内容、方式和效果都有很大的影响。人们素质越高，对先进文化的理解和接受就越容易，这也就更加便于科学技术和优秀文化的传播，促进各国人民的理解和友好往来。此外，高素质的旅游者会在旅游活动中考虑到当地的实际情况，限制个人不适当的行为和言语，不会出于个人私利对当地居民提出超出其接受范围的要求。同样，当地居民也会尽量为旅游者提供方便，对旅游者的不良行为持宽容态度，从而营造出和谐、融洽的旅游环境。

3. 文化差异与交融度

旅游客源地与目的地的文化差异影响着两种文化的交流速度和效果。文化差异可以表现为以下几种：处于不同文明程度的不同文化背景之间的差异；处于相同文明程度的不同文化背景之间的差异；处于不同文明程度的相同或相似文化背景之间的差异。文化差异越大，文化的交流就越难实现。文化交流的效果可以用不同文化的交融度来衡量。若两种文化毫不相融，旅游者所代表的文化就会遭到排斥，旅游活动也就很难开展，当地居民很可能对外来的旅游者持敌对的态度。如果两种文化能够相融，旅游活动就能开展得更加深入和广泛，旅游的文化传播功能就会发挥作用。

4. 政府引导与政府沟通

从某种程度上来说，旅游活动属于民间活动，其发展方向和思想意识方向或多或少地带有盲目性。例如，目的地居民因部分旅游者的恶劣行为而彻底地排斥所有外来人员，显然不利于旅游业和当地经济的发展。这就需要政府进行协调、引导和沟通，逐渐化解居民与旅游者之间的矛盾和冲突。此外，政府还可以采取有力的宣传和保护措施，保护和管理当地传统文化，并通过科学的预测和规划，约束旅游企业的行为，引导旅游业稳步有序发展。

5. 目的地旅游资源的性质

旅游资源可以分为自然资源和人文资源。其中，人文资源的性质对旅游的社会文化影响有一定的影响。若旅游资源是易损和不可修复的，那么出于文物保护的目的，就要严格约束旅游企业和旅游者的行为，以限制旅游活动带来的消极影响。若旅游资源是可复制和可仿制的，如工艺品等，就会出现文化曲解的现象。相反，如果旅游资源是复杂而不可仿制的，目的地的文化就更易得到保护并能正确地对外传达。

8.4 旅游环境影响

与旅游发展对经济的影响相比，旅游对环境影响的速度较慢，影响周期较长，因而在旅游发展的初期，人们对旅游的环境影响并不是非常重视，旅游业被冠以"无烟工业"等美誉。随着旅游产业的发展，旅游对环境带来的各种影响逐渐显露，目的地为旅游业发展而付出的环境代价也越来越沉重，人们开始重新审视旅游发展与环境质量的关系。事实上，旅游发展给目的地的环境造成的影响是多方面的，而且是十分复杂的：既有积极的影响，也有消极的影响；既有显性的影响，也有隐性的影响；既有即时的影响，也有滞后的影响。本节将从积极和消极两个方面对旅游给环境造成的影响进行说明。

8.4.1 旅游与环境的关系

在环境科学中，通常所说的环境是指自然环境或生态环境，但是与人类生存直接相关的非自然因素，即人文环境也属于环境的一部分。因此，在分析旅游的环境影响时，包括自然和人文两个方面。

旅游与环境之间有着十分密切的关系。一方面，旅游的发展对环境具有依赖性。旅游资源的产生和形成，以及旅游活动的开展依赖于特定的环境条件，任何旅游资源和旅游活动总是存在于一定的环境之中，环境条件的好坏会直接影响旅游资源和旅游活动质量的高低，最终影响旅游者的整体旅游感受。另一方面，随着旅游目的地的开发和旅游者的到访，不可避免地会对环境造成诸多影响，这些影响会导致目的地某些环境要素发生改变，进而影响旅游资源的存在状况以及旅游活动能否顺利展开。换言之，变化了的环境会进一步影响旅游业是否可以实现可持续发展。因此，旅游会对环境产生影响，而环境又会影响旅游的发展，旅游与环境之间的关系是一种相互依赖的双向交互的关系。

8.4.2 旅游对环境方面产生的积极影响

在旅游的发展过程中，无论是在旅游的规划和管理方面，还是在旅游环境的维护和改善方面，旅游对环境都产生积极的影响。

1. 改善旅游目的地环境质量

旅游活动总是在一定的环境中进行的，环境质量是影响旅游者整体感受的重要因素，美丽的环境是吸引旅游者的重要财富。因此，为了吸引更多旅游者的到访，目的地政府会努力改善当地的整体环境，提高舒适度，以便维持或增加目的地的吸引力。旅游的发展为旅游目的地提供了整体美化环境和治理环境的动机。政府通过绿化工作、园艺手段和协调的建筑设计等措施，促进环境景观的美化；通过有意识地治理空气污染、水污染、噪音污染和垃圾污染等环境问题，促进环境的全面净化。因此，大多数旅游目的地不但风景优美，而且环境宜人，非常适合人类的居住和生活。

2. 保护自然景观和名胜古迹

自然景观和名胜古迹是重要的旅游吸引物，旅游目的地居民为使旅游活动可持续发展，一定会有意识地妥善保护当地自然景观和名胜古迹。同时，自然景观和名胜古迹的维护、恢复和改善并不是一个简单的问题，它是一个投资周期长、投资巨大的系统工程。目前，在国家投资能力有限的情况下，国家拿出大量的资金用于自然景观和名胜古迹的改善有很大的难度。因此，通过建立自然保护区、风景名胜区、森林公园、地质公园等手段，适当发展旅游，再按一定比例把获得的经济收入的一部分投资于改善环境，使环境保护设施和辅助设施得以施建，措施得以施行，以此实现旅游发展与环境保护的良性互动。

3. 改善基础设施条件

旅游业的发展是融入整个地区经济和社会发展之中的，为了美化环境而投资建设的基础设施既为旅游者创造了清新洁净的活动场所，也为环境保护做出了贡献。旅游的发展使休闲和娱乐场所以及设施在数量上得到增加、在质量上得到完善；使目的地的道路交通、医疗卫生等公共产品供应体系更加完善。虽然这些设施的建设是出于发展的目的地旅游的需要，但在客观上促进了该地区环境的整体发展，改善了当地居民的生活质量。

4. 提高人们的环境保护意识

良好的环境是目的地发展旅游的重要条件，发展旅游可以使目的地民众摆脱贫穷落后的面貌，在体会到良好的环境给自己生产生活带来的好处后，目的地居民的环保意识会空前增强。对于旅游者而言，旅游是一种短暂的生活方式，是他们对新环境的一种向往。在选择目的地的过程中，那些景色优美、环境质量较高的目的地无疑会得到他们的青睐。在整个旅游活动中，目的地良好的环境会给他留下深刻的印象，让他们感受到环境保护与提高生活质量之间的密切关系，进而树立环保意识，注意环境保护。近年来，随着生态旅游活动增多，人们的环保意识整体提高，在旅游消费方面出现了生态旅游的发展趋势。生态旅游使旅游者有了亲近自然、了解自然、观察自然、感受自然的机会，让他们体会到自然环境是美的源泉，是人类创造美好生活的基本条件，从而在感受自然、得到审美的愉悦过程中，更加强化了他们的环保意识。

8.4.3 旅游对环境产生的消极影响

过度的或不当的旅游开发会影响旅游目的地的环境，随着旅游活动的深入和大量旅游者的涌入，这种消极影响会逐渐增强。旅游对环境产生的消极影响表现在以下方面。

1. 环境污染

环境污染是旅游对环境产生消极影响的一个主要方面。随着旅游业的发展，到目的地访问的旅游者不断增加，目的地的环境逐渐受到破坏，其中对水质、空气、噪声、视觉及垃圾等方面的影响尤为突出。

(1) 水质污染。造成目的地水质污染的原因有以下两个方面：一是水上旅游活动中水上交通工具产生的废液排放、旅游者乱丢垃圾等造成的水质污染；二是随着大量的旅游者涌入，产生的生活污水和垃圾超过了目的地的污水处理能力，排污量的增加超过了目的地环境的自净能力而使水质下降。

(2) 空气污染。目的地空气遭到污染的原因有以下两个方面：一是随着旅游者的进入，各种机动交通工具大量增加，排放的有害气体过多而导致目的地空气质量下降；二是目的地旅游接待设施运行所需动力而产生的废气污染，如空调和制冷设备会向空气排放大量有害物质。

(3) 噪声污染。噪声污染会随着到访者的增加而趋于严重，会严重干扰目的地居民的正常生活，使其身心健康受到影响。噪声污染主要表现为以下几点：各种旅游交通工具在运行过程中所产生的噪声污染；目的地的娱乐设施，诸如夜总会等旅游企业在经营过程中所产生的噪声污染；各种节庆活动产生的噪声污染。

(4) 视觉污染。视觉感染主要表现为以下几点：与当地建筑风格不协调的饭店或其他旅游设施；景观美化不到位；破旧不堪的建筑和景观；在海滨或其他景区修建阻碍旅游者欣赏风景的建筑物，典型例子就是在海滨沙滩的近水地段建造的高层饭店。

(5) 垃圾污染。游客在旅游区的生活物品及在景区内的就地消费逐渐增多，所产生的垃圾也不断增多，许多旅游地管理手段和垃圾处理设施跟不上，大量垃圾长期得不到合理处理，致使抛弃的垃圾已经成为旅游区一个主要污染源。例如每年在吉林松花湖风景区内排放的各类垃圾达11万吨，九寨沟每天有200人专门从事捡拾垃圾的工作，甚至在珠穆朗玛峰上，也有游客留下的各种饮料瓶和包装袋。

2. 生态系统破坏

旅游活动的开展会对目的地的生态系统产生影响，如不当的开发、旅游活动超载、旅游者的不文明行为等都可能给目的地的生态系统造成不良后果。具体来说，目的地生态系统遭到破坏主要体现在以下两方面。

(1) 植被破坏。首先，大面积地表移除是人类对植物的最直接伤害。为了兴建宾馆等旅游设施，大面积的地表植被破坏。例如，欧洲的阿尔卑斯山在进行旅游开发时，数百平方千米的森林被砍伐。其次，游客践踏是对植物破坏的普遍形式。大量的旅游者活动于景区，不停地践踏使景区的土壤板结，土壤透水性降低，植被因缺水而逐渐枯竭。最后，采集也是对植物的一种伤害行为，如旅游者任意攀摘花草、采集标本会破坏目的地的植被。

(2) 野生动物受到威胁。大多数野生动物都有固定的生活环境，并且对环境的依赖程度相当高。开发旅游目的地、兴建旅游设施和修建旅游公路等工程会侵入野生动物生活的领地，旅游者与野生动物的接触也会扰乱野生动物的生活规律，这些都会迫使它们离开原有的自然栖息地或者改变原有的生活习惯，从而增加了野生动物消亡的可能性。例如生活在希腊扎金索斯岛上的赤海龟，由于旅游活动的大规模展开而影响了它们赖以栖息的自然环境，从而使其陷入濒临灭绝的境地。另外，人工喂养和繁殖野生动物，以及一些旅游者投喂动物，也会使野生动物改变觅食或猎食的习惯，这些非自然性行为可能会导致物种的退化。

总之，旅游是一把双刃剑，目的地的环境可能因为旅游的发展得以改善，也可能因为旅游的发展受到破坏。如何让旅游的发展给环境带来更多的积极影响，最大限度地减小旅游发展给目的地环境造成的消极影响，是旅游发展中必须关注的重要课题。

8.4.4 影响旅游环境效应的因素

1. 生态系统的恢复能力

生态系统有其自我修复的能力，其恢复速度和程度取决于内部动植物等系统的数量和质量。一般来说，城市中心等人文气息越重的地区，生态系统越容易恢复。相反，森林、山岳、海滩等自然因素较多的景区，一旦遭到破坏，其恢复是十分困难的。旅游活动大都集中在最脆弱的生态系统之中，包括海岸系统、山地群落和湿地等。这些地区既是旅游开发热门区域，又是恢复能力较差的地区。频繁的、不加限制的旅游活动最终会造成上述系统失衡。

2. 景区的使用强度

旅游景区的使用强度可以通过旅游流的流量和时间、游客的活动类型以及旅游辅助和娱乐设施的发展水平来衡量。这些因素与旅游活动对环境的负面影响成正相关。旅游流的流量越大，持续时间越长，对环境破坏的累积影响也就越明显，留给生态系统的自我恢复时间也就越少，破坏也就越严重。游客所进行的活动如果是独立于环境之外的，对环境的伤害就不会太大；反之，就会出现践踏、采摘等行为，从而对动植物造成影响。旅游辅助设施和娱乐设施越发达，就意味着对自然环境的破坏越大，对生态系统的破坏越大。

3. 旅游开发的动机

一般来说，旅游开发都是对旅游目的地的自然产物和人文遗产的经济开发。但是，旅游企业在进行旅游开发的同时，往往只看到旅游所带来的经济利益，而忽视了对旅游资源的保护，更谈不上恢复和重建。而且，随着旅游业的不断发展，越来越多的企业步入这一行业，激烈的竞争迫使企业争相对目的地的资源进行更深入的开发，再加上某些地方政府片面地追求经济增长，更是加剧了旅游开发对环境的破坏。所以，旅游企业和某些地方政府的领导者没有树立正确旅游开发动机，没有顾及旅游业长远发展的利益，也没有意识到环境对旅游业可持续发展的重要性。

4. 旅游者的行为

旅游者的行为对环境的影响是直接而严重的。个别素质较低的游客随地吐痰、乱扔乱画、采摘植物枝叶果实、吸烟，这些行为直接危害了动植物的生存，也对环境造成了巨大的破坏。除此之外，为了容纳更多的旅游者，越来越多的旅馆和饭店进驻旅游区，这些设施在满足了游客需要的同时也产生了许多生活垃圾，降低了旅游区的环境质量。

5. 政策规定与政府引导

由于环境质量的下降引发的生态问题日益突出，许多国际组织和政府组织都制定了限制旅游企业和旅游者行为的政策和法规，旨在保护濒危的环境。政府在环境保护中扮演着重要的角色。如果地区政府片面追求地区的经济发展，大力支持旅游业，为旅游企业的开发行为大开方便之门，而无视旅游对环境的破坏，其结果必然是地区的生态系统遭到严重破坏，甚至使人类因环境的恶劣而被迫迁移。因此，政府在发展旅游业的同时，一定要重视环境保护。政府要通过正确、有效的方式约束旅游企业和旅游者的行为，定期举办宣传教育活动，激发人们的环保意识，争取在保护现有环境的基础上，促进环境的恢复。

本章小结

本章从积极和消极两方面探讨了旅游的经济、社会文化和环境影响。旅游影响问题是客观存在，各级政府和旅游开发经营者及旅游者本身都应正确认识旅游活动带来的经济、社会文化和环境影响，放大旅游积极影响，抵制和最大限度地缩小旅游消极影响，促进旅游业健康快速的发展。

关键词或概念

旅游影响(impact of tourism)

直接影响(direct effects)

间接影响(indirect effects)

诱导影响(induced effects)

社会文化影响(social cultural impact)

环境影响(environmental impact)

旅游乘数理论(theory of tourism multiplier)

收入乘数(income multiplier)

就业乘数(employment multiplier)

示范影响(demonstration effects)

商品化(commodification)

思考题

1. 试归纳旅游对目的地经济发展的积极影响和消极影响。
2. 你认为一个大国的经济宜于依赖旅游业吗？为什么？
3. 简要描述旅游乘数影响的作用过程。
4. 简要说明旅游漏损的构成。
5. 简述旅游环境积极影响的表现。
6. 简述旅游环境影响的影响因素。
7. 选取一个你熟悉的旅游目的地，讨论旅游的发展对当地社会文化的积极影响。
8. 举例说明旅游者的示范影响对旅游目的地社会文化的影响。
9. 举例说明旅游目的地传统文化商品化的表现。

案例分析

威尼斯过度旅游成为问题

2019年8月11日，意大利基础设施和运输部长表示，从2019年9月开始，将禁止吨位超过1000吨的大型游轮驶入威尼斯主要水道。届时，大型游轮将会被安排在远离市中心的位置停泊。其实，类似方案并非首度被提出。而在游轮入城"拉锯战"的背后，是过度膨胀的旅游业给千年古城威尼斯和威尼斯人带来的"五味杂陈"。

威尼斯以"水城"闻名全球，早就是意大利的旅游胜地，每逢旅游旺季，各类游览船只充斥河道。然而，在这座已有上千年历史的老城内部，其实水道往往非常狭窄，大型游轮只能以极近的距离从岸边驶过，对船只、游客、岸上的行人以及岸边建筑都十分危险。

2019年6月，一艘大型游轮失控撞上码头与岸边一艘观光船，造成至少5人受伤。事件引发了大批威尼斯民众上街抗议。他们表示，游轮不但会造成空气污染，且船只掀起的海浪会破坏当地古建筑物的根基。频频发生的游轮事故，正是威尼斯及其居民与庞大的旅游产业、蜂拥而来的全球游客之间冲突的缩影。

作为著名旅游城市，威尼斯每年吸引近3000万全球游客，平均每天有七八万人进城游玩，而威尼斯本地居民总共才5万多人。事实上，威尼斯本地人口并非从来只有这么少，1951年威尼斯内城的居民人数还有17.5万人，而当时距离第二次世界大战的结束才不过短短数年。但近20年来，由于游客的大量涌入，威尼斯本地人越来越倾向于搬到岛外居住，甚至"逃离"故乡。据不完全统计，威尼斯每年流失近千名本地人口。

旅游业持续膨胀，给威尼斯的生态环境、居民生活和文物古迹保护带来巨大冲击。蜂拥而至的游客，令威尼斯街道变得拥挤不堪，公共交通系统处于"崩溃"边缘，城市基础设施面临巨大压力。当地每年用于城市维护的费用超过4000万欧元，维护成本高；部分游客的许多不文明行为——如乱扔垃圾、跳入运河洗澡、在岸边聚餐等，导致城市环境恶化，影响当地人生活。更为重要的是，旅游业过度开发导致城市房价与租金攀升，当地物价水平持续上升；一些主要面向居民而非游客的业态在该城没有立足之地，比如五金店、理发店等，令当地居民的生活颇为不便……

为此，威尼斯当地人多次发起诸如"出威尼斯"等抗议活动，呼吁当局限制游客人数，保障本地人权益。

过度旅游的背后，实际上是旅游业可持续发展面临的突出矛盾。过度旅游引起关注，为旅游业和生态环境的可持续发展带来新契机。世界旅游业理事会等业内机构在指出过度旅游问题时特别强调，对待这一现象要从长计议，重视长期规划，而不应机械反应；过度旅游在不同的旅游目的地有着不同的成因，不可用一刀切的对策。

根据以上案例，请回答下列问题：
1. 结合案例，说明旅游发展中对旅游目的地的消极影响有哪些？
2. 抑制旅游活动的消极影响应采取哪些措施。

第9章 旅游公共管理

> **本章导读**
>
> 　　旅游活动涉及多个部门，受多方面因素的影响，因此旅游活动的开展需要相关旅游政策的指导，相关法规的监督以及政府的协调管理。从公共管理角度讲，旅游公共管理指以政府为核心的旅游公共部门及营利组织，运用现代公共管理的基本理论，以提升管理效率为核心，以增加旅游的社会福利为目的，对旅游活动进行计划、组织、协调和控制，并提供旅游公共产品和服务的活动总称。本章主要从宏观层面分析旅游公共管理组织职能、旅游公共政策和旅游立法的制定以及旅游活动中的政府管理，并从公共管理角度阐述旅游危机管理理论。

> **学习目标**
>
> - 理解旅游政策概念和作用。
> - 理解旅游立法概念和作用。
> - 掌握政府管理的概念和作用。
> - 掌握旅游危机的概念，了解旅游危机产生的根源，掌握旅游危机管理的意义。

9.1 政府调控与旅游管理

　　政府在旅游公共组织中起着重要作用。政府在推动一个国家或地区的旅游发展中，在推动立法、制定法规、执行法律、行使管理和服务权限、与非政府组织和企业合作等方面，都起着主导作用。因此有必要专门讨论政府调控与旅游管理问题。

9.1.1 国家旅游组织的职能

　　国家旅游组织的基本职能包括6个方面。
(1) 负责组织编制国家旅游发展总体规划。
(2) 海外市场推销宣传(包括在主要客源地区设置旅游办事处)。

(3) 确定并参与优先发展旅游地区的开发工作。
(4) 就旅游业的发展问题同其他相关部门进行协调。
(5) 开展旅游调研，特别是分析和预测市场需求。
(6) 旅游业人力资源的开发，即组织旅游教育与培训。

虽然各国的国家旅游组织在设立形式、地位、权力等方面多有不同，但有一点是共同的，就是它们都是代表国家政府工作，直接负责组织国家旅游政策的实施，使本国旅游业朝着最优化的方向发展。所以从这个意义上来说，各国国家旅游组织的职能基本相同，所不同的只是各项职能的偏重程度。

9.1.2 旅游法规

旅游立法(tourism legislation)是国家和地方政府对旅游活动进行公共管理的重要手段。旅游法的出现与大众旅游的蓬勃发展这一社会背景密切相关。1963年，日本制定颁布《旅游基本法》；1979年，美国制定《全国旅游政策法》。

从法理学视野看，旅游法的存在必须满足三个标准：旅游法的本体论证明是其现实存在的前提；成熟、有效的旅游法的生成和发展应当是在充分发现和尊重旅游行为的自然特征的基础上形成的公共秩序规制和规范；旅游法应以旅游现象和活动的自然秩序、经济理性、法律规范秩序的综合关系为研究对象。因而对旅游法规范体系效力的评估应当是对其自然效力、经济效力和规范效力的综合效力体系的判断。

中国国家层面的旅游立法经历过一个相对漫长的争论过程。旅游法是改革开放初期启动的立法项目之一，曾列入中华人民共和国第七届全国人民代表大会常务委员会立法规划和国务院立法计划。1982年，国家旅游局(现为文化和旅游部，下同)组织专家成立了《中华人民共和国旅游法》起草领导小组和工作小组，并于1985年底提交了第一稿。由于当时我国旅游业发展尚处于起步阶段，有关方面对立法涉及的一些重要问题认识不尽一致，草案未能提请审议。中华人民共和国第八届全国人民代表大会以来，社会上要求制定旅游法的呼声进一步提高，全国人大代表也多次提出议案和建议，要求加快制定旅游法。根据调研情况，2009年12月，第十一届全国人民代表大会财政经济委员会牵头组织国家发展和改革委员会、国家旅游局等23个部门和有关专家成立旅游法起草组。两年时间内，先后形成了三个阶段性草案文本和数十个修改稿，并多次征求有关部门和省(区、市)的意见。2012年3月14日，全国人民代表大会财政经济委员会第64次全体会议审议并通过了旅游法草案。2012年8月27日，《中华人民共和国旅游法(草案)》首次提请全国人大常委会审议，并向社会公开征集意见。

旅游法采取综合立法模式，突出保障旅游者和旅游经营者的合法权益。2013年4月25日，第十二届全国人民代表大会通过《中华人民共和国旅游法》，该法涉及旅游者、旅游规划和促进、旅游经营、旅游服务合同、旅游安全、旅游监管、权利救济等内容。

除了全国性立法，中国省级地方综合性旅游法规立法进展则比较迅速。截至2011年1月《天津旅游条例》出台，标志着31个省、自治区、直辖市已全部由省级人民代表大会通过《旅游管理条例》或《旅游条例》，中国地方综合性旅游法规体系的构建已初步完成。

旅游产业基本关系和旅游产业发展模式是地方综合性旅游法规立法体例的决定因素。分析现有地方综合性旅游法规的立法体例发现，2002年以后制定的地方综合性旅游法规大多由"管理条例"改称为"旅游条例"，在某种程度上反映了立法指导思想的变化，即从旅游管理法发展为旅游产业促进法。从旅游业基本关系的角度讲，旅游条例的称谓更有包容性，旅游管理条例则难以包容一些私法规范。一些地方的旅游条例中，关于权益保护和经营规范方面的条文占条文总数的1/4，且较多是对旅游契约关系的特殊规定，这表明其对民事权利、民事法律关系调整方面的极大重视。各地立法存在一定差异，这种差异既是各地旅游资源差异造成的地域性差异，又是各地旅游业所处不同发展阶段带来的阶段性差异。

9.1.3 旅游公共政策

旅游公共政策(tourism public policy)主要是指旅游产业政策，是政府根据旅游产业发展状况、发展趋势、市场形势和发展目标等，研究制定的规划、干预、促进、保障旅游产业发展的总体框架和系统设计，既包括政府旅游行政部门和产业政策职能部门制定的以特有程序和方式发布的专门性政策措施，也包括政府和行业部门出台的促进旅游产业发展的单项方针、规范性文件等。在西方语境中，政策包括公共政策和企业政策，但这里阐述的旅游政策主要是指各种公共政策，它是旅游活动、旅游开发、旅游产业、旅游影响等方面所必须遵循的规则。旅游政策研究涉及规范旅游活动的制度安排、旅游决策过程中的价值观影响、旅游政策制定过程中各利益主体的角色与地位、旅游决策过程中的权力配置和竞争，以及旅游公共政策的研究方法等问题(Hall and Jenkins，1995)。因此在制定旅游公共政策时，不仅要考虑到正常人的权利的满足，还要考虑到特殊人群如妇女、少数民族、残疾人、儿童、青年和老年人的需要。

旅游公共政策的制定是各方利益体博弈的过程，在此过程中，旅游资源保护与利用、消费者利益的保护与投诉处置、旅游企业的利益与冲突、各级政府和政府内机构之间的价值与协调，所有这些关系都涉及复杂的利益博弈。例如，代表中央政府对国有资源进行保护的住房和城乡建设部、国家文物局、自然资源部，与代表中央政府对国有资源进行合理开发利用、承担经济发展任务的文化和旅游部、交通运输部、商务部之间，常常会因为旅游景区的开发、道路规划建设、接待服务产业等领域产生不同意见并在彼此之间进行长期的博弈；在中央政府与地方政府之间，也会对旅游发展的短期直接经济效益与长期社会环境效益，产生不同的价值观和采取不同的发展政策。综上所述，各方利益体的博弈过程对旅游公共政策的制定和施行具有不可忽视的重要意义。

由于公共政策涉及太多的利益主体，如果政策制定本身存在漏洞或有所偏颇，或者某些利益主体出现坚决抵制，那么有可能出现政策失灵现象。在旅游公共政策中，政策失灵并不少见。例如，文化和旅游部在推行A级旅游景区评定时，住建部、国家文物局、国家林业和草原局、国家环保局四个部门联合发文要求各地不得参与。地方政府认为此举是支持地方旅游发展的重要措施，积极参加申报，导致住建部等文件失灵。旅游景区升A对于市场规范有很大好处，而且不影响景区管理部门原有权力，原来这些部门认为是旅游局想夺权，所以才发布最终失灵的政策。苏格兰也曾出现过旅游政策失灵的情况：受苏格兰保守力量的掣制，在1999—2003年第一届苏格兰议会任期内，苏格兰的旅游发展因政策失灵而影响了旅游产业的发展、结构和公共政策。苏格兰议会通过针对性的提案、咨询、评估和战略管理，制定了新的公共政策，实现了新的发展。

　　在发展中国家，旅游公共政策常常围绕经济目标来制定。各级政府对发展旅游业的期待目标大多以促进产业发展、增加地方收入、带动就业发展等具体利益框架为核心。因此，旅游产业政策必然受到中央政府和地方政府的关注。按照产业政策适用范围，旅游产业政策可分为国家政策和地方政策。全国旅游产业政策(tourism industry policy)的制定常常包括以下问题：将旅游产业实践中一些行之有效的做法加以归纳和提炼，成为国家旅游产业发展的方针、原则和理论；筹划一定时期内旅游产业发展的区域布局、发展导向，明确旅游产业发展的原则和方向；明确国家支持发展旅游产业的思路和政策，比如旅游消费政策和旅游产业促进政策等；制定与旅游产业发展相配套的相关保障政策和措施。

　　1978年改革开放以来，中国的旅游产业政策经历了不同的发展阶段，旅游业逐步从事业接待型转变为产业经济型。20世纪80年代中期，中国开始探索市场化的道路，鼓励和引导各方面进行旅游投资。20世纪90年代，中国旅游业进入了变革和发展期，提出了"国内抓建设，海外抓促销"的发展战略。面对国内旅游异军突起，出境旅游起步发展情况，提出了"大力发展入境旅游，积极发展国内旅游，适度发展出境旅游"的产业政策。2000年以来，旅游产业的发展面临更大机遇和挑战，旅游消费日趋大众化，中国进一步制定了"世界旅游强国"的目标。

　　2016年颁布了《"十三五"旅游业发展规划》，确定了"十三五"时期旅游业发展四大目标。一是旅游经济稳步增长。城乡居民出游人数年均增长10%左右，旅游总收入年均增长11%以上，旅游直接投资年均增长14%以上。到2020年，旅游市场总规模达到67亿人次，旅游投资总额2万亿元人民币，旅游业总收入达到7万亿元。二是综合效益显著提升。旅游业对国民经济的综合贡献度达到12%。对餐饮、住宿、民航、铁路客运业的综合贡献率达到85%以上，年均新增旅游就业人数100万人以上。三是国人更加满意。旅游交通更为便捷，旅游公共服务更加健全，带薪休假制度加快落实，市场秩序显著好转，文明旅游蔚然成风，旅游环境更加优美，"厕所革命"取得显著成效。四是国际影响力大幅提升。入境旅游持续增长，出境旅游健康发展，与旅游业发达国家的差距明显缩小。2022年1月国务院印发《"十四五"旅游业发展规划》。《"十四五"旅游业发展规划》指出，到2025年，旅游业发展水平不断提升，现代旅游业体系更加健全，旅游有效供给、优质供给、弹性供给更为丰富，大众旅游消费需求得到更好满足。疫情防控基础更加牢固，科学精准防控要求在旅游业得到全面落实。国内旅游蓬勃发展，出入境旅游有序推进，旅游业国际影响力、竞争力明显增强，旅游强国建设取得重大进展。

地方旅游产业政策的内容一般包括以下几项：确立地方旅游产业发展的指导思想、产业定位和发展目标；确定地方旅游产业发展的导向和重点，如旅游发展规划、旅游产业结构、基础设施建设、旅游产品开发、旅游宣传促销、旅游商品开发等；确定支持和促进旅游产业发展的具体政策。

在地方产业政策形成与实施过程中，地方政府与旅游企业之间的合作伙伴关系的培育十分重要。这种伙伴关系的形成需要培育一种特殊的环境，公私伙伴关系的成长依赖于地方政府与活跃的旅游网络关系的经营。

9.1.4 政府管理

政府部门在旅游产品供给中起到了重要作用，这在中国更加突出。政府部门管理着大多数的自然或人文遗产，以及众多的活动场所如公园、博物馆、体育馆、剧院等，还承担出入境、外汇等事务的管理，以及地方游客信息中心的建设、旅游的整体促销等。实际上，中国旅游业长期以来实行的就是政府主导型发展战略。由于在旅游产品供给过程中，政府部门等非营利机构起到了重要作用，并且政府部门和私营部门往往交织在一起难以廓清，所以在一般的讨论中，并不对旅游业和旅游事业进行严格的区分，通常所说的旅游业往往包含政府部门等非营利性机构。除了政府部门，还有一些非政府组织也参与了旅游产品供给，它们也是公共部门的组成部分。

政府旅游管理是旅游立法和公共政策有效实施的重要的主体桥梁。根据公共行政管理的基本观点，旅游行政管理(tourism administration)可以理解为从中央到地方各级政府的旅游职能管理机构，依据国家的有关法律、方针、政策，遵循旅游发展规律和特点，对国家或地区的旅游行业进行宏观的、间接的、总体的管理、控制、协调和服务的一系列活动过程。由于国家政治制度、管理体制和旅游发展阶段不同，各国旅游行政管理的体制、内涵和功能以及管理的范围和强度差别很大，从较为主动深入、直接参与的开发者(developer)，到制定规则、推行标准的监管者(regulator)，到放手市场、后备支持的协调者(coordinator)，政府的角色是各不相同的。

旅游行政管理组织是随着一个国家和地区旅游业发展的需要，从公共行政组织中派生出来的交叉型的专业行政组织，它一方面是现代旅游发展的产物，另一方面是行政学、管理学理论在旅游管理实践中的应用、延伸和创新。旅游行政管理组织模式一般可以分为规制型、情感型和后规制型三种。

一般将政府管理分为国家旅游组织(National Tourism Organization，NTO)和地方旅游组织。根据世界旅游组织的定义，国家旅游组织是指在中央政府层次上承担旅游行业行政管理职能的政府机构，或有权干预旅游部门的中央政府机构。根据中国的情况，中国国家旅游行政管理机构称为文化和旅游部,它是国务院的直属机构,承担全国的旅游行政管理工作。地方旅游组织,是指省(自治区、直辖市)、市(自治州)及县等各级旅游行政管理部门,一般称为旅游局,它们代表同级政府承担该行政区内的旅游行政管理工作。一方面,根据行政许可授权在一定范围内行使旅游行政管理权;另一方面,越来越强调政府对旅游企业和消费者利益的保护和服务。

关于国家旅游组织的地位和结构研究并不多,而且存在不同观点。通过对亚太地区夏威夷、中国香港、新加坡、泰国和日本等5个目的地的政府旅游管理机构的案例分析,夏威夷大学知名华裔学者蔡子廉发现,与一些人的观点不同,国家旅游组织如果离开了私营部门的参与,将难以发挥其在协调、立法、促销、研究和信息提供等方面的组织作用。随着目的地增长类型的变化,国家旅游组织的角色也应加以调整。

国家旅游组织的旅游行政管理的基本职能,是指该机构及其组成人员所被赋予的职能和作用,一般可以概括为计划、组织、协调、监督、决策和服务6个方面。计划职能主要是制定全国和各地区的旅游发展宏观和中观计划,为国家谋求较好的经济效益、社会效益和环境效益;实现旅游业可持续发展。组织职能确定旅游行政管理体制,明确组织和人员的职位、权力和责任,制定管理的规章制度。协调是机构的常规工作,涉及对外协调、对内协调、对上协调、对下协调等多个层面。监督职能是指依法、依标准对旅游产品和服务进行监督与控制。决策是指对涉及政府投资、旅游规划、市场开拓、服务质量等重大问题的研究与决策。服务职能体现在为旅游业发展创造良好的条件和环境,包括政治、经济、法律、信息、管理体制、市场宣传促销、旅游咨询等各个方面。

面对经济全球化、市场国际化、产品多样化、服务个性化要求,旅游行政管理的固有模式受到了越来越大的挑战,传统的带有计划经济色彩的体系和模式已不能适应旅游业的发展要求。在中国,不同类型的旅游资源及产权归属不同,使得旅游、文物、城建、园林和宗教等部门在旅游业发展中很难实现统一协调,旅游业的宏观管理体制仍然制约着旅游业整体功能的发挥。

现行的管理体制行政条块分割特征比较明显,导致旅游业系统林立,多头建设,各自为政,缺乏全局观念,难以产生整体效应。旅游行政部门缺乏法律保障和宏观调控手段,政府投入和政策支持力度不足,造成部分基本要素供给相对困难,配套服务能力差,一些地区、行业对资源垄断经营,政企不分,不利于旅游发展和整体效益的提高。

在现代市场经济下,由于市场经济本身的某些缺陷和外部机制的某种限制,单纯的市场机制无法把资源有效配置到最佳状态。政府作为社会利益的代表,应能弥补市场机制的缺陷。政府介入是要以市场机制为基础,运用政府的力量遏制或限制市场机制自发运行所产生的剧烈波动。政府的宏观经济调控职能主要是制定和执行宏观调控政策,提供基础设施服务,为微观经济主体创造良好的经济发展环境。至于政府与市场关系如何把握,政府是集权还是分权,学者建议从全球旅游业管理模式来看,旅游业集权与分权应该兼而有之,而不能偏袒一方。鉴于旅游资源所有权和经营权仍属困扰旅游发展的一个重要问题,应加快旅游资源产权制度和管理制度改革。

9.2 旅游危机管理

世界旅游组织把危机定义为:"影响旅游者对一个目的地的信心和扰乱继续正常经营的非预期性事件。"从危机产生的根源,可以将旅游危机划分为旅游业受波及引起的危机、旅游业内部的危机两大类。旅游业受波及引起的危机,是指发生在其他行业的危机产生的负面影响波及旅游行业,使旅游业客源骤减、目的地形象受损的危机,如战争、金融风暴、恐怖主义、公共卫生危机等。旅游业内部的危机,是指发生在旅游业运营的范围内直接对游客或旅游从业人员产生威胁、影响旅游活动的危机,如针对游客的恐怖袭击、酒店火灾、旅游娱乐设施发生意外等。旅游危机还可以分为自然因素引起的危机和人类行动引起的危机两大类。旅游活动涉及许多公共管理方面的因素,而旅游危机的产生、预防和应急处置更多地表现为公共管理领域的问题,公共组织在此过程中起着关键作用。

突发性旅游危机对旅游系统的冲击影响最大,其影响表现为对旅游者的影响、对旅游企业的影响和对旅游目的地的影响三个方面。旅游危机对旅游者的影响主要表现为旅游需求下降和旅游信心受损。旅游目的地形象受到负面影响,进而导致旅游吸引力下降。损害旅游目的地形象的因素包括旅游危机本身、旅游危机的处理过程、竞争者的营销影响,也包括媒体的渲染等。持续的危机会对人们的主观印象产生消极作用。在旅游危机过程中通过系统的、精心计划的营销活动,进行旅游产业、当地居民及潜在旅游者之间的沟通,是恢复受损目的地形象的关键。

对于任何旅游危机,公共组织对其采取的管理机制都存在一定的共性。亚太经济合作组织可持续旅游国际研究中心提出的《旅游危机管理指南》建议,旅游危机管理的程序应该根据旅游业的特点来设计,从公共管理角度来看,主要是为旅游目的地而提出,当然一些企业和非营利组织也可借鉴使用。整个危机管理的框架基于两类驱动性活动和5个连续的响应性活动。两类驱动性活动一是沟通咨询活动,二是监测与评估活动;5个连续的响应性活动包括界定危机的范围、确定风险、分析风险、评价风险和处置风险。

关于旅游危机管理(tourism crisis management)的主要问题,学者们都把危机管理分为危机前、危机中和危机后三个不同阶段(Glaesser,2006)。在危机前阶段主要任务是充分估计危机可能对旅游业造成的危害,事先做好充分准备,使危机影响最小化。具体工作涉及启动危机沟通战略、制定并实施宣传计划、检查安全保障系统、做好危机调研准备等。在危机发生的开始阶段,任何不谨慎的决定都可能会给目的地造成更大的灾难。而有效的危机管理可以缓解危机压力,减轻危机带来的不利局面,并为危机后旅游业尽快恢复打好基础。危机过后,媒体的注意力会很快转移,但危机带来的负面影响仍会在潜在旅游者心中持续一段较长的时间。旅游目的地的品牌和市场重振恢复需要各部门的加倍努力,尤其是在信息沟通和宣传领域。

关键词或概念

旅游管理(tourism management)
旅游公共管理(tourism public management)
旅游法规(tourism laws and regulations)
旅游公共政策(tourism public policy)
产业政策(industrial policy)
政府管理(government management)
旅游危机管理(tourism crisis management)

简答题

1. 简述国家旅游组织的职能。
2. 简述政府管理的主要内容。
3. 简述旅游危机管理的主要内容。

第10章 旅游目的地

本章导读

旅游目的地是吸引旅游者短暂停留、参观游览的地方。本章从旅游目的地的内涵出发，按旅游目的地的两大类型分别介绍其特点，并着重对旅游目的地至关重要的目的地营销方法及策略做初步阐述。

学习目标

- 理解旅游目的地的内涵。
- 掌握旅游目的地的分类。
- 了解旅游目的地的营销方法和策略。

10.1 旅游目的地内涵

在旅游吸引物基础上建设起来的单个旅游地逐步发展壮大成为大型旅游地域，或者多个旅游地通过某种形式的联合，共同构成功能复杂、服务多样、组织影响较大的旅游地群，最终发展成为旅游者出行的终点地区，称为旅游目的地(tourism destination)。旅游目的地一般以城市或相对独立的大规模景区或接待区形式出现。

目的地是一个空间范围变幅很大的概念，可以小到一次出行的终点站的旅游地，中等规模可以扩展到一个城市，再次扩大到一个国家，有时甚至扩大到一个洲或其一部分，如东北亚、东南亚诸多国家被视为欧美市场的一个目的地(或目的地群)。世界旅游组织认为，目的地是指人们在一次旅程中到访过的重要地方，它既可以定义为离家最远的造访地点(距离目的地)，也可以是指一次旅程中停留时间最长的那个地方(主要目的地)；还可以是指访客自己认为他们到访的地方中最重要的地方(动机目的地)。但是在通常情况下，目的地主要是指以城市或独立大型景区(或其他接待地)为基础形成的一次旅程的终点地区。实际上，目的地是以网络形式出现的，因为任何旅游目的地城市或目的地景区都不可能由单一、独立的节点组成，而是若干规模、功能、关系各不相同但又紧密结合的网络，共同发挥着一个目的地的吸引、服务和管理职能。根据社会网络理论，目的地各个组织间的关系能够以"自组织机制"进行演化和转变,在此过程中流动性和可塑性成为重要成分。应该指出的是,除了吸引物本身的引力,旅游者的特征、动机等"推力"对目的地的形成也起到明显作用。

上述吸引物及其设施与服务、旅游地、旅游目的地这一组概念具有密切联系,且具有一定的层级关系,即吸引物构成了旅游地,旅游地构成了目的地。旅游吸引物是旅游地(作为一种产品)的核心,而旅游地和旅游目的地不过是吸引物及其产品要素在空间上的投影。虽然旅游地、旅游目的地都属于空间概念,但旅游地是就地域空间的功能属性而言的,旅游目的地则是针对客源地对应定义的。目的地还与中转地相对应,目的地城市是指旅游者将该城市视为出行的主要停留地,而非只是途经该城市。一般来讲,目的地分为城市型目的地和景区型目的地两种类型,具体见图10-1所示。

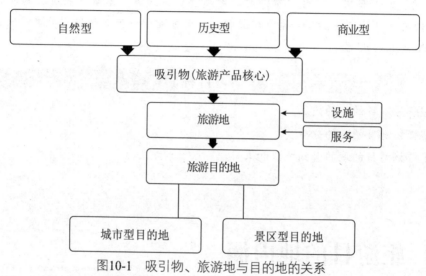

图10-1 吸引物、旅游地与目的地的关系

10.2 旅游目的地类型

10.2.1 城市型目的地

城市作为主要客源地,已经为人们熟知。但城市作为目的地,同样值得高度重视。城市在旅游业中占有重要地位,它集中了各种资源、设施和服务,区位条件良好,因而城市本身也成为旅游吸引物的重要类型之一。城市和城镇为人们提供了广泛的社会、文化和经济活动,在此过程中旅游、休闲和娱乐形成了主要的服务行业。城市环境还是最集中的会议场所、主要的游客中转门户,以及为访客提供各种服务的中心地。早期,一些城市凭借

自身丰富的旅游资源，成为旅游者观光游览的目的地。但是，真正意义上的"城市旅游"是把整个城市作为旅游吸引物。依靠城市文明的魅力、城市的总体形象来吸引旅游者。城市作为目的地，其整体吸引力(attractiveness)如何测量，国内外研究者已经做了许多努力。例如，对于会议城市来讲，城市中心区的吸引力大小至少与5个因子相关，即不同的税基、治安状况、公共交通便捷性、舒适满意的住宿条件以及附近地区的购物引力。这5个因子都得高分的城市可以称为24小时城市。

为了从整体上推进各城市旅游发展，国家旅游局(现为文化和旅游部)提出了相对一致的标准来提高各个城市的旅游吸引力、服务质量和品牌影响力。对于大多数旅游城市来讲，首先应该达到中国优秀旅游城市的标准。

中国是一个历史悠久的文明古国，许多历史文化名城是中国古代政治、经济、文化的中心，或者是近代革命运动和发生重大历史事件的重要城市。在这些历史文化名城的地面和地下，保存了大量历史文物，体现了中华民族的悠久历史与灿烂文化。历史文化名城(historic city)是指具有特殊历史文化价值的传统景观城镇，是中国的专有名词。历史文化名城规模大小不一，有的整个城市或城镇都是历史保护区域，有的是在城市的传统中心区或居住区，其风貌通常也包括其自然和人工的环境。

中国官方对历史城镇的认定制度称为"国家级历史文化名城"，它是指经国务院核准公布的保存文物特别丰富、具有重大历史价值和革命意义的城市。1982年，国务院公布24座城市为第一批国家级历史文化名城；1986年和1994年，国务院又公布了第二批和第三批名城名单，国家级历史文化名城增加到99座；截至2022年1月，中国历史文化名城已达140座。以历史文化名城为代表的历史城镇是最为常见的文化观光益智旅游地。在此基础上，还可以延伸开发其他多种旅游吸引物，如教育旅游、遗产旅游、博物馆旅游等。

为了促进城市旅游业的发展，文化和旅游部对旅游城市的建设标准进行了规范，并从城市旅游经济发展水平、旅游产业定位与规模、旅游业政策支持和资金投入、旅游业发展的政府主导机制、旅游管理体系、行业精神文明建设、生态自然环境、现代旅游功能、旅游教育培训、旅游交通、旅游景区的开发与管理、旅游促销与产品开发、旅游住宿、旅行社、旅游餐饮、旅游购物、旅游文化娱乐、旅游厕所、旅游市场秩序、旅游安全与保险等多方面制定了相应的标准，以引导城市旅游目的地服务质量的提升。根据这些标准，各城市进行全方位对照和改善，符合这些标准的城市可以申请得到中国优秀旅游城市的称号，目前，全国已有337座城市被命名为"中国优秀旅游城市"。

城市型目的地需要为外来旅游者提供的公共服务中常见的两项设施：访客中心(visitor center)和城市观光巴士(city tour bus)。访客中心有时也称为旅游信息咨询中心、游客信息中心等，常常设置于外来访客抵达城市的第一站，如机场、火车站、城市中心广场、重要旅游景区入口等地方。城市观光巴士根据城市观光线路特色，可以分为不同的产品组合，如城市历史线路、城市时尚路线、城市主要吸引物及当地特色街区等的环线等。城市的历史建筑、名人故居、著名事件发生地、城市自然或文化景观、城市公共设施、博物馆、艺术馆、民俗文化地段等要素，都可以纳入城市观光巴士的可停靠站点名单。

10.2.2 景区型目的地

与城市型目的地相对应,规模较大、离大中型城市人口密集地区较远,但因吸引力较强仍然能够独立吸引海内外客源的旅游地,可以形成景区型目的地。景区型目的地一般分为两种基本类型:在保护地基础上形成的各类国家公园和在自然条件优越地区建设的商业化度假综合体。

1. 在保护地基础上形成的各类国家公园

在保护地基础上建立的国家公园系统最早出现于美国。迄今为止,美国国家公园系统已经发展成为包括三大类地区的综合体系:第一大类以保护自然环境和生态系统为主,包括国家公园、国家禁猎区和国家纪念保护区;第二大类主要以生态旅游资源为保护对象,包括国家游憩区、国家海滨和国家湖滨等;第三大类为文化历史遗址保护区,包括近十种保护区单位,主要有国家历史公园、国家战场遗址等。为了保护国家自然公园的生态环境,同时满足不断增长的城市居民户外游憩需求。美国在全国性户外游憩资源调查的基础上,在大城市地区的边缘地带、1小时车程能抵达的地区,选择生态环境好、游憩质量较高的地段,设立"城市国家公园"或"国家游憩公园",为城市居民提供舒适的开放游憩空间。

有些学者和政府部门将中国的风景名胜区等同于西方的国家公园,但实际上中国的风景名胜区并未能包括国际上流行的国家公园所指的全部内容。风景区之外,中国还有其他多种景区称号,分属于多个管理部门,如地质公园、森林公园、水利风景区、文化保护单位等。与美国等国家公园相比,风景名胜区管理的对象和立法依据也不一样,景区内当地人口的居住情况、中央政府的财政支持力度等都很不相同。"风景名胜区"是中国自然文化遗产及其资源的一个特有概念,最早出现在1978年。1982年,国务院审定公布了第一批44处国家级重点风景名胜区。此后的多年里,国务院又先后审定公布了第二至九批国家重点风景名胜区。此外,各省人民政府还公布了一批省级和市(县)级风景名胜区。可以说,目前中国已形成以国家重点风景名胜区为核心,包括省级和市(县)级风景名胜区的较为完整的风景名胜区体系。风景名胜区内一般以地貌景观为主要吸引物,常常也有较为集中的历史文化建筑或景观,因此成为最普遍、深受欢迎的旅游地或目的地。

2. 在自然条件优越地区建设的商业化度假综合体

随着度假旅游产品需求增加,休闲度假型景区、度假区综合体(resort complexes)的数量也在迅速增长,在其基础上发展起商业性景区目的地,也就是说,离开城市一定距离的大型度假目的地也在逐步发展。度假地主要包括海滨型、温泉型、山地型等几种类型。

(1) 海滨型。海滨型度假地的发展可大致划分为三个时期:以欧洲大陆海滨城镇为代表的传统海滨度假区发展时期、海滨度假区快速城市化时期和近半个世纪以来兴起的综合度假区发展时期。早期海滨旅游度假区主要集中在大城市郊区的多阳光沿海地带,依托"3S"(sea、sand和sun)资源、多种多样的康体休闲设施(如滨海大道、舞厅、戏院、娱乐场所等)以及良好的区位条件,以服务大城市居民度假需求为目的。第二次世界大战后,海滨旅游度假区逐渐向国际化发展,依托极为丰富的康体休闲活动,如冲浪运动、划船运动或乘船游览以及携带人造肺潜水等活动,吸引国外度假旅游者。休斯敦指出,旅游业是美国产业规模最大、吸纳就业人口最多、外汇收入最高的部门,在此状况下,海滩旅游就是其中最领先的旅游目的地。中国海岸线长达1.8万公里,从北至南形成了众多海滨旅游度假地,尤其是海南近年发展迅速,正朝着国际旅游岛的方向前进。

(2) 温泉型。20世纪20年代,以温泉治疗为主导的传统温泉旅游度假区开始向以温泉治疗和休闲娱乐并重的现代温泉旅游度假区转变。温泉旅游在世界范围内得到发展,其中尤以美国和日本的温泉旅游度假区最为闻名。温泉旅游度假区的游客则由上层阶级向中层阶级和工人阶级转变。度假区的规模也随之扩大,旅游功能日趋多样化,并发展成为多功能、综合性的大型旅游度假区。日本的温泉地可划分为疗养型、中间型和观光型三种类型。那些当年作为近程疗养地的温泉随着交通条件的改善,远距离的游客也能到达,逐渐由疗养型温泉地转变为观光游憩型目的地。此外,温泉度假区经常举办形式多样的"温泉节"及各种文化活动,在日本形成了独特的"温泉文化"(山村顺次,1995)。中国温泉旅游资源也较为丰富,其中广东珠海、北京昌平、海南三亚、台湾高雄等都有知名的温泉旅游地成功案例。

(3) 山地型。山地最常见的是作为观光旅游地被开发,但是作为度假旅游吸引物,山地具有独特优势,尤其是在夏季避暑和冬季滑雪度假产品的创造方面具有竞争优势。山区特殊的自然旅游资源与优美的生态环境切合高节奏、高强度的现代都市人追求"回归自然、放松身心、调整健康"的生活潮流。欧洲阿尔卑斯山区从18世纪开始就是欧洲富人和贵族的度假体养地,而对现代游客来说则是快慢动静皆宜的旅游胜地。聂保和奇彭尼克(Nepal and cKpeniuk,2005)认为,在发展山地旅游时,有6个山地资源特征影响到山地游憩与旅游产品的开发,即多样性、边缘性、可进入性、脆弱性、生态性,以及美学特征。山地旅游涉及观光、休闲和度假等多种功能。在具备一定的积雪、坡度的条件下,那些冬季具有较丰富降雪的山地地区可以开展滑雪旅游。与其他旅游活动相比,滑雪具有滞留时间长、消费层次高、客源市场稳定等特点,不仅可以增加旅游者的参与性,还可以促进旅游淡季地方经济的发展。滑雪旅游对资源的要求较高,其影响因素包括气候、海拔、地形、季节、技术等。发达国家的滑雪旅游目前已发展到了产品成熟阶段,游客量出现了下降的趋势,同时由于滑雪场造成的环境问题以及全球变暖的影响,滑雪旅游产品亟待更新和多样化发展。在中国,山地旅游区正在经历从观光旅游向休闲度假旅游的功能转化和提升的过程。

10.3 旅游目的地营销

各类旅游目的地不仅需要解决如何向旅游者提供旅游吸引物和旅游服务的问题，还需要通过各种途径和方法让潜在消费者了解和信任目的地的产品和质量，这就需要目的地营销来帮助实现这一目的。旅游营销一般包括旅游企业营销和旅游目的地营销两个层面。目的地营销(destination marketing)是政府和非政府公共组织的责任。旅游公共组织为提高目的地知名度、增进客源市场对目的地的了解、增加旅游消费，需要投资进行一系列的信息传递和客户沟通活动。公共组织目的地营销的意义在于塑造旅游地形象和解决旅游中的信息不对称等问题，其实质是一种生产公共产品的行为。旅游公共组织对当地旅游产品及相关的无形资产进行重新组合和整体包装，通过多种媒体组合，宣传城市旅游的公共形象，向潜在市场推出当地的旅游产品。在旅游地的宣传促销中，公共宣传是主体，这更体现了城市旅游管理体制对旅游经济绩效的推动作用。

城市营销不同于企业的市场营销，公共性是其基本的价值取向。目前中国城市营销中还存在不少偏离公共性的问题，如城市治理停留在传统行政管理层面，城市营销意识薄弱；把城市营销等同于城市经营；城市营销过于注重外在形象的塑造，忽视城市内涵的养成；城市营销政策呈现异化迹象，一些城市营销逐渐演化成为政府追逐政绩的工具，忽视了公共利益的实现与维护。城市政府要克服这些城市营销公共性缺失的局限，就需要构建科学规范的城市营销机制。这一机制核心的价值追求应当是实现和发展公共利益。因此，城市政府需要以公共利益作为营销的出发点和归宿，对其做出制度安排。

10.3.1 目的地营销组织

旅游目的地营销是指旅游目的地政府或协会代表地区内所有旅游企业为营销主体，以一个旅游目的地的整体形象加入旅游市场的激烈竞争中。旅游地形象是一种新型的公共产品，旅游营销是一种公共产品生产行为。从这个认识出发，目的地营销组织(destination marketing organization，DMO)最直接的承担者就是各级目的地所在地的政府机构，或者其委托的代理机构。高效的目的地营销组织是目的地营销顺利实施的组织保障。由于目的地旅游产品通常由公共部门(目的地政府)和私营部门(旅游企业)共同提供，决定了旅游管理部门和私营部门对目的地营销共同负有责任。例如，在对英国一些老牌工业城市的旅游目的地营销组织的研究中，布拉姆韦尔和罗丁(Bramwell and Rawding，1994)发现，良好的公私部门合作伙伴关系和近年来出现的公司城市营销活动，是很多城市目的地营销组织发展的经验。目的地营销参与者是该地区所有相关的机构和人员，包括政府、企业、居民、各种正式及非正式的社会机构。营销对象是地区内所有的旅游产品和服务；营销获益者是整个旅游地区。派克(Pike，2004)认为，目的地营销组织面临两个挑战，一个挑战是如何在动态多变的潜在市场中推销具有多种特征的目的地；另一个挑战就是实践工作者和理论研究者的脱节。

旅游目的地营销的内容包括提高旅游目的地的价值和形象，以促使潜在旅游者充分认识到该地区与众不同的优势；规划开发区域协调、配套、有吸引力的旅游产品；宣传促销整个地区的产品和服务，使目标市场将本地区作为旅游目的地；刺激来访者的消费行为，提高其在本地区的消费额。

目的地整体旅游营销行为包括以下典型做法：代表旅游目的地发布旅游信息；印制和发放宣传区域旅游形象的文献资料；举办各种针对国内外市场的宣传推介和公关活动；促进本地和外地的旅游企业之间的协作；设计城市旅游形象的标识、口号并培育认同意识；等等。从广义来说，目的地的整体营销还应包括下列内容：配备和培训信息收集、传播人员，建设与管理城市公共标识系统，争取重大会议、赛事、展览的举办权，争取跨国公司总部设在本市，争取有利于人流、物流向本市流动的交通条件、出入境政策等。上述各种行为显然非单个企业或个人所能为之，必须借助政府的直接或间接介入才能完成。即使企业对其中的部分内容进行操作，同样也得不到其中的大部分收益。在这种情况下，政府利用公共财政进行整体形象营销，就成为一种必然选择。

以国家级旅游目的地为例，几乎所有的国家都不同程度地参与旅游营销。目的地利益主体之间的复杂关系及相互依赖为目的地协作营销提供了基础，公私部门组建的营销联盟是协作型目的地营销组织的具体形式。帕尔默和贝欧对目的地营销联盟进行了分析，发现正是因为旅游产品供给涉及众多利益主体，它们之间关系的复杂性和相互依赖性是很多地方旅游营销联盟得以创立的根本原因。多个利益主体的不同需求和它们所处环境的限制是研究地方营销联盟时必须关注的问题。韦伯斯特和伊凡诺夫曾以东欧一些国家为例，测量了它们在目的地营销方面所做的促销工作获得的成效。他们使用了两个相互关联的变量来测量营销绩效，一是旅游滞留天数，二是旅游者抵达人数；他们还以国家旅游组织是否在海外派出营销办公机构作为衡量国际营销的一个措施。

作为公共产品，目的地营销的成本开支理所当然地应该被纳入地方政府财政预算。公共财政是弥补市场失灵的财政，政府主要利用财政收支为市场提供公共服务、生产公共产品。生产公共产品即目的地营销，以满足社会公众的需求是其主要的任务。例如，美国的许多州从1993年开始，不再直接由政府财政拨款进行目的地营销，而是从旅游行业收入中征收床位税，作为旅游促销经费的来源。

10.3.2 目的地营销系统

旅游信息与交流技术领域研究具有很大的广度和深度。20世纪90年代初，目的地信息系统(destination information system，DIS)首先受到重视。DIS在发展过程中开始对其营销功能和管理功能进行扩展，从单纯的信息系统转向具有强大营销和管理功能的目的地营销系统(destination marketing system，DMS)。

目的地营销系统与其他旅游电子化服务模式的区别在于，它是以目的地整体形象来参与全球旅游营销竞争的。在这一模式下，受益的不是某一类企业或者某个企业，而是区域内所有的旅游企业及旅游相关机构，系统成员也主要是目的地区域内的旅游企业和机构。DMS的运营管理流程大致分为信息采集、信息审核、信息发布、主动营销与互动和在线预订等环节。信息采集是指运营主体通过各种信息渠道收集旅游目的地的信息；信息审核是对采集到的信息进行审核和筛选；信息发布是将审核通过的信息分类显示在网站各栏目中；主动营销与互动是运用多种网络营销手段为供求双方提供互动沟通的平台；在线预订为供求双方提供在线交易的平台。

关键词或概念

旅游目的地(tourist destination)

旅游吸引物(tourist attractions)

城市型目的地(urban destination)

景区型目的地(scenic destination)

旅游目的地营销(tourism destination marketing)

目的地营销系统(destination marketing system)

简答题

1. 简述旅游目的地含义及分类。
2. 简述城市型目的地的特点。
3. 简述景区型目的地的特点。
4. 简述目的地营销系统的构成。

参考文献

[1] 李天元. 旅游学概论[M]. 北京：高等教育出版社，2002.

[2] 李天元. 旅游学概论[M]. 7版. 天津：南开大学出版社，2014.

[3] 陈传康，刘振礼. 旅游资源鉴赏与开发[M]. 上海：同济大学出版社，1990.

[4] 田里，李常林. 生态旅游[M]. 天津：南开大学出版社，2004.

[5] 保继刚，楚义芳，彭华. 旅游地理学[M]. 北京：高教出版社，1993.

[6] 谢彦君. 基础旅游学. 北京：中国旅游出版社，2001.

[7] GOELDNER C R, RITCHIE J R B. 旅游学[M]. 10版. 李天元，徐虹，黄晶，等译. 北京：中国人民大学出版社，2008.

[8] LIKORISH J, JENKINS C L. An Introduction to Tourism[M]. Butterworth-Heinemann, 1997.

[9] SMITH S. Tourism Analysis: A Handbook[M]. Essex, England: Longman, 1995.